"이 책은 나의 시각이 얼마나 편협하고 잘못되었는지를 교정해 주었다. 장애인을 하나님의 형상을 지닌 존재로 그 모습 그대로 존중하는 것이 아니라 결핍이 있어 도움이 필요한 사람으로만 생각했던 나의 교만을 깨뜨려 준 것이다. 장애를 안타까워하며 기도해 주겠다고 말하는 사람들이 '기도하는 가해자'(prayerful perpetrator)가 될 수 있다는 저자의 말은 자기중심적인 나의 편견에 철퇴를 가하는 것 같았다. '우리는 이웃의 신체적 결함을 고치려고 애쓰는 것이 아니라 그 결함으로 인해 우리의 이웃이 지장받지 않는 세상을 생성하기 위해 노력해야 한다.'라는 저자의 메시지는 장애에 대한 성경적 시각과 우리가 이 땅에서 추구해야 하는 하나님 나라의 본질을 분명히 보여 준다. 이 책은 하나님 나라를 위한 교회의 사명에 눈뜨게 해 준다. 타락한 세상에서 우리가 어떻게 보아야 하고 어떻게 행동해야 할지를 제시해 주는 귀한 책이다."

고상섭 목사 그 사랑교회 담임목사

"하나님은 그분의 이야기에 장애인들을 등장시키시고 예수님은 스스로 장애를 입으셨지만, 교회 안에는 장애인을 차별하는 문화가 작동한다. 에이미 케니는 장애인 성도를 배제하는 교회 안의 에이블리즘을 있는 그대로 드러낸다. 무엇보다 장애인의 경험으로부터 배우지 않고는 하나님 나라를 맛볼 수 없는 이유를 하나하나 알려 준다. 이 책을 읽다 보면, 당장 당신의 교회를 장애인을 환대하고 그들을 중심에 두는 공동체로 바꾸고 싶어질 것이다."

박은영 『소란스러운 동거』 저자

"나의 모교회에 계셨던 부목사님께서는 개척 교회를 시작하실 때 장애인이 교회에 쉽게 접근할 수 있도록 경사로와 장애인 전용 화장실 등을 먼저 고려하신 후 교회 건물을 지으셨다. 이것이 하나님이 원하시는 우리의 모습이다. 하나님은 우리에게 맹인이나 다리 저는 자를 고치라고 명령하신 적이 없다. 하나님은 장애가 있는 모습 그대로 인정해 주시면서 장애인을 만나 주셨다. 이처럼 그리스도인들은 하나님께서 장애인을 대하시는 모습처럼 장애인에게 다가가야 한다. 우리 그리스도인들은 장애인의 몸이 고쳐지길 바라기보다는 사회적 인식과 구조가 변화되기를 위해서 기도해야 한다. 이 책을 읽는 독자는 장애인을 그 모습 그대로 인정하는 따뜻한 시선을 가지기를 기도한다."

백순심 『불편하게 사는 게 당연하진 않습니다』 저자

"장애에 대한 한국 사회의 내재된 혐오 인식은 장애를 극복의 대상으로 낙인찍으면서 장애인들이 사회적으로 고립되어 살아온 역사를 반복하도록 만든다. 교회도 때로는 사회보다 더 심한 혐오와 배제를 구제와 자선으로 포장해 심화시킨다. 에이미 케니는 이 책에서 하나님의 장애 관점을 제시하며 세상의 에이블리즘을 넘어서라고 한국의 그리스도인들에게 도전한다. 한국 교회는 장애를 해결하여 정상으로 복귀시켜야 한다는 에이블리즘(ableism, 장애인 차별이나 비장애인 중심주의를 지칭하는 용어)에 내재된 뿌리 깊은 차별과 배제를 걷어 내고 장애를 가진 몸도 하나의 중요한 존재 양식으로 바라봐야 한다. 장애도 비장애와 마찬가지로 보편적인 삶의 또 다른 형태일 뿐이다. 케니의 신학적 장애 이야기는 울림이 크다. 한국의 모든 그리스도인이 일독해야 할 책이다. 특히 목회자들은 몇 번이고 읽을 필요가 있겠다. 장애인을 생각하지 못했던 목회를 장애인과 함께하는 목회로 새롭게 재구조화하는 동기와 통찰을 얻을 수 있을 것이다."

이준우 강남대학교 사회복지학부 교수

"일련의 놀랍고 감동적이며 때로는 충격적인 이야기들을 통해, 케니는 장애의 경험과 사람들이 일상생활에서 직면하는 실질적, 신학적 어려움의 심장부로 우리를 이끌고 들어간다. 자신의 경험을 바탕으로 하는 이야기 신학에서 케니는 특정 신학적 가정들의 부적절함을 집중 조명하고, 그와 동시에 신학이, 장애라는 조명에 비추어 생각할 때, 교회와 세상의 생명을 가져온다는 매우 귀중한 시각에 관심을 끌어모은다. 이 책은 우리 모두가 장애를 신학적으로 이해하고 우리의 인간다움에 더 온전히 감사할 수 있게 도와주는 신선한 시각을 열어 준다."

존 스윈턴 신학자, 애버딘 대학교

"케니의 책은 단순히 장애에 대한 미국 교회의 잘못된 이해를 똑바로 뒤집어 놓는 것에 그치지 않는다. 이 책은 장애인의 몸과 비장애인의 몸이 동등하게 전인적으로 여겨지고 가치를 인정받으며 사랑받는 사랑의 공동체로 교인들을 초청한다. 이 책은 공공의 복지를 향한 사랑의 초청장이다. 부디 그렇게 쓰이길…."

샹테 그리핀 기자, 지지자

"아름답게 기록되고, 상처를 고스란히 드러내며 공유하는 에이미의 메시지는 교회 내에 확인되지 않은 채 떠돌아다니며 해를 끼치는 에이블리즘의 핵심을 가른다. 케니는 우리에게 더 포용적인 사람이 될 것을 요구하며, 우리가 '함께하는 삶'으로 향하는 새로운 신학적 통찰력과 관행, 그리고 방법을 배울 수 있도록 우아하고 솔직한 방식으로 우리를 돕는다."

미셸 페리그노 워런 사회 활동가, The Power of Proximity 저자

"케니는 이 책을 자신의 비명 소리라고 말한다! 가득 울려 퍼지는 것은 장애인을 위한 그리스도 안에서의 구원이 어떤 모습인지에 대해 세상 끝까지 증언하도록 성령께서 능력을 주신 증인의 음성이다. 이 증인은 우리 모든 비장애인들에게 우리의 에이블리즘을 회개하라고 촉구한다. 하나님이 우리의 마음과 편견, 삶의 방식을 변화시켜 구원하시는 것을 경험할 준비를 하라. 그래서 우리가 에이미와 같은 몸을 기도 제목으로 인식하는 것에서 벗어나 우리의 세상에 깔린 에이블리즘에 도전하는 교회의 일부가 될 수 있도록 말이다."

아모스 용 풀러 신학 대학 교수

"이 책은 정확히 올바른 방법으로 교회에 도전장을 내민다. 케니는 솔직하고 설득력 있게, 명확하고 예언적인 스타일로 써 내려가고, 사적인 이야기를 풍성한 성경적 이해와 함께 예술적으로 엮어 낸다. 그 결과로, 모두가 속할 수 있는 신실한 공동체를 구축할 수 있다는 변혁적인 가능성을 시사한다."

토머스 E. 레이놀즈 토론토 대학교, 이매뉴얼 대학, 부교수

"케니는 강력한 유머와 흔치 않은 깊이로 이 책을 썼고 독자들은 앤 라모트를 떠올릴 것이다. 당신은 한 페이지 안에서 웃고, 울고, 분노로 씩씩거리게 될 것이다. 케니가 쓰는 말들은 당신에게 중요해질 것이다. 케니의 말들은 당신이 모든 것을 보는 방식을 바꾸어 놓을 것이다. 해야 할 말을 해내는 케니의 용기는 그녀가 휘두르는 필력과 잘 조화를 이룬다. 이 새롭고 필연적인 목소리에 만세를 부르자."

리사 샤론 하퍼 The Very Good Gospel 저자

"때로는 현명하고 부드럽게, 그러다가 옷깃을 붙잡는 예언적 진리의 선포로, 장애 정의를 위한 케니의 열정, 분노, 희망이 완전히 구현되었다. 나는 이 책이 정의에 호소할 뿐 아니라 풍성한 축복으로 초대한다고 본다. 내가 아는 모든 사역자들의 손에 이 책을 쥐어 줄 것이다."

사라 베시 뉴욕 타임즈 베스트 셀러 A Rhythm of Prayer 편집자, Jesus Feminist 저자

"케니는 장애인 크리스천으로 예배와 성경 공부 모임에서 경험한 것들을 위트 있고 솔직하게 묘사한다. 하지만 이런 장소에서뿐 아니라 차량 관리국, 고등학교, 의사 진료실, 디즈니랜드에서 겪은 이야기는 안타깝게도 교회 안에서 일어나는 에이블리즘이 다른 곳에서 나타나는 모습과 얼마나 흡사한지를 보여 준다. 케니는 에이블리즘의 전인적 폐해에 맞서 전인적 치유를 실행할 수 있는 예수님의 방법을 강조한다. 케니는 하나님의 사람들에게 그들의 가장 근본적인 가치에 부끄럽지 않은 삶을 살고 우리 모두의 선을 위해 우리의 장애인 친족들이 가진 필연적인 은사들을 배제하지 말라는, 우리의 양심을 찌르는 초청장을 발행한다. 나는 내가 아는 장애인, 비장애인 할 것 없이 모든 친구에게 이 책을 줄 것이다."

베서니 매키니 폭스 Disability and the Way of Jesus: Holistic Healing in the Gospels and the Church 저자

"뛰어난 데뷔 작품에서, 케니는 이 책이 자신의 억누르지 않은 비명 소리라고 말한다. 우리는 듣고 있는가? 교회인 우리가 그녀와 장애인들에게 어떻게 해를 끼쳤는지 읽으면서 나도 그녀 곁에 서서 함께 소리치고 있다. 케니는 성경과 개개인을 정확하게 풀어낼 뿐 아니라 미국의 시스템과 교회를 해석한다. 우리의 신학과 행위는 많은 이들이 낙태를 반대하지 않으며 우리가 에이블리즘과 우생학의 죄를 범하고 있음을 알고 회개해야 함을 입증한다. 케니는 예리한 작가이자 사상가이고 우리가 앞으로 나아가야 할 길을 보여 주고 아름다운 글과 위트와 지혜와 은혜를 통해 진리를 제공한다."

말레나 그레이브스 The Way Up is Down: Becoming Yourself by Forgetting Yourself 저자

"예리하고, 위트 있으며, 새로운 것을 알게 하는 이 책은 많은 교회에 만연한 에이블리즘적 '상식'에 대항하는 반드시 필요한 예언적 개입이다. 이 작품은 확실히 에이블리즘적 신학으로 인해 소외감을 느껴 본 모두에게 위안이 될 것이고, 그 나머지 사람들에게는 속죄를 위한 자극이 될 것이 분명하다."

안드레 헨리 싱어송라이터, 작가, 사회 활동가

나는 내 몸에 대해서는 기도하지 않습니다
교회에서 구현해야 하는 장애 정의

© 2022 by Amy Kenny
Originally published in English under the title
My Body Is Not a Prayer Request by Brazos Press,
A division of Baker Publishing Group
P. O. Box 6287, Grand Rapids, MI 49516, U. S. A.

All rights reserved.

Used and translated by the permission of Baker Publishing Group
through rMaeng2, Seoul, Republic of Korea.
This Korean edition © 2023 by Jireh Publishing Company, Goyang-si, Gyeonggi-do,
Republic of Korea.

나는
내 몸에 대해서는
기도하지 않습니다

교회에서 구현해야 하는 장애 정의 Disability Justice

에이미 케니 지음 | 권명지 옮김

이레서원

나는 내 몸에 대해서는 기도하지 않습니다
: 교회에서 구현해야 하는 장애 정의

초판 1쇄 인쇄   2023년 9월 8일
초판 1쇄 발행   2023년 9월 15일

지은이   에이미 케니
옮긴이   권명지

기획, 마케팅   신창윤
편집   송혜숙, 오수현
총무   곽현자

발행처   도서출판 이레서원
발행인   문영이
출판신고   2005년 9월 13일 제2015-000099호

경기도 고양시 일산동구 백석로71번길 46, 1층 1호
Tel. 02)402-3238, 406-3273 / Fax. 02)401-3387
E-mail: Jireh@changjisa.com
Facebook: facebook.com/jirehpub

책값은 표지에 있습니다.
ISBN 978-89-7435-639-2 (03230)

신저작권법에 의해 한국 내에서 보호받는 저작물이므로 저작권자의 서면 허락 없이 이 책의 어떠한 부분이라도 전자적인 혹은 기계적인 형태나 방법을 포함해서 그 어떤 형태로든 무단 전재하거나 무단 복제하는 것을 금합니다.

자신이 낄 자리가 있는지 의문이고,
자신의 존재가 큰 부담은 아닌지 걱정하는 모든 장애인에게.

지팡이, 목발, 화학물질 과민증, 휠체어가 있는 당신,
당신은 소속감을 누릴 만한 가치가 있습니다.

당신은 그 존재만으로 충분합니다.

차례

용어 사용에 대한 메모 **12**

서문 **13**

1. **장애 치료**: 장애는 치료되어야 하는가 **17**
   권장 치료법 상위 10가지 **45**

2. **장애 차별**: 사람들의 몸과 마음에 우열을 매기는 시스템 **47**
   "적어도" 상위 10가지 **72**

3. **장애 의심론자**: 감정적, 경제적 이익을 위해 장애인 행세를 한다는 의심 **73**
   장애 부정 상위 10가지 **97**

4. **장애 정의(Justice)**: 가장 취약하고 소외된 자의 발걸음에 맞추는 사회 **99**
   내가 장애인인 이유 상위 10가지 **115**

5. **장애 축복**: 장애가 하나님 언약의 상징일 수 있는가 **117**
   "나는 당신이 어떤 기분인지 알아요" 상위 10가지 **146**

6. **장애 모기**: 장애를 부정적인 은유로 사용할 때 **147**
   모기 채 상위 10가지 **174**

7. 장애 수업: 장애 입은 몸은 독특하고 비범하고
아름답다 **175**

   장애 아이스브레이커 상위 10가지 **205**

8. 장애 정의의 토대: 몸의 위계질서를 버리고
다양한 몸을 환대하는 나라 **207**

   장애에 대한 칭찬 상위 10가지 **233**

9. 장애 입은 하나님: 하나님은 불타는 휠체어를 타고
다니신다 **235**

   장애 신학 상위 10가지 **273**

10. 장애 입은 교회: 모두를 예수님께 데려가려고 예배당
지붕을 뜯는 교회 **275**

   장애의 꿈 상위 10가지 **291**

비장애인을 위한 장애 입은 축복 기도 **292**

장애인을 위한 장애 입은 축복 기도 **295**

감사의 글 **298**

추천 도서 **303**

용어 사용에 대한 메모

장애를 이야기할 때 사람을 우선하는 언어("장애를 가진 사람"[people with disabilities])를 사용해야 하는지, 정체성을 우선하는 언어("장애인"[disabled people])를 사용해야 하는지에 대한 많은 논의가 있어 왔다. 나는 장애인들이 나름대로 불리기 원하는 다양한 호칭들을 존중한다. 이 책에서 나는 "장애인"이라는 말을 사용하겠다. 내가 이 이름을 선택한 것은, 많은 경우, 장애와 연관 지어 떠오르는 수치심을 떨쳐 버리고 "장애"가 나쁜 단어가 아님을 선포하는 하나의 방식이다. 나는 완곡 어구나 은유가 아니다. 나는 장애인이다.

서문

 조카가 태어난 날, 나는 병원에 있었다. 분만실이 아니라 48킬로미터 떨어져 있는 순환기 내과 말이다. "별일 아닐 겁니다. 다른 심장 관련 합병증을 배제하고자 할 뿐입니다"라며 사람들은 나를 안심시켰다. 별일 아닐 것이라니. 이 별일 아닌 것에 얼마나 많은 내 시간과 돈이 들어갔는지 생각해 보았다.
 내가 가진 장애의 명칭을 듣기 전에도 나는 별일 아닐 것 같다는 말을 들었다. 맹장이 터졌을 때도, 난소 수술을 받기 전에도, 의사는 별일 아닐 거라며 나를 안심시켰다.
 "별일 아닐 거야"가 내 삶의 이야기가 되고 있다.
 결과를 기다리는 동안 조카의 사진을 다운로드 받았다. 아기의 얼굴은 평온해 보였다. 남동생이 보내 온 문자는 느낌표로 가득했다. "아들이 태어났어!"(He's here!) 나는 병원에서도, 곧 다른 과, 다른 삶에서 기쁨을 맛볼 수 있음에 놀랐고, "여기"(here)가 사람들이 끔찍하게 여기는 곳이 아니라 있고 싶은 곳이 될 수 있음에 놀랐다. 실내 온도를 너무 낮춰서 서늘하고 리놀륨 마룻

바닥에 비닐 씌운 의자가 있는, 그리고 누군가 신경 쓰고 있음을 알리려는 듯한 진부한 그림이 걸려 있는 "이곳"에 감격이란 없었다. 별일 아닌 것을 기다리는 동안, 나는 곧 닥칠 매미의 여름에 대한 기사를 폰으로 읽으며 주의를 돌리려 애썼다.

귀뚜라미나 나방이나 파리가 딱정벌레와 낳은 새끼같이 생긴 매미는 땅 밑에서 17년을 웅크리고 있다가 나와서 소리를 내지른다. 당신이 열일곱 살이 되어서야 처음 세상을 봤는데, 그 세상이 결핍투성이어서 당신이 할 수 있는 일이란 소리를 내지르는 것밖에 없다고 생각해 보라. 물론 큰소리를 내는 것은 수컷뿐이지만 말이다. (아마 암컷 매미가 소리를 내지른다고 했으면 너무 "감정적"이어서 그렇다고 치부해 버렸을 것이다.) 매미는 입으로 소리를 내는 것이 아니라 진동막이라고 불리는 복막을 빠른 속도로 비벼 전기 톱이나 잔디 깎는 기계에 맞먹는 소리를 낸다.[1] 입으로는 아무 소리도 내지 못하는 이 곤충의 장애도 그들이 소리 지르는 것을 막지 못한다. 매미조차 자신의 소리를 낸다!

그곳 형광등 빛 아래, 우는 매미에 대해 읽으면서 나의 몸도 이미 비명을 지르고 있었다. 가슴 근육이 수축하는 소리가 내 귀에 울리고, 온 신경계가 철렁하며 폭죽처럼 터져 나갔다. 누군가 들어 주기만 한다면.

---

[1] 매미와 관련해서 내가 병원에서 읽었던 기사를 찾아 읽어 보라: Janet Loehrke and Doyle Rice, "Cicadas Have Emerged in 2021: A Visual Guide on How Loud Will They Get and How Long They Will Be Around," *USA Today*, March 30, 2021. https://www.usatoday.com/in-depth/graphics/2021/03/30/a-visual-guide-to-2021-cicadas/4670176001.

불확실한 상황에서 나는 소매에 내 심장을, 아니 내 심장 박동 소리가 인쇄된 종이를 달고 병원을 나섰다. 차로 가는 길에 그 종이는 바람에 펄럭였고 지팡이는 내게 필요한 도움을 주지 못했다. 깨진 마음을 어떻게 기계로 측정할 수 있단 말인가? 죽음의 음침한 골짜기를 지날 때, 고통은 기록지의 어디쯤 찍히는 것일까?

결국 의학적으로는 그 원인이 심장 질환은 아니었다. 고장 난 신경계가 문제였다. 의사들은 이를 "일반적 기능 장애"라고 부른다. 겉으로 드러나는 내 몸의 상태가 "별일 아닌 것"과 "일반적 기능 장애" 사이 어디에 있는지에 대한 설명을 간절히 원할 때, 꽁꽁 싸맨 내 비명 소리가 내 가슴속을 가득 메우고 있었다.

가장 최악이었던 것은 병원에서 받은 검사나 의사의 무심한 말투가 아니라, 내가 나의 비명 소리를 억압했던 방식이었다. 오랜 시간 동안 나는 다른 사람들이 나의 고통을 무시하지 못하게 하기 위해 고통을 저 멀리 지하에 숨겨 왔던 것이다. 움찔하는 대신 미소 짓고, 고문을 받는 듯한 고통을 드러내는 대신 "괜찮아요"라고 대꾸했으며, 장애 비하 발언으로 인한 아픔을 사람들에게 숨기고, 내 상처 때문에 사람들이 겁먹을까 봐 두려움에 떨었다.

하지만 어떤 날은 그냥 비명을 내지르고 싶다. 아무도 못 들은 척할 수 없게 내 몸은 잔디 깎는 기계보다 더 높은 데시벨로 소리 지르고 싶어 한다. 내가 결국 소리를 내질러 모든 사람이 내 장애 입은 몸의 비명 소리를 듣게 된 그 여름까지, 나는 17년보다 더 긴 시간을 기다려 왔다.

이 책이 바로 내 비명 소리다. 페이지마다 담긴 나의 이야기에서 여러분은 불편하거나 혼란스럽거나 심지어 정죄받는 듯한 느낌을 주는 부분들을 마주하게 될 수도 있다. 그러나 나는 여러분이 이러한 불편한 순간들이 도착지가 아니라 출발점이 될 것임을 알고 이 책을 끝까지 읽어 보기를 소망한다. 장애를 가진 매미 친구들이 내는 소리처럼, 나의 소리는 행동을 취하라는 외침이다. 장애인들을 하나님의 형상으로 빚어진 존재로 귀하게 여기고 우리가 가진 수많은 은사들에 대해 예언자적 증인에게 배우라고 교회에 요구하는 외침이다.

   나의 소리를 듣고 당신도 교회를 새롭게 재구성하는 사역에 동참하게 되기를 원한다. 그 어떤 장애인도 자신의 소리를 억압하지 않게 될 때까지, 나의 소리가 울려 퍼지길 바란다.

1. 장애 치료

장애는 치료되어야 하는가

"하나님이 당신을 위해 기도하라고 말씀하셨어요." 그 여자가 말했다. 그의 말은 밀실공포증을 느끼게 하는 공간 안에서 마치 찌든 향수 냄새처럼 머물렀다. "하나님은 당신을 치유하기를 원하세요!" 그 여자는 틀림없이 이 순간을 만끽하고 있으리라.

나는 이런 상황을 여러 번 겪어 봤다. 그 끝은 절대 좋지 않다.

이 여자는 나랑 잘 아는 사이도 아니다. 이 여자는 나를 위해 기도를 하든 책임을 지든 빈정대든, 그렇게 할 만큼 나와 친밀하지 않다. 그저 내가 짚고 있는 지팡이를 보고 "고침"이 필요하다고 해석하고 자신의 에이블리즘(ableism), 다시 말해 비장애인에 비해 장애인들의 가치가 떨어지고 덜 인간적이라고 믿는 신념에 하나님을 끌어들인 것이다.[1] 속으로 나는 재빨리 계산기를 두드렸다. 옥신각신하는 상황을 피하기 위해 기도를 받을 것인가, 아

---

[1] 에이블리즘의 좀 더 폭넓은 정의를 알고 싶다면 Talila A. Lewis, "Ableism 2020: An Updated Definition", January 25, 2020, http://www.talilalewis.com/blog/ableism-2020-an-updated-definition을 참고하라.

니면 그녀의 자비로운 우생학(eugenics: 유전 법칙을 응용해서 인간 종족의 개선을 연구하는 학문 – 옮긴이)에 대해 지적하고 또다시 이 단자로 낙인찍힐 것인가.

나는 게임을 하곤 했다. 내 고장 난 몸을 놓고 사람들이 기도하는 소리를 엿듣기도 하고, 사람들이 내 경련을 악마가 일으킨 발작으로 착각하지 않도록 경련이 일어날 때면 이를 숨기기도 했다. 만약 내가 경건한 척만 할 수 있다면, 그들의 잘난 체하는 주제넘은 끈질긴 질문에 맞서 나를 보호할 수 있을 것이라고 생각했다. 또한 나는 장애를 비하하는 사람들 사이를 완벽히 빠져나갈 수 있다고 믿었고, 또 내가 어떻게든 인내심을 발휘하면 사람들이 나를 온전한 인간으로 봐 줄 만한 가치를 얻을 수 있다고도 믿었다. 하지만 나의 이런 믿음은 그들의 유해한 신학과 공모한다고 느끼게 하는 비인간화라는 컨베이어 벨트에 나를 올려놓을 뿐이다.

그래서 나는 후자 쪽을 선택한다. "나는 치유 기도가 필요 없습니다. 내 몸은 이미 정결해졌고 구원받았습니다"라고 나는 목이 메어 간신히 말한다. 나는 이것으로 충분하지 않다는 것을 알고 있지만, 특히 이곳 하나님의 집에서만은 내 존엄성을 두고 따지고 싶지 않다. 단 일 초가 지났을 뿐이지만 우리 사이에서는 평생의 시간이 흐른 듯했다.

그녀는 어리둥절해하며 나의 길을 막고서는 그 잘난 체하는 꼴을 내가 다 볼 때까지 가지 못하게 나의 팔을 붙든다. "아니, 하나님이 당신을 치유하기 원하신다는 말을 **꼭 들어야** 한다니까요.

당신이 반항하지 않았으면 이미 자유로워졌을 거라구요." 자유라. 내가 원하는 것은 **그녀**에게서 자유로워지는 것뿐이다. 내가 진정 해방되고 싶은 대상은, 장애는 본질적으로 비정상적이며 제거해야 할 대상이라고 여기는 관념뿐이다.

나를 구원하고자 하는 그녀의 도움을 거절한다는 면에서, 나는 그녀가 생각할 수 있는 최악의 시나리오 그 자체다. 나는 모든 운동선수들이 두려워하고 임신한 부모가 끔찍하게 여기는 장애를 가진 사람이다. 나는 신앙을 잃게 만들고 하나님을 의심하게 하는 촉매제다. 신정론(Theodicy: 악의 존재도 신의 섭리로 봄 – 옮긴이)이 내 혈관을 타고 흐른다. 나는 이 세상의 모든 슈퍼히어로 영화에 나오는 악당이다. 사람들은 나를 죽이는 사람들을 보며 "자비롭다"고 말하는데, 나는 짐스러운 존재이고 밑 빠진 독이고 쓰레기이기 때문이다. 나는 장애인이다.

이 여자는 그 앞에 있었던 모든 소위 기도하는 가해자(prayerful perpetrator)들의 말을 반복한다. 이들은 다양한 얼굴을 하고 있지만 예외 없이 가부장적인 자신감을 가지고, 내 휠체어나 지팡이를 내게서 없애겠다는 열정을 가지고 나에게 다가온다. 그들은 몸을 낫게 하는 것과 삶을 치유하는 것이 다르다는 점을 간과한 채, 예수님이 나처럼 장애를 가진 소외자를 고치신 이야기에 거듭 열광한다. 그들은 자신들의 신성한 개입에 너무 들떠 내 이야기 속 구세주가 그들이 아님을 망각한다. 내 구세주는 가난하고 구릿빛 피부를 가진 피난민이었던 예수님이시다.

이 여자는 당황해서는, 내가 이미 포기했다고, 하나님은 나에게 휠체어에 앉는 삶보다 더 많은 것을 주기 원하신다고 내게 쏘아붙인다. 내가 받고자 하기만 한다면 예수님의 신성한 만지심이 나를 기다리고 있다는 것이다. 내 팔에 난 그녀의 손톱 자국보다 그녀의 말이 더 오래 남는다.

그들은 자신이 믿음 있는 행동을 하고 있다고 생각한다. 그 정도는 나도 믿고 싶다. 하지만 어떤 때는 그들의 순수한 의도를 납득하기 어렵다. 이러한 만남에서 상처 입는 것은 나뿐이기 때문이다. 이 여자는 나 스스로도 장애인임을 경멸할 거라 단정하고 자신의 편견을 정당화하기 위해 기도라는 카드를 꺼내든 것이다. 나는 내 휠체어에 **얽매여** 있지 않다. 질병과의 싸움에서 **진** 것도 아니다. 내게는 여러 가지 면이 있지만, 비극적 패배자는 그중 하나가 아니다.

나중에 이 만남을 마음속에 다시 떠올리며, 또 이런 일이 있을 것을 알기에 나는 어떻게 달리 말하면 좋을지 곰곰이 생각해 본다. 나는 그들의 마음속에서 내가 온전한 사람이었으면 좋겠다고 생각한다. "마귀"를 쫓아내기 위한 기도 같은 치유법을 필요로 하지 않는 존재, 장애가 낫는 기적 이야기 말고 다른 뭔가를 기여할 수 있는 온전한 인간으로 말이다. 나는 내 장애가 치료될 때에만 가치 있다고 여겨지는, 그 병명 이상의 존재가, 혹은 해결해야 할 문제 그 이상의 존재가 되고 싶다. 내 몸이 다르게 작동한다는 이유만으로 내가 덜 가치 있다는 거짓 신념을, 기도하는 가해자들이 버렸으면 좋겠다. 이들과 만날 때마다 나는 마치 롤러 코스터를 탈 때처럼 심장이 덜컥 내려앉는 기분을 느낀다. 나에 대해 아는 것도 없으면서 내 장애가 "고침"받을 필요가 있다고 단정 짓는 사람들을 보면 혼란스럽다. 내 몸이 마치 누구든 통제할 권리가 있다고 여기는 공공 기물이 되는 것 같아 마음이 어렵다. 이러한 일들이 예수님을 따른다는 미명 아래 자행되고 있음에 분개한다. 마치 자신들이 하나님 나라 잔칫상의 경호원이나 되는 듯이 말이다. 나는 특히 교회에서 내 존재를 스스로 정당화해야 한다는 사실에 상처 입는다. 교회에 소속되려는 사람에게 다른 사람들과 동화되는 것을 입장료로 내게 해서는 안 된다.

나의 이야기는 독특하지 않다. 내 장애인 친구들 대부분이 교회에서건, 대중교통에서건, 마트에서건, 낯선 사람이 다가와 기도로 장애를 물리쳐 주려고 했다는 나름의 이야기를 가지고 있다. 어디를 가나 기도하는 가해자가 존재한다. 이를 견디는 것은 피곤한 일이다. 특히 이런 행동을 하는 사람들은 우리에게 피해를 주려는 의도를 가지고 있지 않기 때문이다. 그들은 그냥 장애는 "고쳐야 한다"고 단정 짓는 것이 얼마나 비인격적인 행위인지 생각해 보지 않을 뿐이다.

아이러니한 것은 나의 삶이 재앙도 아니고 그 어떤 결핍도 없다는 점이다. 대부분의 경우 내 장애는 하루를 최악으로 만드는 요인이 아닐뿐더러 기도 제목도 아니다. 내가 풍성한 삶을 살기 위해서 나의 장애가 제거되어야 한다고 단정 짓는 것은 나에 대한 생각뿐 아니라 사람들이 하나님에 대해 가지고 있는 관념을 드러내기 때문에 충격적이다. 나는 알파와 오메가이신 하나님의 형상을 지니고 있다. 장애 입은 나의 몸은 성령님의 성전이며 나는 그리스도의 마음을 가졌다. 이러한 약속에는 경고 사항이 따라오지 않는다. 나에게 장애가 있다고 해서 성령님보다 낮은 급에 있는 영이 임하지 않는다. 내가 정결하지 않고 구원받지 못했다고 말하는 것은 내 장애 입은 몸이 지닌 하나님의 형상을 억압하는 것이고 이미 내 삶에 일하고 계시는 하나님을 제한하는 것이다. 어쩌면 우리는 장애에서 해방되어야 하는 것이 아니라 교회에 하나님의 광채를 비출 수 있는 내 능력이 내 장애 때문에 제한받는다는 관념에서 해방되어야 할지 모른다. 우리가 해방되어야 할 대상은 에이블리즘이다.

✺ ✺ ✺

"만일 네 손이 너를 범죄하게 하거든, 찍어 버리라(cut it off). 장애인으로 영생에 들어가는 것이 두 손을 가지고 지옥 곧 꺼지지 않는 불에 들어가는 것보다 나으니라. 만일 네 발이 너를 범죄하게 하거든, 찍어 버리라. 다리 저는 자로 영생에 들어가는 것이 두 발을 가지고 지옥에 던져지는 것보다 나으니라. 만일 네 눈이 너를 범죄하게 하거든, 빼 버리라"(막 9:43-47). 알겠습니다, 예수님. 다리 저는 자, 맹인, 장애인이 되는 것이 지옥에 빠지는 것보다 낫다. 죄를 피하기 위해 자발적으로 몸을 절단하는 것은 다소 극단적으로 보일 수 있다. 이 말씀을 문자 그대로 받아들인다면 우리 중에는 몸을 절단해야 하는 사람들이 많을 것이다. 하지만 예수님은 여전히 장애를 하나님을 만나는 통로, 혹은 죄에 대한 예방책이라 주장하시며 장애가 없는 것이 오히려 유혹을 더 강화할 수 있다는 점을 시사하신다. 여기서 #절단하자(#CutItOff) 운동을 시작하려는 의도는 없다. 하지만 교회가 나의 장애 입은 몸을 거룩한 삶, 죄에 대한 해독제, 주변 공동체에 하나님을 드러내는 방식으로 해석해 주었으면 하는 바람이 있다. 교인들은 성경에서 장애를 축복 혹은 예언자적 증언으로 기리는 본문들을 섣불리 지나치는 경향이 있다. 이러한 말씀들이 장애가 사람들을 불편하게 한다는 자신들만의 깔끔한 문화적 내러티브에 맞아떨어지지 않기 때문이다. 기도하는 가해자들이 내 장애를 없애기 위해 기도하는 대신에 #절단하자(#CutItOff) 운동에 참여한다고 상상해 보라.

예수님이 장애를 스승으로, 그리고 비장애인들에게 하나님을 드러내는 방식으로 설명하신 부분은 여기뿐만이 아니다. 예루살렘에서 예수님은 날 때부터 맹인인 사람을 만나셨다. "제자들이 물어 이르되 '랍비여 이 사람이 맹인으로 난 것이 누구의 죄로 인함이니이까. 자기니이까, 그의 부모니이까.' 예수께서 대답하시되 '이 사람이나 그 부모의 죄로 인한 것이 아니라 그에게서 하나님이 하시는 일을 나타내고자 하심이라'"(요 9:2-3). 고개를 갸웃하고 곁눈질하며 내 휠체어에 다가오는 기도하는 가해자들처럼 제자들은 이 맹인을 그가 가진 장애만을 보고 판단한다. 제자들은 그의 장애의 원인을 규명하는 것에 몰두하여, 우리에게 그의 이름도 알려 주지 않는다. 그들이 그의 이름을 알기나 했을지, 나는 궁금하다. 그는 이전부터 맹인이라고 알려져 있던 사람으로 등장한다. 나는 이 맹인이 무명이었고 쉽게 잊어도 되는 중요하지 않은 인물이라는 듯이, 성경에서 그의 이름을 언급하지 않았다는 사실이 좀 언짢다. 나는 내 존재가 내 병명으로만 제한되는 것이 어떤 느낌인지 알기에 이 맹인에게 좀 더 많은 인간성과 존엄성이 부여되었으면 좋겠다고 생각한다. 그러니 이 맹인을 "하나님이 기억하신다"라는 의미를 가진 '스가랴'로 부르도록 하자. 스가랴는 단순히 눈이 먼 것 이상의 존재다. "내가 그라"(9절)라고 그는 주위 사람들에게 당당하게 말하며, 자신의 장애를 넘어 자신이 진실로 누구인지 그들에게 알리길 원했다. 우리는 이 장에서 그의 성격도 엿볼 수 있다. 그는 권위자에게 도전하는 것을 두려워하지 않고 거침이 없다. 현재로 말하자면, 눈알 굴리는 이모지와 손으로 얼굴을 가리는 이모지를 자주 사용할 법한 사람이다. (누구인들 그렇지 않겠는가?) 스가랴는 자신이 진정 누구인지를 알게 되었기에 이웃 사람들과 대면하여 자신을 직접 변호한다. 어쩌면 제자들은 마음속으로 스가랴가 가진 장애 자체가 그의 정체성이라고 여겼기 때문에 그에게 말을 걸지 않았을지도 모른다. 제자들은 그의 맹인 됨을 죄와 잘못 연결 지어 생각한 것이다.

여기에서 제자들을 악당으로 치부해 버리기 쉽다. 하지만 그들은 자신들이 레위기에서 유래된 일반적 신학에 충실했을 뿐이라고 생각할 것이다. 그들은 「퀸카로 살아남는 법」(Mean Girls: 2004년 개봉한 하이틴 영화 - 옮긴이)에 나오는 것처럼 스가랴를 따돌리려고 따돌리는 것은 아니지만 누가 그들과 같은 범주 안에 있는 사람이고 누가 그 범주 바깥에 있는 사람인지에 대한 그들의 관념에 충실하고 싶을 뿐이다. 그들은 죄와 장애를 깔끔하게 연결하는 것이 훨씬 간단하다고 생각했다. 기도하는 가해자들처럼 제자들은 장애 입은 몸을 자신들이 통제하고 해석하며 거부할 수 있는 공공 기물로 이해하고 있다. 장애를 가진 사람은 그들과 함께 앉을 수 없다.

제자들을 판단하기 전에, 우리는 2018년에 실시한 여론조사에서 67퍼센트나 되는 사람들이 장애인과 **말을 나누는 것**을 "불편하게" 여긴다고 대답한 결과를 알아야 한다.[2] 장애인들은 미국 인구의 25퍼센트, 전 세계 인구의 15퍼센트를 차지하지만, 그 존재만으로 대부분의 주위 사람들을 불편하게 만든다는 것이다.[3] "치유된" 혹은 "정상"이라고 쓰인 작은 박스에 들어가지 않는 몸은 다른 사람들에게 위화감을 준다. 그러니 제자들이 스가랴가 눈먼 것 외에 그에 대해 알고 있는 것이 없음은 당연하다. 자신들이 스가랴보다 더 낫다고 생각했기에 그의 삶에 관여하려는 생각조차 하지 않는다.

하지만 예수님은 동조하지 않으신다. 예수님은 장애가 하나님의 영광을 만나는 자리가 될 수 있음을 보여 주시며 제자들이 가

---

[2] 이 통계 자료는 장애인에 대한 태도와 평등에 관한 Scope 보고서에 따른 것이다: Simon Dixon, Ceri Smith, Anel Touchet, "The Disability Perception Gap: Policy Report," Scope, May 2018, http://www.scope.org.uk/scope/media/files/campaigns/disability-perception-gap-report.pdf.

[3] 미국 인구 중 장애인에 대한 더 많은 통계 자료를 보고 싶다면 미국 질병통제예방센터에서 게재한 장애 및 건강 데이터 시스템(Disability and Health Data System from the Centers for Disease Control and Prevention)을 참고하라, http://dhds.cdc.gov.

지고 있는 맹인 됨에 대한 시각을 완전히 바꾸신다. 예수님은 스가랴에 **관해** 이야기를 하시는 것이 아니라 그와 직접 소통하시며 그에게, 그리고 그와 함께 말씀하신다. 예수님의 말씀에 따르면, 스가랴의 맹인 됨은 그 자신이나 그 부모의 죄로 인한 것이 아니라 하나님을 나타내기 위함이다. 얼마나 강력하고 체제를 전복시키는 말씀인가. 장애인들보다 자신을 더 거룩하다고 여기는 사람들에게 세상의 빛이신 주님을 드러내는 데 장애가 도움이 된다는 말씀인 것이다. 장애는 더 이상 죄의 상징이 아니라 계시에 열려 있다는 것의 상징이 되었다. 장애는 하나님이 하시는 일의 베일을 벗겨 지역 사회에 보여 준다. 주변 사람들이 기꺼이 그 일을 보고자 원하기만 한다면 말이다.

나중에 예수님은 이 메시지로 다시 돌아오셔서 "내가 심판하러 이 세상에 왔으니 보지 못하는 자들은 보게 하고, 보는 자들은 맹인이 되게 하려 함이라"라고 주장하셨다(요 9:39). 이 말은 당시 예수님 곁에 있던 무리에게 하신 말씀이지만, 현재 예수님을 따르는 우리에게 전하는 교훈이기도 하다. 만약 근본적으로 우리가 자기 자신을 볼 수 있고, 들을 수 있고, 걸을 수 있는 정상인이라고 인식함과 동시에 장애를 가진 사람들보다 우월하다고 여긴다면, 고정관념을 형성하고 누군가를 소외시키는 죄가 만연해 있는 것이다. 예수님의 말씀에 따르면, 자기 자신이 "신체가 온전"하다고 생각하는 사람들은 장애를 가진 사람보다 사실은 더 많은 치유가 필요한 사람일 수 있다. "하지만 그건 비유로 하신 말씀이잖아요." 이렇게 반문하고 싶을 수도 있다. 하지만 다메섹 도상에서 눈이 멀었던 바울은 다르게 이야기한다. 비유이든 아니든, 장애인이 인구의 3분의 2를 불편하게 한다는 사실은 더 깊은 차원의 치유가 필요함을 드러낸다. 이러한 말씀을 비유로 치부해 버리는 대신, 우리는 어떻게 장애를 하나님을 더 깊이 이해하기 위한 표식으로 포용할 수 있을지 생각해 보아야 한다. 장애는 하나님의 능력을 과시하기 위해 기도해서 물리쳐야 하는 것이 아니며, 공동체에 살아 계신 하나님을 드러내는 도구로 쓰일 수 있다. 기도하는 가해자가 정죄함과 비난이 아니라 공손한 태도와 경외감으로 내 휠체어로 다가온다고 생각해 보라. 그렇다면 아마 그들도 나의 장애 입은 몸을 통해 드러나는 하나님의 영광을 목격할 수 있게 되리라.

아마도 이 본문에서 더 충격적인 사실은 스가랴가 눈을 떴다고 모든 것이 (그 어떤 것도) 마법처럼 나아지지 않았다는 점이다. 오히려 정반대였다. 이 일로 인해 스가랴보다 성경을 더 잘 이해하고 있다고 생각하는 사람들에 의해 스가랴가 철저히 외면당하는 방식이 증폭된다. 마치 이웃 사람들은 자신들이 「로 앤 오더: 예루살렘」(Law & Order: 미국 NBC에서 방영한 범죄 드라마 - 옮긴이) 편에 등장하는 형사라도 되는 것처럼, 그 맹인이 어떻게, 왜, 그리고 언제 눈을 떠 볼 수 있게 되었는지 알아내기 위해 모든 이들을 취조한다. "그들이 욕하여 이르되, 너는 그의 제자이나 우리는 모세의 제자라. 하나님이 모세에게는 말씀하신 줄을 우리가 알거니와 이 사람은 어디서 왔는지 알지 못하노라. … 네가 온전히 죄 가운데서 나서 우리를 가르치느냐 하고 이에 쫓아내어 보내니라"(요

9:28-29, 34). 이웃 사람들은 스가랴가 전하는 기적적인 이야기를 의심하여 그를 쫓아내고 자신을 거룩한 사람으로 보이게 하는 영적인 말들로 자신의 행동을 포장한다. 스가랴는 안식일에 눈을 떴기 때문에 율법을 어긴 것이 되었고 그들에게 이보다 더 중요한 건 없었다. "말이 되게 좀 만들어 봐!" 이웃 사람들은 이렇게 징징거리는 것 같다. 하지만 그들은 호기심이나 혼란스러움에서 그치지 않고 곧바로 그에게 출교를 명한다. 이웃 사람들은 모두 다 기도하는 가해자였다. 그들은 나 자신도 물어보고 있지 않은 질문에 답할 것을 요구하고("어쩌다 장애를 입으셨어요?" "어떤 죄를 짓고 회개하지 않았길래 이렇게 일어나지도, 걷지도 못하게 되었나요?"), 그들은 내게 그들의 믿음 리트머스 시험을 통과할 것을 강요하며, 나의 몸을 타락의 결과라고 일축한다. 종교심이 투철했던 이웃 사람들은 예나 지금이나 장애가 그들을 불편하게 하는 상황을 없애고 싶어 한다. 여기에 하나님을 개입시켜 에이블리즘을 거룩한 것으로 보이게 만든다.

  요한복음 9장을 다루는 대부분의 설교에서는 맹인이 눈을 뜨는 기적에만 초점을 맞추고 그 외의 부분은 그리 중요하지 않은 것으로 여겨 지나친다. 장애에 대한 말만 나오지 않는다면 다 좋은 것이라 생각하겠지. 하지만 본문 그 자체가 그 방향으로 향하지 않는다. 9장의 거의 모든 내용이 스가랴가 눈을 뜬 **그다음에** 일어난 일에 초점을 맞추고 있다. 만약 신체적 치유에 국한된 것이었다면 7절에서 스가랴가 실로암 못에서 눈이 밝아졌을 때 이야기가 끝나야 한다. 하지만 이야기는 35절까지 이어지고 어떻게 이웃 사람들이 스가랴에게 따지고 그를 쫓아내는지에 초점을 맞춘다. 예수님은 자신이 행하신 기적의 결과를 보지도 않고 자리를 떠나셨고 동네 사람들의 취조가 끝난 후에야 돌아와서 스가랴를 만나셨다. 구조적으로 초점은 단지 신체적인 것에 있지 않고 예수님이 그에게 제공하신 뭔가 더 심오하고 풍성한 것에 있다. 예수님은 사람들의 몸을 치유하시는 사역도 하셨지만 이 본문은 장애인이 온전해지기 위해서 신체적 치유가 반드시 필요하다는 개념을 공고히 하기 위해 잘못 해석되어 왔다.[4] 예수님의 사역은 육체적인 것에 국한되지 않고 전인적인 치유에 관한 것이다.

오늘날, 우리는 일반적으로 질병(혹은 장애)을 생물학적인 것이라고 생각한다. 이에 서양의 의학은 질병을 찾아내고 직접적으로 치료하는 방향으로 발전했다. 서양인들은 일반적으로 우리가 경험하는 여러 가지 증상을 완화하기 위한 치료책을 찾기 위해 의사를 찾아간다. "제가 아파요. 고쳐 주세요. 약을 주세요." 예수님 시대의 사람들은 치유를 훨씬 더 넓은 개념으로 생각했다. 그들은 관계를 회복하고 누군가를 사회적, 종교적 시스템 안에 다시 동화시키는 것을 치유라고 여겼다.[5] 성경에서 치유를 의미하는 그리스어는 '소조'(sozo)인데 이는 "완전하게 만들다" 혹은 "구

[4] 나는 장애에 대한 현대적 개념이 고대에서 일반적으로 쓰일 개념과 다르다는 것을 인지하고 있다. 이 뉘앙스에 대해 더 알고 싶다면 Amos Yong, *Theology and Down Syndrome: Reimagining Disability in Late Modernity* (Waco: Baylor University Press, 2017)를 참고하라.

[5] Bethany McKinney Fox, *Disability and the Way of Jesus: Holistic Healing in the Gospels and the Church* (Downers Grove, IL: IVP Academic, 2019), 15-25.

원하다"라는 뜻이 있다.⁶ 구원을 말할 때 쓰는 단어와 같다. 예수님의 치유 사역은 단순히 신체적 고침이 아니라 인류와 하나님, 그리고 바라건대 개인과 공동체 간의 올바른 관계를 재건하는 것이다.⁷ 치유는 사람들을 홍하게 한다. 현대 의학은 치료(curing)와 치유(healing) 간의 차이를 인정한다. 치료는 신체적 과정이고, 개별적으로 일어나며, 대개는 빠르고, 질병을 제거하는 것에 집중한다. 반면 치유는 사회문화적 과정이고 대인관계와 사회적, 영적 차원을 회복시키는 것에 초점을 맞춘다. 치유는 완전하게 되는 과정이기 때문에 오래 걸리고 계속 진행중이다.

이 둘의 차이점은 트라우마 상황에서 가장 잘 이해할 수 있다. 군인이 총에 맞으면 총에 맞은 상처는 꿰맬 수 있고 남은 파편으로 인한 감염은 항생제로 처치할 수 있다. 이것이 치료다. 치료는 트라우마가 생기기 이전의 신체적 상태로 몸을 재건한다. 하지만 진정한 치유는 그 군인이 그 사건을 처리하고 후유증으로 인한 감정적인 어려움에서 간신히 빠져나가고 나서야 이루어질 수도 있다. 치유는 직선으로 일어나지 않는다. 시간이 걸리는 일이다. 어느 날은 기분이 좋아 침대에서 일어난다. 그다음에는, 풍선에서 바람이 빠지듯이 목을 가눌 수 없어 베개 위에 푹 쓰러진다. 치유의 목적은 고치는 것이 아니라 회복하는 것이다. 누군가를

6   John Wilkinson, *The Bible and Healing: A Medical and Theological Commentary* (Grand Rapids: Eerdmans, 1998), 5.

7   *The Jewish Annotated New Testament*, edited by Amy-Jill Levine and Marc Zvi Brettler (Oxford: Oxford University Press, 2011), "치료"(curing)와 "치유"(healing)를 다르게 사용하여 전문을 번역했다.

완전하게 만드는 방법을 모색하는 변화의 과정이다. 치유는 트라우마로 남은 경험을 지우는 것이 아니라 (이는 사실상 불가능한 일이기도 하다) 그 상처가 짊어지기에 얼마나 무거운 짐인지에 상관없이 이를 처리하고 받아들이는 법을 배우는 것이다.

요한복음 9장 앞부분에서 스가랴는 실로암 못에서 나와 눈을 떴을 때 육신의 치료를 받았지만 9장 후반부에 가서 "주여, 내가 믿나이다"(9:38)라고 고백하고 예수님을 경배할 때 진정한 치유가 일어났다. 그제야 비로소 살아 계신 하나님과 나눈 대화를 통해 그는 회복되었고 그동안 그 자신은 배제되었던 예배의 자리에도 나아갈 수 있었다. 예수님은 언제나 우리가 세우는 경계선을 무너뜨리신다. 그리고 여기서 예수님은 사람들이 천국에 들어오지 못하게 세운 불필요한 장벽들을 드러내신다. 이제 모든 이들이 환영을 받으며 잔칫상에 앉을 수 있게 되었다! 스가랴는 어디에서든 예수님을 예배할 수 있다. 성전 밖에서도, 안식일에도, 심지어 종교 지도자들의 허락 없이도 그분을 예배할 수 있다. 그제야 그는 예수님이 진실로 누구신지 깨닫게 된다. 어중이떠중이 마술사나 선지자가 아니라 인자로 오신 예수님으로 말이다. **그제야** 비로소 그에게 치유가 임한다.

❋ ❋ ❋

장애인 공동체에서 장애는 종종 사회적 구조 개념(construct)으로 설명된다.[8] 이 말은 사람들이 신체적 차이 때문이 아니라 사회에서 비장애인 중심으로 세워진 체제적 장애물 때문에 장애인으로 규정된다는 것을 의미한다. 이러한 장애물에는 접근 가능하지 않은 건물, 고용 차별, 장애인에게 최저 임금만을 지불하는 행태(미국에서는 이 일이 여전히 합법이다!), 그리고 다르다고 인식되는 모든 것을 하찮게 여기는 전반적인 태도가 포함된다.[9] 비슷한 장애의 구조 개념이 몇몇 아메리카 원주민 문화에서도 일어나는데, 여기에서는 장애를 다음과 같이 정의한다. "신체적 조건보다는 관계적 차원에서 나타난다. … 개인이 신체적 손상을 경험하더라도 그 한 사람이 공동체에서 방출되거나 공동체의 호혜에 참여하지 못할 때에만 장애로 인식된다."[10] 이는 의학적 문제가, 장애가 구체화된 모습과 연결되지 않는다고 주장하기 위함이 아니다. 장애는 몸, 정신, 경험의 넓은 집합체를 아우르기 때문에 사회적 구조 개념이 모든 이들을 대변해 줄 수는 없다. 하지만 사회적 구조 개념은 우리가 만들어 놓은 구조가 어떻게 개인의 몸이 실제로

---

[8] 장애의 다양한 모델에 대해 알고 싶다면 Angi English, "The Social Construction of Disability", *Medium*, July 30, 2014, https://medium.com/homeland-security/the-social-construction-of-disability-999114247359을 참고하라. 이것은 장애의 한 모델일 뿐이다. 장애는 전형과 경험의 넓은 집합체이기 때문에 모든 모델은 미완성이다. 각각의 모델은 장애 경험에 대한 나름의 배울 점들을 제시한다.

[9] Sarah Kim, "The Truth of Disability Employment That No One Talks About," *Forbes*, October 24, 2019, https://www.forbes.com/sites/sarahkim/2019/10/24/sub-minimum-wages-disability.

[10] 원주민 학자이자 운동가인 Dorothy Lonewolf Miller (Blackfeet) 그리고 Jennie R. Joe (Navaho). Kim Nielsen, *A Disability History of the United States* (Boston: Beacon, 2013), 3에서 인용함.

그런 것보다 훨씬 더 그를 장애인으로 생활하게 만드는지를 확인하는 데 유용한 틀이 된다.

모든 장애인이 아픈 것은 아니다. (나는 참 운이 좋아서 통증을 느끼지만 말이다.) 그리고 모든 장애인이 몸 때문에 고통받는 것도 아니다. 하지만 우리 **모두**는 사회가 우리를 조롱하고 우리 몸에 한계를 설정하는 것 때문에 고통받는다. 그렇다. 당신도 마찬가지다. 내 경우, 걷거나 설 수 없다는 사실이 나를 장애인으로 만들지 않는다. 오히려 건물이 계단이나 좁은 통로나 커브로 되어 있는 구조여서 휠체어를 타고 이용하기 어렵게 만들어졌기 때문에 나는 장애인이 된다. 공공장소가 나의 몸을 장애가 있는 몸으로 만들지만, 이 공간들은 나같이 휠체어를 타거나 지팡이를 짚고 다녀야 하는 이들을 포용할 수 있는 방식으로 재건축되거나 재해석될 수 있다. 우리가 경사로를 만드는 일에 힘썼다면 휠체어로 세상을 다니는 일은 어려운 일이 아니었을 것이다. 오히려 우리를 자유롭게 했을 것이다.

이러한 장애의 사회적 모델 속에서 사람들을 장애인으로 만드는 사회적 구조가 해결된다면, 곧 치유된다면 치료는 때로는 불필요하다.

애초부터 장애인을 염두에 두고 건물과 지역 사회를 건설한다면 신체적 차이에 따라 차별하지 않고 소속감을 주는 문화가 형성된다. 장애에 대한 이러한 모델은 신체적 차이와 상관없이 우리 지역 사회의 포용과 번영에 기여하도록 장애인과 비장애인 모두에게 기회를 주기 때문에 해방감을 준다. 기도를 해서 지팡이를 없애려고 하는 대신, 기도하는 가해자들은 내가 이용할 수 있는 건물을 만드는 일에 힘써야 한다. 내 몸을 죄의 근원으로 집중하는 대신, 교회가 장애인들을 따돌리는 죄를 계속해서 짓는 방식에 대해 회개해야 한다. 또한 내 몸을 덜 가치 있다고 즉시 단정 짓는 대신에, 어떻게 내 장애 입은 몸이 우리 공동체에서 하나님의 형상을 나타내는지 궁금해해야 한다. 그리고 항상 치료해 주려고 하기보다, 기도하는 가해자들은 전인적인 치유를 갈망해야 한다.

우리가 원하는 것이 마술 묘기라고 생각할 때가 있지만 그렇다고 해서 우리가 마술사를 숭배하지는 않을 것이다.[11] 마술 쇼에 가기 위해 돈을 내거나 마술사의 인스타그램을 팔로우할 수는 있지만 그 마술사를 숭배하기 위해 목숨을 내놓지는 않는다. 미안합니다, 펜과 텔러(Penn and Teller: 미국의 마술사 및 코미디 듀오 - 옮긴이). 전인적 치유를 위한 마법의 약이나 즉효를 보이는 약, 혹은 소원을 들어주는 지니는 없다. 오직 우리와 함께하기를 원하시는 임마누엘 예수님이 계신다. 우리가 치유보다 치료에 너무 많이 집중할 때 복음은 그저 "분위기 좋게 가자" 식으로 특정한 물리적 결과물을 창출하기 위해 판매되는 상품으로 전락한다. 그렇게 된다면 우리는 싸구려 다이어트 보조제를 팔며 효과가 즉각적으로 나타날 거라 장담하는 이들보다 나을 것이 없다. 그 어떤 기도하는 가해자가 주장한다 해도 진정한 치유는 상품화될 수 없

---

11 나는 이 예시를 소중한 친구이자 스승이자 목사인 코리 에스페란사(Cori Esperanza)에게 배웠다.

다. 자본주의는 우리의 행복을 신용카드로 살 수 있다고 믿게 하기 위해 상품에 따뜻하고 보송보송한 이미지를 결부한다. 하지만 치유는 사고팔 수 있는 상품이 아니다.

우리가 요한복음 9장에 등장하는 스가랴의 경우에서 보듯이 그의 눈이 치료되고 나서 문제는 더 악화되었다. 그는 치료는 받았지만, 사람들을 치유해 주어야 할 공동체에서는 쫓겨났다. 그가 고침을 받아 시력을 얻은 것이 그가 가진 장애의 사회적 측면을 바꾸지 못했다. 여전히 성전 안에서 예배 드리지 못하고 그의 죄에 대해 잘못된 인식이 팽배했으며 더 넓은 지역 사회로부터 분리되었다. 이웃 주민들은 스가랴가 눈을 뜬 후에도 여전히 그가 "온전히 죄 가운데서 나서"라고 생각한다(9:34). 진정한 치유는 그를 사회적으로 소외시키지 않고 장애가 갖는 이러한 사회적인 측면을 바로잡는다. 그리고 치유는 장애가 가진 신체적 측면에 집중하지 않고 장애의 오명을 벗겨 준다. 스가랴는 처음에는 예수님을 몰랐다가, 그다음에는 예수님을 기적을 행하는 선지자로 생각했지만, 결국에는 예수님이 인자이심을 깨닫게 되는 치유의 과정을 거친다. 신체적 치료는 이러한 변화의 촉매제가 되지만 그것이 그를 치유한 것은 아니다. 스가랴의 신체적 여정에 집중하면 9장의 나머지 부분에서 치유의 사회적 양상에 대해 가르치는 내용을 놓치게 된다.

우리가 그것을 좋아하든 싫어하든, 성경의 이 본문은 스가랴의 치료보다 치유에 더 많이 치중하고 있다. 어떤 마술 묘기나 장애의 신체적 모본만을 다루는 것이 아니라 장애의 더 깊은 사회적 개념을 드러낸다. 물론 치료가 속성인 반면, 치유는 시간이 오래 걸리고 어려운 일이다. 그러기에 기도하는 가해자들이 장애인을 포함시키는 문제를 논할 때 사회가 치유를 필요로 하는 방식을 연구하기보다 임시방편을 내려고 급급해하는 것이 당연할지도 모른다. 선구자인 레이첼 헬드 에반스(Rachel Held Evans)가 지적하듯, "치료와 치유 간에 차이가 있고, 교회는 느리지만 어려운 치유의 길을 가야 하는 부르심을 받았다. 우리는 결과가 어찌 되든 서로의 고통 속으로 들어가 아픈 이들에게 기름을 붓고 곁에 있어 줘야 하는 부르심을 받았다." 이로 인해 우리가 불편해지더라도 말이다.[12] 절박하게 모든 장애를 다 치료하려고 드는 대신, 교회는 장애인들이 접근하기 어려운 공간과 관행과 관념을 허물어 주변 사회를 치유하는, 시간이 더 걸리고 어려운 길을 가야 한다. 심지어 그 공간이 교회 내부에 존재한다고 해도 그렇다. 교회는 치료하는 대신 치유함으로 예수님을 따라야 한다.

✹ ✹ ✹

내게 와서 나의 몸에 대해 이야기할 때 사람들이 짓는 표정이 있다. 촉촉히 젖어 있는 눈, 살짝 위로 젖힌 고개, 마치 고기 덩어리를 부드럽게 만들려고 하는 듯한 표정이다. "어떻게 지냈어어어요?" 이렇게 불편할 정도로 과장하며 모음을 끌면서 말끝을 흐

---

[12] Rachel Held Evans, *Searching for Sunday: Loving, Leaving, and Finding the Church* (Nashville: Nelson, 2015), 208.

린다. 모음을 길게 늘어뜨리는 것은 언제나 어색함의 표현이다. 그렇게 몇 음절 더 넣는다고 내가 장애인임을 잊을 수 있을 것처럼 말이다. 그들은 시선을 어디에 두어야 할지, 손을 어떻게 해야 할지 모른다. 그들은 마치 자신들이 내 장애를 치료하기 위한 치료 방법을 추천해야 하는 첫 주자인 것처럼 생각한다. 그들은 나에게 "마늘을 양말 속에 넣어 봐요." "피클즙을 마셔 봐요." "사우나에 가서 땀을 쫙 빼 봐요." 이렇게 많은 조언을 했지만 낯선 사람이 나에게 알려준 장애 치료법 중 내가 가장 좋아한 것은 "한쪽 다리를 망치로 두드려요"라는 것이다. 그럼에도 불구하고, 나는 여전히 장애가 있다.

  내가 이미 다양한 형태로 풍성한 치유를 경험했음에도 불구하고 많은 사람들은 나를 치료하고 싶어 한다. 내가 타고 다니는 전동 스쿠터 이름을 "마이 스쿠터 공주, 다이애나"로 붙였다. 나는 내 자신이 원더 우먼이라고 믿기 때문이다(원더 우먼의 이름이 다이애나이다. – 옮긴이). 아일린이라는 이름의 로열 블루색의 지팡이(여기에 숨은 의미도 알겠는가?), 그리고 절뚝거리는 나의 걸음걸이, 이 모든 것이 내가 장애를 갖고 있음을 온 세상에 선포하고, 나의 몸을 공공 재산이라도 되는 듯 훑어보는 사람들의 시선을 모은다. "비누를 지니고 잠을 자 보세요." "엡솜 소금을 넣고 목욕을 해 보세요." "허브로 발을 문질러 봤나요? 내 사촌은 효과를 봤다던데…" 이런저런 조언을 하면서 말꼬리를 흐린다. 사람들은 마치 자기네들이 편한 시간에 내 의료 기록의 세부 사항을 알 권리가 있다는 듯이 마트에서, 주차장에서, 심지어 교회 안에서 나에게 위협적으로 말을 걸어온다. 마치 내 몸이 모든 사람의 의견을 나누는 토론회의 주제인 것처럼 말이다. 마치 내가 고쳐야 할 문제라도 되는 것처럼 말이다.

이것이 바로 에이블리즘적인 세상에서 장애인으로 살아가는 모습이다. 우리는 우리를 원하지 않는 세상에서, 그리고 우리를 있는 그대로 받아 주는 대신에 극단적인 방식으로 우리를 치료하려고 애쓰는 사회에서 지워진다. 의료산업복합체가 등장했을 때 나는 이미 이를 예상하고 있었다. 이 일에 매진하는 사람들은 나를 인간이 아니라 의료 사례 파일 #162742로만 알기 때문이다. 서양 의학에서 나는 정교한 의학적 변신을 "하기 전"(before) 사진쯤으로 대우받는다(제목: 「익스트림 메이크오버: 장애 판」[Extreme Makeover: 미국에서 방영된 리얼리티 쇼 - 옮긴이]). 하지만 나는 그리스도의 몸이기에 이런 대우를 거부한다. 그리스도의 몸에 속한 지체들은 하나님이 창조하신 다양한 모습을 제거 대상이 아니라 가치 있는 존재로 여기도록 초청받는다. 사람들은 하나님이 나의 장애를 통해 어떻게 일하시는지 궁금해하지 않으면서, 내 목구멍으로 치료제를 쑤셔 넣는다. 이러한 순간에 나는 혼란을 겪는다. 그들은 비장애인인 자신의 경험을 중심에 두고, 나에 대해 아는 것이 하나도 없으면서 내가 가진 장애를 동정한다. 나는 더 풍성한 삶을 살기 위해 치료제를 기다리고 있지 않다. 만약 나를 내 진단명으로만 아는 것이 아니라 그 이상으로 나에 대해 알아가는 데 시간을 들인다면, 그들도 그 사실을 알게 될 것이다.

매번 이런 "치료제" 운운하는 만남을 갖고 나면, 내일 내가 기적적으로 나아서 영화 「불의 전차」 OST를 배경으로 깔고 전동 스쿠터에서 벌떡 일어난다면 그들의 생각이 바뀔지 혼자 생각해 보곤 한다. 그렇게 되면 나도 더 큰 열정을 가지고 예배하게 될까? 내가 믿는다고 말하는 것이 확고해질까? 하나님의 사랑을 전하기 위해 내가 아직 갖지 못한 기회를 얻게 될까? 내 영적 삶이 실용적으로 어떻게 변화될까? 하지만 이러한 기적이 예수님이 주시는 변혁적인 치유에 대한 훨씬 더 큰 이야기 안에서 나의 신체적 치료를 강조하는 것 외에 **다른** 의미가 있을 것이라는 확신이 들지 않는다. 그렇게 되면 하나님을 그분 자체로 예배하라고 나를 격려하는 것이 아니라 그저 내 몸을 내가 드리는 찬양의 중심에 두게 할 뿐이라는 생각이 든다.

내 장애를 고치려고 절박하게 매달리는 낯선 사람들은 사실 자신의 몸과 삶을 잘 통제하지 못하는 데서 오는 깊은 불만을 가지고 있음을 드러낸다. 결국 예수님은 자신은 맹인이 아니라 볼 수 있다고 생각하는 사람들이 사실은 진짜 치유가 필요한 사람들이라고 말씀하신다. 장애는 예수님의 사역을 이해하는 하나의 방법이고 비장애인들이 접근할 수 없는 변혁적인 능력이다. 어쩌면 이는 장애가 성경과 삶에서 말하는 은사이고 스승이자 축복이기 때문일 것이다. 우리가 젊고 장애가 없다면 우리 몸을 우리 마음대로 통제할 수 있다는 거짓말에 속아 넘어가기 쉽다. 사실 아주 마음 깊은 곳에서는 그렇게 통제할 수 없다는 것을 앎에도 불구하고 말이다. 잠재의식 속에서 우리는 모든 이들의 신체적 기능이 일시적인 상황임을 깨닫게 되고 이 사실로 인해 우리는 두려움에 떤다. 내가 추측하건대 기도하는 가해자들도 이 두려움에 사로잡혀, 통제할 수 없다는 사실에 대한 자신의 불안을 나에게 투영하는 것이다. 치료는 시간 여행을 할 수 있다는 착각에 빠지게 해서, 마법처럼 인간의 타락이 내 몸에 "저주를 걸기" 이전으로 돌아가게 해 주겠다고 약속한다. 치료는 고침을 보장한다는데, 난 내가 부서졌다고 생각하지 않는다.

사실 치료는 **그들에게** 신정론과 하나님 뜻에 대한 쉽게 풀리지 않는 질문들을 마주해야 하는 이 순간에서 벗어날 수 있는 티켓을 제공한다. 혹은 그보다 더 심각하다. 만약 **그들이** 장애를 입게 된다면? 노화 때문에든 사고 때문에든, 대부분의 사람들은 인생에서 어떤 형태의 장애든 겪게 되어 있다. 이미 장애를 겪고 있는 우리는 이 상황을 기꺼이 맞이하고, 장애를 통해 배우며, 그 안에서 일하시는 하나님을 전할 수 있는 법을 알고 있다. 장애를 가진 우리는 깨지기 쉬운 인간의 상태에 대한 진리가 무엇인지에 대해 예언자적 증언을 하는 사람들이다. 교회가 우리의 소리를 듣는다면 얼마나 좋을까.

성경 전반에 걸쳐 우리는 하나님이 인류와 함께하시기로 선택하신 일 그 최전선에 서 있는 장애인들을 만날 수 있다. 이삭은 눈이 멀었고, 야곱은 다리를 절었다. 레아는 시력이 약했고(창 29:17), 모세는 언어 장애가 있었다. 엘리야는 우울에 빠져 자살 충동을 느꼈다. 디모데는 위장에 문제가 있었고 "자주 나는 병"이 있었다(딤전 5:23). 바울에게는 육체의 가시가 있었다(고후 12:7). 그리고 므비보셋은 두 다리를 모두 절었다! 선한 목자이신 주님은 우리의 몸이 "정상"이거나 완치된 것과는 상관없이 풍성한 삶을 주신다. 하나님이 주시는 치유는 우리 몸의 상태에 따라 달라지지 않는다. 그리고 요한복음 9장에 따르면 이웃 사람들에게 하나님을 나타낸 것은 스가랴가 맹인이었을 때였지 기적적으로 눈을 떴을 때가 아니었다. 아마도 우리가 장애를 살아 계신 하나님을 나타내는 도구로 받아들이기 시작한다면, 기도하는 가해자들이 교회에서 나에게 다가와 마술사 신학을 들이대는 일은 없어질 것이다.

우리는 몸과 마음에 위계질서가 있다고 주장하는 시스템에서 벗어나야 한다. 우리는 이미 나머지 창조물에서 이에 대한 맥락을 이해하고 있다. 인간뿐 아니라 나무와 꽃, 그리고 동물에도 다양성이 존재한다. 세상에는 6만 가지 유형의 나무, 3천 종의 튤립, 4백 가지 종류의 상어가 있다. 가장자리가 갈라진 튤립이 찻잔 모양의 튤립보다 더 좋고 나쁘고를 따지지 않는다. 둘 다 각자만의 특수한 아름다움을 지니고 있다.

우리는 우리 몸을 튤립을 대하듯 생각해야 한다. 가장자리가 갈라졌든 찻잔 모양이든, 그 어떤 몸도 다른 몸보다 좋지도 않고 나쁘지도 않다. 다양성은 우리 삶에서 양념 역할을 할 뿐 아니라 삶을 유지시킨다. 다양성은 유기체가 생존하도록 돕는다. 우리는 차이를 제거의 대상으로 삼지 말고 그 존재를 기뻐해야 한다.

당신이 한번도 당신의 몸을 다른 이들의 몸과 비교해 본 적이 없다고 상상해 보라. 키가 크지 않다고, 날씬하지 않다고, 힘이 세지 않다고, 빠르지 않다고, 똑똑하지 않다고 자책하는 대신에, 당신의 몸이 할 수 있는 것과 그 몸이 얼마나 독특한지를 받아들인 다면, 당신은 자유로워지지 않겠는가? 가장자리가 갈라진 튤립인 내가 찻잔 모양 튤립이 되려고 애쓰지 않고, 이 둘 중 어느 하나도 하찮게 여기지 않으면서 그 모습 그대로의 나를 인정한다면, 얼마나 스스로 치유가 될지 생각해 보라.

내 장애 입은 몸은 독특하기에 아름답다. 내 몸이 당신 몸보다 더 구부러지긴 했지만 그 대신 뾰족한 모서리를 얻었다. 내 다리는 순환이 잘 되지 않아 시퍼렇지만 사파이어처럼 빛난다. 내 신경세포는 불타는 듯하지만 이 불은 숲의 시작이 되는 세쿼이아 순을 퍼뜨리는 불이다. 나의 발작은 얼음처럼 날카롭지만 바다의 조류를 조절하는 얼음이다. 나의 장애 입은 몸은 별과 같은 물질로 만들어졌다.

이제 우리는 3천 가지 다른 튤립의 바다로 이 세상을 경험하고, 같은 태양 아래에서 빛나는 모든 튤립의 광채와 아름다움을 포용해야 한다.

묵상과 적용

▶ 묵상해 보라. 장애인을 만났을 때 당신이 처음 보인 반응은 무엇이었는가? 당신은 우리를 치료하려고 하는가, 동정하는가, 아니면 잘난 체하는가? 장애인들이 당신에게 가르침을 줄 수 있음에 대해 열린 마음을 가지고 있는가? 당신 자신이 장

애와 맺고 있는 관계가 이 책에 등장하는 이야기나 교훈을 받아들일 때 어떻게 방어적인 태도를 취하게 만드는지 생각해 보라. 당신의 묵상 내용을 친구, 소그룹, 혹은 공동체 안에 있는 누군가와 나누어 보고 상호 책임감을 발전시켜 보라.

▶ 장애를 위한 하버드 내재적 연관 검사(Harvard Implicit Association Test)를 해 보라. https://implicit.harvard.edu/implicit/selectatest.html. 8분에서 10분 정도 소요된다.

검사 결과를 놓고 묵상해 본 후 공동체 내 신뢰하는 사람들과 함께 그 내용을 나누어 보라. 우리가 내재적으로 가지고 있는 편견에 관해 배우는 것은 누구를 탓하거나 스스로 수치감을 느끼기 위해서가 아니라 우리가 속해 있는 문화 속에서 흡수한 편견에 이름을 붙이기 위함이다. 검사하는 것을 목적지로 여기지 말고 성장하고 배울 수 있는 출발점으로 삼으라. 그 어떤 편견도 굳어지지 않게 하라.

▶ 당신이 속한 교회 혹은 그룹의 모임 공간과 장애인에 대한 에티켓 목록을 작성하라. 화장실, 주차장, 본당을 포함하여 모든 곳에 장애인이 쉽게 접근할 수 있는가? 예배 시간에 다른 신체적, 감각적 요구들이 있음을 인정하는가(시각 장애인이거나 시력이 좋지 않은 사람, 농인, 휠체어 사용자, 자폐인 포함)? 찬송가, 설교, 신학이 장애인을 포용하는가? 교회가 장애인을 인도자로 세우는 것을 장려하고 그들을 양육하는가? 당신이 만든 목록

을 통해 성장이 필요한 영역이 있다고 판단되면, 당신의 교회에 속한 모든 지체가 가진 가치를 인정하는 고린도후서 말씀의 교회를 구현할 수 있도록 이러한 영역을 변화시키는 일에 헌신하라.

권장 치료법
상위 10가지

나를 잘 모르는 사람들이 나의 장애를 보고 이런 "치료법"을 권했다.

10. 비누를 지니고 자 보세요.
9. 양말에 마늘을 넣어 보세요.
8. 햇빛을 더 많이 쬐세요. 햇빛을 피하세요. 흡혈귀가 된 것처럼, 다시는 태양을 보지 마세요.
7. 따뜻한 램프를 다리에 올려놓으세요. 아이스팩을 다리에 대고 있으세요.
6. 엡솜 소금(사리염)을 목욕물에 넣고 씻어 보세요. 그러면 장애가 빠져나갈 거예요.
5. 비타민C, 마그네슘, 철분을 섭취하세요. 재미 삼아, 가끔은 세 가지를 한꺼번에 먹어 보세요.
4. 사골 국이나 피클즙을 마셔요. (절대 두 가지를 한꺼번에 섭취하지는 마세요, 절대로.)
3. 긴장을 풀고 느긋하게 있어 보세요.
2. 조깅을 해 보세요. 좀 있으면, 다리가 걷는 방법을 기억해 낼 거예요.
1. 고통을 잊을 수 있도록, 한쪽 다리를 망치로 두드려 봐요.

2. 장애 차별

사람들의 몸과 마음에 우열을 매기는 시스템

내가 다니던 고등학교는 굉장히 넓었다. 로즈 볼(Rose Bowl: 미국 대학 미식축구 대회 - 옮긴이) 경기장 네 곳을 수용할 수 있을 만큼의 넓은 부지가 빨간색과 흰색 장식 벽돌로 에워싸여 있었다. 캠퍼스는 엘리스 섬의 두 배 크기였다. 수업이 끝나면 삼천 명이나 되는 인원이 광활한 아프리카 평야를 횡단하는 누(gnu) 떼처럼 나무가 늘어선 안뜰을 우르르 가로질렀다. 수동 휠체어를 타고 이러한 소동을 뚫고 지나가야 하는 상황을 피하기 위해 나는 3분 정도 늦게 수업에 들어와도 되는지 선생님께 물었다.

"그건 안 돼." 반 전체 앞에서 선생님은 나를 꾸짖었다. "괜히 딴짓 하다가 수업에 늦게 들어오는 것은 용납할 수 없어. 다른 학생들에게도 공평하지 않은 일이야." 여러 번의 지각 경고를 받고 교장실에 불려 가면서 우리 부모님은 학교 행정실에 나의 장애에 대해 최소한의 혜택을 요청했지만 받아들여지지 않았다.

교실 문 바로 옆에 앉는 것조차 허락되지 않았다. "휠체어를 타고 있다고 해서 너에게 혜택을 줄 수는 없어." 우리는 그렇게 교육받았다.

목요일마다 치료를 받으러 병원에 가느라 결석해야 했을 때, 미적분학 선생님은 대체 시험을 보게 해 달라는 나의 요청을 거절했다. "수업을 좀 더 진지하게 여겨야 해." 선생님은 말씀하셨다. 더 이상 어떻게 더 "진지하게" 수업에 임하라는 말인지 이해할 수 없었다. 척추에 주사를 맞는 것보다 수학(그렇다, 심지어 수학까지) 공부를 하는 것이 훨씬 더 좋았기 때문이다.

"상급반에 올라가더라도 특혜는 없을 거야." 화학 선생님이 말씀하셨다. 한 선생님은 장애 학생은 상급반 수업을 따라갈 수 없기 때문에 "특수" 학생들을 위한 보충 수업을 들을 것을 권했다. 다른 선생님들도 연방의 명령에 따라 장애 시설을 만들어야 하는 법에 따르기를 거부했다.

이러한 이유로, 서리가 내린 어느 날 아침, 우리 부모님, 선생님들, 그리고 교장 선생님이 자연광도 들어오지 않고 환기 시설도 없는, 복잡한 베이지 색 사무실에 옹기종이 모여 앉았다. 방 안에는 긴장감이 감돌았다. 아무도 그 자리에 있고 싶어 하지 않았겠지만 나만큼은 아니었을 것이다. 담임 선생님은 아침 수업 준비 시간에 끼어든 이 모임에 참석해서는 계속 눈을 돌려 가며 여기저기 보고 있었고 그 선생님이 들고 있던 밍밍한 스타벅스 라떼 향이 방 안 공기 중에 떠다녔다. 또 어떤 선생님은 늦게 온 데다가 문을 쾅 닫고 들어와서는 눈살을 잔뜩 찌푸리면서 아침 7시에 회의를 잡고 참석하라는 것은 무리한 요구이며 이런 일 때문에 자기가 돈 받고 일하는 것은 아니라고 떠들었다.

이 회의의 목적은 장애 학생을 위해 최적의 교육 계획을 세우는 것이었다. 부모, 교육가, 학교 정신과 전문의들은 실행 계획에 대해 나름의 입장을 가지고 있겠지만 최종 목표는 함께 힘을 합쳐 장애 학생이 비장애 학생들에 뒤지지 않는 교육을 받을 수 있는 전략을 세우는 것이었다. 적어도 종이 위에는 그렇게 쓰여 있었다. 선생님들은 나와 우리 부모님과 협력할 마음이 없었고 과장해서 짓는 미소와 공허한 말투로 시큰둥한 태도를 숨기려는 성의조차 보이지 않았다. 그저 "이런 일을 한 번도 다루어 본 적이 없어서요"라고 반복해서 말할 뿐이었다. 마치 처음이라는 것이 누군가의 평등권을 거부할 수 있는 핑곗거리가 될 수 있는 것처럼.

선생님들은 개별화 교육 프로그램(IEPs: Individualized education programs), 504조 계획 등 다른 여러 장애와 관련된 약어(acronym)를 전혀 알지 못했다. 배워 볼 노력도 하지 않았다. 아이러니하지 않은가? 그들은 내가 상급반 수업을 포기하고 다른 누군가의 문젯거리가 되기를 간절히 원하고 있었다. 내가 이를 알게 된 것은 선생님들이 나에게 그렇게 말했기 때문이다. 그것도 반복적으로 다른 학생들 앞에서 말이다. 더 최악인 것은 지각 벌점과 교장실 소환, 악의적인 발언 등의 징계를 통해 감히 그들이 연방법을 지키게 만들려 한 나에게 책임을 전가했다는 것이다.[1]

---

1 공립 학교 학생을 위한 장애 인권법에 대해 더 알고 싶다면 ADA 국립 네트워크에서 발행한 자료, "Disability Rights Laws in Public Primary and Secondary Education: How Do They Relate?," 2018, https://adata.org/factsheet/disability-rights-laws-public-primary-and-secondary-education-how-do-they-relate를 참고하라.

선생님들은 마치 치폴레(chipotle: 훈제한 후 말린 할라피뇨 - 옮긴이) 위에 사이드 메뉴로 과카몰리를 추가하는 듯, 장애인 시설을 추가 선택 사항으로 생각하는 것 같았다. 하지만 평등권은 과카몰리가 아니다. 수업에 천천히 들어가고 대체 시험을 보고 이용 가능한 좌석을 마련하는 것은 모두 한 학생의 배우는 능력을 키우기 위한, 장애인을 위한 기본적인 혜택이다. 이것은 절대로 선택 사항이 아니며, 비용과 편의와 무지를 기반으로 해서 거부되어서는 안 된다.

사실 나는 모든 선생님이 그리는 이상적인 학생일 수 있었다. 숙제를 빼먹은 적도 없고, 과제를 제출할 때는 늘 세 번 이상 검토했다. 가산점 받을 기회를 놓친 적도 없었다. 내 혈액형이 A Rh+인 것을 알게 되었을 때 "내 피에 A+가 흐르고 있어"라고 동생에게 외치며 짜릿함을 느꼈다. 그리고 나는 학교를 **소중하게 생각했다.** 학교는 내가 스스로 어떤 사람이라고 믿는지 그 자아의 매우 큰 부분을 차지했다. 그러니 선생님들의 분노를 받아 내는 것은 청소년이었던 나에게 정말이지 두려운 일이었다.

"저들을 사하여 주옵소서. 자기들이 하는 것을 알지 못함이니이다." 예수님은 이렇게 기도하셨지만 선생님들은 자기들이 하는 일을 분명히 알고 있었다. 수업 전에 열렸던 그 어색한 회의를 통해 선생님들은 확실히 자신들이 법을 어기고 있다는 사실을 주지하고 있었다. 알고도 그렇게 행동한 것이다.

"선생님들이 틀렸다는 걸 증명해 낼 거야." 복수를 다짐하는 음악을 배경으로 깔면서 나는 스스로를 진정시켰다. 장애에 대해 헐뜯는 소리를 들을 때마다 나의 의지는 활활 타올랐다. 권리가 내 편에 있으므로 선생님들의 마음을 바꿀 수 있을 거라고 자신했다. 내가 조금만 더 똑똑하면, 공부를 더 열심히 하면, 더 많은 것을 성취하면 선생님들이 장애인을 더 귀하게 여기게 할 수 있을 것이라 생각했다. 나는 완벽주의로 장애 차별을 벗어날 수 있을 것이라 생각했다.

 선생님들이 틀렸다는 걸 증명하려고 애쓰는 중에 나는 짐짝이 되는 것과 슈퍼 장애인이 되는 것 둘 사이 어딘가에 걸리고 말았다. 다시 말해, 장애를 가졌다고 무가치하거나 공헌할 능력이 없는 사람(짐짝)이 아니라는 것을 증명하는 중에, 내가 너무 많은 공헌을 해서 사람들이 내가 장애인이라는 사실을 아예 잊어버리고 내가 나의 장애를 "극복했다" 믿으며 장애인 시설 설치를 거부하는 지경에 이를 수도 있다는 점(슈퍼 장애인)이다. "크립"(Crip)은 "cripple"(절름발이)이라는 말이 가진 비방적 의미를 복구하기 위해 사용하는 단어로서, 세상이 우리 몸을 보는 시각을 변화시키고자 하는 바람으로 장애 공동체에서 사용하는 말이다. 때때로 슈퍼 크립(슈퍼 장애인) 역할을 맡는다는 것은 내가 생존하는 데(성공하는 것은 바라지도 않고) 필요한 혜택을 사람들이 인정해 주지 않는 것을 의미한다. 나는 내 가치를 증명해야 하는 다람쥐 쳇바퀴에 갇혔고, 내 몸은 내 삶에 공헌하는 지지자가 되는 대신에 "그럼에도 불구하고"의 몸이 되었다.

 빨리 감기 버튼을 눌러서 학년 말에 열린 행사에 가 보자. "좋은 시절을 누리라"라는 문구가 농구 코트 위에서 끽끽거리는 신발 소리를 잠재웠다. 선생님들과 학생들은 학교에서 평균 최고 학점을 받은 학생들에게 상장이 수여될 때마다 환호했다. 우리는 이들을 탑 텐이라고 불렀는데 학교에서 가장 명망 있는 공부 클럽으로서 이날만은 거기에 속한 모든 모범생들이 슈퍼 스타가 되는 날이었다. 천장에서 포스터가 펼쳐 내려오고 누가 목표 점수를 달성했는지 보여 줬다. 전교 탑 텐 학점을 받은 학생 중에 내 이름도 있었다. 풍선과 꽃가루가 흩날리는 와중에 나는 촉촉히 젖은 눈으로 내 이름을 바라보았다. 꽃가루는 내 휠체어에 몇 주간 붙어 있을 것이다. 갑자기 탑 텐 안에 드는 것이 아무 의미 없게 느껴졌다.

환각성 약물과 실험적 신경자극치료를 병행하면서 미분방정식을 풀었던 수많은 밤들. 신경과 전문의에게 진료를 받으러 가는 차 안에서 수도 없이 외운 소화기 계통 암기 카드. 나에게 적대적인 선생님들이 장애인 혜택을 허락하지 않은 것이 잘못임을 증명하기 위해 부채질했던 내 내면의 불길들. 이 모든 것이 완전히 소멸되었다. 탑 텐 안에 들었지만 장애에 대해 여전히 경직된 사고방식을 갖고 있는 선생님들은 변하지 않았다. 변한 것이 있다면 내 수면 양뿐이었다.

나는 탈진했다. 내 에너지가 다 소진되었다는 말은 내가 일주일에 6시간씩밖에 자지 못했고 내가 먹는 약으로 인해 식도에 구멍이 났으며 실험적 외과 시술의 여파로 주기적으로 눈이 안 보이는 현상이 나타났음을 의미한다. "탈진"이라는 말로는 그해 건강 증진과 교육이라는 명목으로 내 몸이 망가진 정도를 표현할 수조차 없다.

어릴 적 나에게로 다시 돌아가, 선생님들이 틀렸다는 것을 내가 증명해 낼 필요가 없다는 말을 해 줄 수 있으면 좋겠다. 학술상을 몇 개를 받든, 탑 텐 명단에 내 이름이 적혀 있든, 내면에 복수의 불이 타고 있든, 결국 선생님들의 마음을 바꿀 수 없다는 말을 해 주고 싶다. 어린 나에게 선생님들이 가진 편견은 결국 나의 문제가 아니라 장애가 열등하다는 선입견에서 위조된 것이라는 것을 이해하게 해 주고 싶다. 그리고 나 자신으로 이미 충분하다는 말도 전하고 싶다.

하지만 그때 나는 열여섯 살이었고 그 아이는 아마 내 말을 귓등으로도 듣지 않을 것이다. 척척박사 A형이 이렇다. 우리보다 더 잘 아는 사람들의 충고에 귀를 기울이지 않고 불길을 직접 대면하고서야 교훈을 얻는다. 그 불은 확실히 나를 단련시켰지만 그 불에 데인 흔적도 남겼다. 그해 선생님들은 내게 많은 것을 가르쳐 주셨지만, 미적분학이나 화학을 말하는 것이 아니다. 내가 배운 내용은 어느 교과서에도 나오지 않는 것이고, 선생님들에게 본때를 보여 주겠다는 생각으로 내 스스로 그 불에 데이지 않고는 배울 수 없는 것이었다. 그 불은 그 어떤 노력과 의지도 나의 장애를 "극복"할 수 없다는 것과 나를 고통스럽게 함에도 불구하고 에이블리즘을 계속 유지하려는 사람들이 있다는 사실을 가르쳐 주었다. 그들이 잘못되었음을 증명하기 위해 두 배로 열심히 노력하면서 결국 나만 탈진 상태에 이르고 말았다.

선생님들이 한 행동은 불법이었고 도덕적으로도 잘못된 행동이었다. 내게 필요한 장애인 혜택을 묵살했고 내가 가진 평등권을 무시했다. 도대체 왜? 왜냐하면 그들은 그렇게 할 수 있었기 때문이다. 하지만 내 이야기에서 진짜 악당은 그들이 아니었다. 진짜 악당은 노력이나 지식이나 명망 있는 공부 클럽에 속하는 것으로 내 가치를 인정받아야 한다는 핵심적인 영적 거짓말이었다. 학점 4.6이 내 정체성이라는 거짓말. "극복"할 수 있는 나의 능력이 나를 가치 있게 한다는 거짓말. 선생님들도 이 거짓말을 믿었고 얼마 동안 나도 그렇게 믿고 있었다. 내 학점과 모범생 탑 텐의 영예가 바로 나 자신이라고 생각했다. 혹은 적어도, 이것들이 나에게 가치를 부여해 주는 것들이라 생각했다. 어쩌면 그것으로 내가 장애였다는(지금도 여전히 장애를 가진) 사실보다 한 수 더 앞서 나갈 수 있지 않을까 생각한 것이다.

선생님들은 분명하게 명시되어 있는 장애인 혜택에 관한 연방법을 무시했고 이로써 그들의 에이블리즘적인 행동이 더 쉽게 드러났다. 이는 장애를 가진 학생을 보호하기 위해 만들어진 법률을 직접적으로 어긴 것이기 때문이다. 하지만 대부분의 에이블리즘은 수면 아래 도사리고 있다. 에이블리즘은 장애를 가진 것이 비극이고 부담스러우며 가치가 없다는 가정하에 이루어지는 모든 대화 속에 맴돈다. 독성이 없는 것처럼 보이도록 동정심과 완곡한 표현으로 포장한다. 우리가 깨닫기도 전에 우리의 생각 속에 스며든다.

에이블리즘이 마치 대놓고 장애인들을 경멸하고 죽이려는 음모를 꾸미는 만화 악당들이 사는 "저 너머" 어딘가에서 일어나는 일이라 생각하기 쉽다. (악당 웃음소리를 여기에 넣어 보라.) 하지만 에이블리즘은 이보다 훨씬 더 광범위하다. 에이블리즘은 "정상 여부, 지적 능력, 탁월함, 생산성에 대해 사회적으로 만들어진 개념을 기반으로 사람들의 몸과 마음에 가치를 부여하는 시스템이다."[2] 이 말은 곧 어떤 몸이 다른 몸보다 더 낫다고 주장하는 것이다. 그 사람이 생산해 내는 것만으로 그에게 가치를 부여한다. 곧 우리의 이력서나 학점이 인류애보다 더 중요하다고 하는 말이다. 우리가 가치가 있다는 것을 스스로 증명해 보일 때까지 소속감을 허락하지 않는다.

에이블리즘은 성격 특성이나 정체성, 혹은 질병이 아니다. 한 가지 철학에서 시작된 시스템이다. 정확히 말하자면, 아리스토텔레스를 필두로 한 서양 철학이다. 아리스토텔레스는 장애인들이 논리적인 사고가 부족하기 때문에 인간 이하의 존재라고 주장했다. 그가 세운 인간 계층은 오늘날에도 팽배한 인종차별주의자, 성차별주의자, 에이블리스트의 근간 철학이 되었다.[3]

행동과 말과 사상이 에이블리즘적일 수 있다. 내 경험상으로 에이블리즘적 사상이 항상 계획적이거나 목적 의식을 가지고 시작되는 것은 아니다. 이러한 사상은 모든 몸-마음을 위해 세워지

---

[2] Talila A. Lewis가 내린 실제적인 정의, "Ableism 2020: An Updated Definition," 2020년 1월 25일, http://www.talilalewis.com/blog/ableism-2020-an-updated-definition.

[3] 이 내용을 포함할 수 있게 격려해 준 Lisa Sharon에게, 그리고 그녀 덕분에 만나 "Disability and Its Intersections," 2020, *Freedom Road*, podcast, http://freedomroad.us/2020/06/2231에서 이에 대해 함께 논의한 Shannon Dingle과 Lisa Anderson에게 감사의 말을 전한다.

지 않은 사회에서 전수된 대본의 한 부분이다.[4] 참 고맙네요, 아리스토텔레스. 보이지는 않아도 만연한 에이블리즘은 "정상"인 것과 "좋은" 것이 무엇인지에 대한 우리의 생각과 매우 심오하고 촘촘하게 엮여 있기 때문에 우리는 그런 생각을 하고 있는지조차 모르고 지나간다. 하지만 일단 에이블리즘을 인식하기 시작하면 모든 곳에서 이를 목격할 수 있을 것이다. 진짜 말 그대로 **모든 곳에서 볼 수 있다**. 오히려 에이블리스트처럼 행동하지 **않는** 것이 더 어려운 세상이다. 이러한 행위가 우리의 개인주의적이고 "혼자 힘으로 알아서 일어나세요"라고 말하는 사회 속에 깊이 침투되어 있기 때문이다. 에이블리즘은 곳곳에 만연해 있다.

하지만 질병과 다르게 에이블리즘은 선택하고 거부할 수 있다. 처음에는 그런 생각이 있는지조차 몰랐지만 일단 우리가 인식한다면 그로 인한 유해한 사상과 관습을 옹호하는 것을 멈추기로 선택할 수 있다. 우리의 언어와 행동을 바꿈으로써 지극히 작은 자를 존중하기로 선택할 수 있다. 우리의 신념, 곧 모든 사람이 능력과 지위에 상관없이 하나님의 형상을 지닌다는 믿음을 반영하는 방식으로 살아가기로 선택할 수 있다.

※ ※ ※

내가 경험한 가장 해로운 에이블리즘은 교회 안에 있었다. 선

---

[4] "몸-마음"(Body-mind)은 마음/몸을 이원론으로 나누는 것에 대항하기 위해 장애인 공동체에서 쓰는 용어다.

생님들과 고용주들이 이런 태도를 갖는 것은 오히려 이해할 수 있다. 사람들은 인간성보다 결과물을, 사람보다 이익을 가치 있게 여기고, 돈을 모든 것의 왕으로 중시하라고 배우고 있다. 장애인들은 자본주의 시장에서 가치 있다고 여기는 것들을 생산해 내지 못하니 시스템에 의해 불순물로 버려질 뿐이다. 우생학이라지만 그게 바로 자본주의다. 우생학은 불량한 특성을 제거함으로써 인간을 "개선"할 수 있다고 말한다. 이러한 사상은 강제 불임 수술과 의학 실험, 그리고 특히 장애인, 유대인, 극빈자, 유색 인종을 살해하는 것을 정당화하기 위해 이용되어 왔다. 힘과 도덕성에 대한 이 시대 우리의 관념은 어떤 몸을 다른 몸보다 더 가치 있다고 여기는 시스템에 뿌리내리고 있다.

하지만 교회는 본래 우리가 알파와 오메가 되시는 하나님의 형상을 지녔기 때문에 모든 사람이 존엄성과 가치를 가지는 새로운 창조의 세상으로 안내하는 역할을 해야 한다. 그러나 교회는 은밀한 방식으로 에이블리즘 사상을 퍼뜨린다. 많은 교회들이 "낙태법 반대"를 주장하지만 그들은 여전히 생산성과 건강이 존엄성과 가치를 결정짓는다는 에이블리즘적 메시지를 반영한다. 또한 많은 교회들이 기도를 무기화해서, 하나님께 요청하기만 하면 그분이 마법처럼 기적을 만들어 내야 하는 것처럼 하나님의 존재를 자판기쯤으로 축소시킨다. 구부정한 몸 하나 대령이요! 원하는 것을 말하고, 그것을 요구하라(name it, claim it: 긍정적으로 생각하거나 "충분한 믿음"만 있으면, 소원하는 대로 다 이루어진다고 말하는 신학 – 옮긴이). "예수님은 당신이 휠체어에 앉아 있으라고 십자가에서 돌아가신 것이 아니에요." 나는 이런 말을 셀 수 없을 만큼 많이 들었다.

마치 번영과 행복이 뮤직비디오에 나오는 파티의 전유물인 것처럼, 많은 교회들은 풍성한 삶이 어떤 식으로 기능해야 하는지에 대한 상상력을 제한한다. 그들은 장애인들을 **대상으로 하는** 사역을 만들고 놓고는 우리 장애인들을 일반 회중과는 분리되어야 하는 이류 시민들로 규정짓는다. 그러면서 장애인들에게는 믿음을 구현하며 사는 삶에 대해 더 큰 공동체에 가르칠 수 있는 무언가가 있음을 생각하지 못하고, 장애인이 동정심과 자선의 대상이 아니라 사랑하는 공동체에 자신의 은사를 나눌 수 있는 하나님의 형상을 지닌 사람들임을 깨닫지 못한다. 많은 교회들이 종말론 때문에 살아 계신 하나님을 찬양하는 "예배" 음악이 비인간적이 되었다고 비난하는데, 정작 자신들은 하나님이 창조하신 다양성의 아름다움을 조롱하고 있다. 그들은 완성될 날이 곧 올 것이라는 약속을 계속해서 남발하면서 어려운 인생 경험에서 비롯되는 불편함을 회피하려 한다. "당신은 언젠가 온전해질 거예요." 혹은 "천국에서 당신은 뛰어다닐 거예요." 이런 식으로 그들은 내가 아직 그리스도의 몸을 가진 새로운 피조물이 아닌 것처럼 입을 오므리고 말한다. 마치 내 장애 입은 몸에는 성령님이 아직 거하지 않으시는 것처럼 말이다.

우리가 다니는 많은 교회들이 에이블리즘이라는 핵심 영적 거짓말을 흡수하게 된 것은 그리 놀랄 만한 일이 아니다. 미국에서 장애인에게 평등권을 부여하는 획기적인 법안이 통과되었을 때 일부 기독교 단체는 이에 대항하여 싸웠다. "네 모습 그대로 오라"를 부르고 팔찌와 머그컵과 티셔츠에 "WWJD"(What Would Jesus Do: 예수님이라면 어떻게 하셨을까)를 새겨 넣으며 많은 기독교인들이 장애인들을 배제해 달라고 진정서를 제출했다. 1990년 미국 장애인법(ADA)이 통과되었을 때 일부 기독교 지도자들이 규제를 요구하는 로비를 벌인 끝에 종교 단체는 여기서 제외되었다.

현재까지, ADA는 기대에 미치지 못하고 있다. 여전히 장애인 주차 공간이 없는 서점과 내 전동 스쿠터가 지나갈 수 있는 통로가 없는 마트, 그리고 장애인 화장실이 없는 식당들이 많다. 마치 장애인을 포용하는 것보다 건축물 자체가 더 중요하다고 생각하는 듯이, 법조차도 역사적 의미가 있는 건축물에 대해서는 예외를 적용하고 있다. 더 화가 나는 것은 ADA를 강제 집행을 할 수 없다는 점이다. 어쨌든 실질적인 의미가 없다는 것이다. 사업을 시작하기 전에 ADA 준수를 인증해 주거나 이 법을 준수하지 않는 사업장을 폐쇄하도록 관리하는 기구가 전혀 없다.

ADA는 소송을 통해서만 강제 집행할 수 있다. 보건법 위반이 이런 식으로 처리된다고 상상해 보라. 누군가 식당에서 당신이 주문한 닭튀김을 제대로 조리하는지 들여다보지 않는다면 당신은 살모넬라균으로 인해 지독한 병치레를 하게 될 수도 있다. 그리고 이 사태를 해결하려고 어떤 조치를 취하려고 한다면, 그 식당을 고소한 후에 당신이 승소하기를 바라면서 몇 달을 기다려야 할 것이다. 그러는 동안 식당은 아무런 처벌도 받지 않은 채, 사람들은 식중독에 걸릴 것이다. 식중독은 충분히 예방 가능한 질병인데도 말이다. 닭튀김에 살모넬라균이 곁들여질지 모른다면, 닭튀김을 주문하고 싶지 않을 것이다. 그러니 ADA가 확실히 모든 문제를 해결하는 것은 아니다.

하지만 이 모든 결점과 집행력 부재에도 불구하고 ADA는 장애 공동체에게 크나큰 승리였다. 적어도 교회 바깥에서는 말이다. 공공장소에 장애인 화장실과 휠체어 경사로를 설치할 것을 승인한 법에 대해 일부 교회와 학교는 거세게 반발했다. "부담스러운 비용을 부가하고 … 종교적 행사에 불필요한 피해를 입힌다"는 이유에서였다.[5]

메시지는 분명했다. 우리는 사람들이 돈을 쓸 가치조차 없는 존재였다. 돈이 장애인보다 더 중요한 것이다. 낙타야, 바늘귀가 여기 있다. 분명히 우리의 존재 자체가 다른 사람들의 예배할 수 있는 능력을 없애 버리는 모양이다. 윌리엄 B. 볼(William B. Ball)은 국제 기독교 학교 협회의 대변인으로서, "ADA를 종교 단체에 적용할 경우 자유로운 종교 행위가 침해될 것은 자명한 일이다"라고 주장했다.[6] 복음주의협회를 대표하여 로버트 P. 두건 주니어(Robert P. Dugan Jr.)는 ADA가 종교적 자유를 거역하고, 심지어 "우리 신앙의 헌신을 침해"하는 "특별히 혐오스러운 치욕"이라고 강하게 주장했다.[7] 지금도 교회와 종교계 학교들은 ADA를 따

[5] William B. Ball, William L. Roper에게 쓴 편지, 1989년 7월 13일, http://dolearchivecollections.ku.edu/collections/ada/files/s-leg_753_001_all.pdf (p. 109)에서 조회 가능.

[6] 볼(Ball)이 로퍼(Roper)에게, 1989년 7월 13일.

[7] Robert P. Dugan Jr., Tom Harkin 상원의원에게 보낸 편지, 1989년 7월 14일,

르지 않아도 아무런 법적 규제를 받지 않는다. 교회의 장애인 주차 공간과 사립 학교에 설치된 장애인 화장실, 그리고 예배당에 들어가는 길에 놓인 경사로는 자선의 의미로 포함된 것이지 장애인들이 평등하고 모든 이들과 같은 기본 평등권을 누려야 한다는 신념 때문에 만들어진 것이 아니다. 에이블리즘은 시스템 오류가 아니라 미국의 많은 교회들이 치밀하게 계산해서 만든 특성이다. 교회 공간 내에서 장애를 말소하는 것은 고의적으로 만들어진 발상인데 장애인들이 예전에도 그랬고 지금도 그렇지만 이들을 포용하는 것이 비용도 많이 들고 신성모독적(Pricey and Profane)이라 여기기 때문이다. 예배의 집에서 내 몸을 포용하는 것이 그들의 종교적 자유를 침해하는 것이라 주장하는 것을 알기에 언제나 마음이 쓸쓸하다. 이것이 여전히 법적으로 보호받고 있다는 사실은 더 큰 생채기를 낸다. (그런데 'Pricey and Profane'[비용이 들고 신성모독적인]은 왠지 멋진 밴드 이름처럼 들리기도 한다.)

 교회가 장애인에게 온전한 인류애를 보이지 않음으로써 장애가 완벽한 인류의 결함이라는 관념을 영속시키는 꼴이 되었다. 의식적이든 아니든, 그들은 우생학적인 담론에 동참하면서 어떤 몸이 다른 몸보다 더 가치가 있다고 주장한다. 유대인 대학살에서부터 국회의사당까지, 장애인들은 다른 사람들이 눈치채지 못하는 사이에 지워졌다. 아우슈비츠 축축한 샤워실의 손톱 자국 가득한 칸막이 뒤에 노란색 무릎 관절과 놋 신발을 신은 빨간색

http://dolearchivecollections.ku.edu/collections/ada/files/s-leg_753_001_all.pdf (p. 114).

왼쪽 다리가 놓여 있다. 해어진 붉은 천에 싸인 오른쪽 다리는 여전히 정강이에 매달려 있고 오른쪽 팔뚝에는 아마색 손이 붙어 있다. 지팡이, 목발, 교정 장치, 휠체어. 이 유품들은 "더 우월한" 종족을 위한 희생 제물로 여겨진 생명의 잔유물로, 유리 벽 뒤에서 인공 팔다리 무더기를 만들기 위해 토막 나고 버려지고 찢긴 몸들이다. 인간의 생명이 거부당한 잔해 무더기로 전락했다. 나치는 자신들이 학살한 275,000명 장애인들을 가리켜 "쓸모없는 밥벌레"라고 불렀다.[8]

우리가 살고 있는 현시대의 담론에서 "쓸모없는 밥벌레"라는 용어는 "삶의 질", "(장애인들의) 특수 요구", "안락사" 등 특정 그룹만 알아들을 수 있는 언어로 대체되어 살인을 정당화하기 위해 자비의 개념을 왜곡한다. "두 번 다시 당하지 않으리"라고 우리는 맹세했지만 지난 10년 동안에만 미국에서 110,000명 이상이 장애인 보조금을 기다리다 사망했고 북아메리카에서는 매주 장애 아동 한 명이 장애가 있다는 이유만으로 부모, 친척, 보모에게 살해된다는 사실은 모르고 있다.[9] 그들은 우리를 짐짝이라 부른

---

[8] United States Holocaust Memorial Museum, "People with disabilities," 2021년 9월 8일 접속. https://www.ushmm.org/collections/bibliography/people-with-disabilities.

[9] Aimee Picchi, "110,000명에 육박하는 미국인들이 사회 보장 장애인 공판(Social Security Disability Hearing)을 기다리다 사망했다." CBS News, August 14, 2020. https://www.cbsnews.com/news/disability-benefits-gao-report-death-bankruptcies-waiting-hearings. 자녀 살해를 포함해서, 장애인 폭력에 대한 통계를 보려면, 다음을 참고하라. David Perry, "The Ruderman White Paper on Media Coverage of the Murder of People with Disabilities by Their Caregivers," Ruderman Family Foundation, March 2017, https://rudermanfoundation.org/wp-content/

다. 시신이 쌓여 가면서 우리 장애인들은 우리를 거부한 시장에 재판매되기 위한 물건으로 분류되는 신세가 되었다. 우리를 짐짝으로 여기는 사회에서 우리가 번영할 공간은 없다. 그 누구도 알아채지 못하는 사이에 우리는 씹히고 내뱉어진다. 에이블리즘의 결과는 우생학이다. 그리스도의 몸인 교회는 진정으로 생명을 가치 있게 여기는지 결정해야 하고, 나와 같은 장애인을 배제하려는 방식을 버리고 우리를 포용해야 한다.

ADA에 맞서 싸우는 기독교 지도자들의 이야기는 최근에 있었던 일인데도 이에 대해 아는 사람이 거의 없다. 이것이 에이블리즘이 작용하는 방식이다. 역사의 페이지에서 우리를 지워 버리고 장애인들이 어떤 대우를 받고 있는지 다른 사람들이 모르게 한다. 에이블리즘은 그림자 속에 숨어 있고, 대부분의 사람들은 이에 대해 잘 모르기 때문에 아무 문제가 없다고 생각한다. 내가 이런 역사에 대해 사람들에게 말할 때마다 그들은 깜짝 놀란다. 당황하고 격분한다! 그들에게 이런 일은 마치 개가 뇌수술을 집도한다고 말하는 것처럼 가능성의 영역을 벗어나는 일로 보인 것 같다. 당신도 개에게 메스를 쥐어 주진 않을 것이다!

기저에 깔려 있는 가정은 에이블리즘이 아예 존재하지 않는다는 것이다. 물론 스크루지 영감 같은 사람들도 있겠지만, 대부분의 사람들은 절대 **의도적으로** 장애인들을 다치게 하지는 않을 것이라고 그들은 나에게 장담한다. 일반적인 반응은 불신이다. 이

uploads/2017/08/Murders-by-Caregivers-WP_final_final.pdf.

것은 비눗방울에게 중력을 설명해야 하는 느낌이다. 내가 에이블리즘에 대해 이야기를 꺼낼 때마다 누군가는 그건 어쩔 수 없는 일이라고 서둘러 지적한다. 마치 "어쩔 수 없는 일"이 바다의 조류와 같이 자연스럽게 일어나는 일인 것처럼 말이다. 현 상태에 안주하는 것만큼 뛰어넘기 어려운 장애물은 없다. 많은 사람들이 시스템이 원래 그렇다고 나를 진정시키려 한다. 아무도 해를 끼칠 의도가 없다고 말한다. 우리 세상을 좀 더 포용하는 구조로 만들어 가기에는 턱도 없이 부족한 상상력은 제쳐 두고라도 나는 이 말이 사실이라고 납득할 수 없다.

에이블리즘이 성공적으로 작동할 수 있는 것은 그 자체를 사람들의 눈에 보이지 않게 만들기 때문이다. 그것은 우리가 숨쉬는 공기, 우리가 수영하는 물, 우리가 소비하는 문화다. 자동적으로 의심의 여지 없이 받아들여지기 때문에 우리는 살아 계신 하나님이 아니라 성공과 자기만족이라는 우상을 섬기고 있음을 자각조차 하지 못한다. 어떤 몸이 다른 몸보다 하나님의 형상을 더 지니고 있다고 주장하는 에이블리즘 사상은 배경에 깔려 있는 앱처럼 머문다. 우리는 우리가 그들의 존재를 유지하기 위해 에너지를 쓰고 있음을 눈치채지도 못한다. 이것은 우리로 하여금 에이블리즘이 자연스러운 현상이고 그렇기 때문에 피할 수 없는 문제라고 생각하게 한다.

어쩌면 우리는 스스로를 속이면서 만족하고 있을지도 모른다. 우리가 에이블리즘의 현실을 인정하게 되면 그에 대한 행동을 취해야 하기 때문이다. 묵살하고, 의심하고, 부정하는 것이 훨씬 더 쉽다. 그러는 동안 장애인들은 전멸되고 지워진다. 내가 2021년에 이 글을 쓰고 있을 때도 미국에서 장애인들은 최저 임금조차 받지 못하고 선거 기회도, 동성 결혼도 보장받지 못하고 있다.[10] 선거 주기가 돌아올 때마다 우리는 사진을 촬영하고 기분 좋은 삽화를 만들어 내기 위해 바빠지기도 하지만, 그러고 나서는 재빨리 누구도 우리의 다루기 어려운 몸에 너무 "불편해지지" 않도록 우리는 숨겨진다. 친구들은 보통 이러한 사실을 큰 소리로 말하지는 않지만, 정직한 사람들이라면 대부분 그렇게 생각한다. 1장에서 말했던 여론 조사를 보라. 우리 존재 자체가 사람들을 불편하게 만든다. 영감을 주는 영상들 사이에서 장애인들은 대부분의 사람들이 아예 잊어버리는, 그림자보다도 못한 존재로 격하된다. 우리는 역사의 페이지에서 지워지고, 우리의 이야기를 전할 사람은 아무도 없다.

�֍ ✾ ✾

나는 세계를 돌아다닐 때 이 모든 것을 떠안고 다닌다. 기내용 짐칸에 넣기에는 너무나 큰 감정적 짐이다. 의도했든 의도하지 않았든, 교회는 에이블리즘 사상을 흡수했고 장애인들을 차별해 왔다. 교회가 진심으로 빛과 소금이 되고 싶다면 장애에 대한 편협

---

[10] 미국 노동부, "Fact Sheet #39: The Employment of Workers with Disabilities at Subminimum Wages," July 2008, https://www.dol.gov/agencies/whd/fact-sheets/39-14c-subminimum-wage.

한 관념의 영향을 받지 않은 다른 습관을 구축해야 한다. 우리는 너무 오랫동안 비장애인의 몸이 만든 제단에서 예배드려 왔다. 이제는 이 우상들을 무너뜨리고 장애인을 차별한 것을 회개하며 장애를 통해 배우는 기회를 만들어야 한다. 죄책감 혹은 방어적인 느낌이 든다면 이것이 목적지가 아니라 출발점이라고 생각해 보라. 친구여, 당신에게 은혜가 있기를 기도한다. 만약 이러한 역사를 알지 못했다면 설명하거나 핑계를 대려 하지 마라. 자기 방어로 대응하지 말고 이제부터 배우고 우리와 함께 성장하기로 선택하라. 이제 에이블리즘적 관행을 고수하던 방식에서 떠나 지극히 작은 자를 중심에 두신 예수님의 길을 따라야 할 시간이다.

예수님은 우리가 장애인들을 어떻게 대해야 하는지 본을 보여 주신다. 단순히 잘 대해 준다거나 정치적으로 올바르게 대한다는 것이 아니다. 이것으로 예수님은 우리가 어떤 사람인지 아신다. "양"과 "염소"를 구분하시는 것에 대해 설명하실 때 예수님은 우리에게 말씀하신다. "내가 진실로 너희에게 이르노니 너희가 여기 내 형제 중에 지극히 작은 자 하나에게 한 것이 곧 내게 한 것이니라"(마 25:40). 때때로 우리는 이 구절을 지나치게 영적인 것으로 해석하는 경향이 있다. 우리는 예수님이 얼마나 신비로운 분인지 상상한다. 혹은 이 구절을 우리가 얼마나 거룩한지를 시험하는 리트머스 검사로 사용하기도 한다.

하지만 사실 우리가 이 구절을 인용할 때는 예수님의 성육신에 대해 생각해 보아야 한다. 예수님은 강력한 제국의 압제 아래에서 고통받는 가난하고 소외당한 피난민이 되는 것이 어떤 것인지 알고 계셨다. 우리가 소외당한 자에게 해를 끼칠 때 예수님에게 해를 끼치는 것과 같다고 하신 말씀은 전혀 이론적인 말씀이 아니다. 이것은 성육신적 말씀이다. 예수님은 우리에게 "지극히 작은 자"를 돌보라 명하시면서 인간애를 가지고 공동체적인 결속의 본을 보여 주신다. 이 명령은 우리가 소외된 자, 가난한 자, 저는 자, 고아, 나그네를 돌볼 때 공동체의 인간애가 어떻게 예수님을 지지하는지를 드러낸다. 의인은 자신들이 예수님을 먹이고 입히고 찾아갔는지 의식조차 하지 않는다. 그들은 그저 인간애를 가지고 행했기 때문에 오히려 자신들이 언제 그랬느냐고 묻는다. 그들도 우리처럼 놀랄 뿐이다. 예수님은 우리가 만나는 모든 짓밟히고 소외된 자들과 함께하시기 때문에 의인은 자신의 선행에 대해 의식할 필요가 없다.

예수님은 바로 이것이 영원한 생명을 얻을 자와 영원한 형벌을 받을 자의 차이라고 말씀하신다. 예수님은 영접 기도를 인도하시거나 사영리가 적힌 소책자를 나눠 주시지 않는다. 예수님은 지극히 작은 자를 돌보라고 우리를 초청하신다. 이 본문을 읽을 때 나는 예수님이 ADA에 맞서 싸웠던 교회에 말씀하시는 그림을 그려 본다. "내게서 떠나가라. 내가 휠체어를 탔을 때에 너희는 경사로를 만들어 주지 않았다. 내가 농인이었을 때에 나에게 수어 통역사를 붙여 주지 않았다. 내가 맹인이었을 때에 시각적 설명을 해 주지 않았다. 장애인 화장실이 필요했을 때에 너무 비싸다는 이유로 설치해 주지 않았다. '절름발이'라는 말로 나를 모욕하지 말아 달라고 부탁했을 때에 나를 보고 비웃었다. 내가 너희들에게 속하고 싶었을 때에 그것은 너희의 신앙적 헌신에 반하는 일이라고 말했다. 내가 장애를 입었을 때에 너희는 날 포용하지 않았다"(마 25:41-43 참조). 우리가 장애인을 대하는 방식이 우리가 예수님을 대하는 방식이다. 예수님이 인구의 3분의 2를 불편하게 하신다니 참 안타까운 일이다.

현대의 많은 교회에서는 장애인과 한 번도 마주치지 않고 주일 예배를 드릴 수 있다. 비장애인들은 장애인에게 "내가 너를 쓸 데가 없다"라고 말할 수 없다(고전 12:21). 이 얼마나 터무니없는 일이 되겠는가? 우리는 그리스도의 지체를 한 번 쓰고 버리는 일회용으로 대할 수 없다. 하지만 너무 빈번하게 교회는 이러한 방식으로 기능했고 장애인들을 보면 수군거리고 곁눈질하는 것으로 예배에서 쫓아내 버렸다. 그들은 장애인들이 예배에 지장을 준다고 말한다. 장애인에게 다가가는 것을 가장 인내심 많은 자에게 주어진 특별한 소명인 것처럼 여긴다. 장애인을 차별하는 예배와 사회를 만들어 놓고 그리스도의 나머지 지체가 장애를 가진 지체에게 배울 기회를 제공하지 않는다. 우리를 다른 누군가에게 떠넘겨서 우리가 대예배 때 소동을 일으키지 않도록 감시한다. 구분하지만 평등하다는 말은 평등이 아니다. 이러한 차별은 ADA에 대항하는 교회들의 연장선 위에 있다.

만약 당신의 예배가 지극히 작은 자를 환영하는 것보다 소동을 잠재우는 것에 초점을 맞추고 있다면 당신은 예수님을 환영하지 않는다고 말할 수 있다. 가혹하게 들릴 수도 있고 또 어떤 이들에게는 상처가 될 수도 있지만 그 어떤 설교나 예배 의식, 혹은 찬송가도 장애인들의 소속감보다 중요하지 않다. 한 사람의 불편한 감정과 다른 누군가의 소속감은 절대 경쟁 상대가 되어서는 안 된다. 교회는 "모든 사람이 안전하지만 아무도 편하지 않은" 신성한 공간이 되어야 한다.[11] 거룩한 붕괴에 익숙해져라. 당신의 기대치가 무너지는 것에 익숙해져라. 우리를 사역이 아니라 인간으로 대하는 것에 익숙해져라. 그제야 비로소 당신은 말할 수 없이 깊은 신음 소리를 듣게 될 것이다. 그제야 비로소 당신은 지극히 작은 자 중에 계시는 살아 계신 하나님을 만나게 될 것이다.

이제 에이블리즘이 깨뜨려 놓은 것을 복구할 때가 왔다. 에이블리즘은 모든 사람에게 상처를 입힌다. 그렇다. 당신도 예외는 아니다. 몸과 마음에 순위를 매기고 범주화하는 것은 우리 모두에게 해로운 일이다. 물론 장애를 입은 우리가 먼저 상처 입었지만 결국 당신도 상처를 받게 될 것이다. 당신은 "온전한 몸"을 가지고 있는가? 아니면 일시적으로 비장애인인가? 당신이 오래 산다면 당신의 몸은 어떤 형식으로든 장애를 경험하게 될 것이다. 당신의 몸-마음이 예전과 다르게 기능하게 된다고 존엄과 존중 받을 만한 가치가 떨어지는가? 하나님의 형상을 덜 지니게 되는가? 진리는 바로 모든 사람의 능력이 일시적 조건이라는 것이다. 장애와 함께 사는 법을 더 배워 갈수록 당신이 장애를 입게 되었을 때 이를 더 잘 포용할 수 있게 될 것이다. 이것은 협박이 아니라 약속이다. 아마 당신도 언젠가 우리와 같아질 것이라는 깨달

---

11 Rachel Help Evans, *Searching for Sunday: Loving, Leaving, and Finding the Church* (Nashville: Nelson, 2015), 73.

음이 장애인에 대해 느끼는 불편함의 기저에 깔려 있는 진짜 두려움일지 모른다. 우리는 마치 당신이 보고 싶어 하지 않는 거울과 같다. 우리는 당신이 상상하기조차 두려워하는 미래를 구현한다. 그렇다면 우리를 밀어내지 말고 우리에게서 배우는 것이 어떻겠는가?

장애인은 탄광의 카나리아, 즉 위기를 사전에 경고해 주는 신호와 같다고 우리끼리 종종 이야기한다. 과거 광부들은 카나리아를 데리고 가서 일산화탄소와 같은 유해 가스를 감지하게 했다. 카나리아가 계속 노래를 부르면 광부들은 안전했지만 카나리아가 노래를 멈추면 광부들에게 경고의 신호가 되었다. 지금 당장 빠져나가라! 침묵이 신호다.

우리의 반짝이는 노란색, 초록색 깃털은 우리를 위해 만들어지지 않은 회색 세상에서 튀는 우리의 모습을 강조한다. 하지만 우리의 실체를 알리기 위해 죽을 수는 없다. 우리는 교회가 세운 에이블리즘적 구조가 결국 우리 모두를 해치게 될 것이라는 급박한 진리의 노래를 부르고 있다. 당신은 이 노래를 듣겠는가?

묵상과 적용

▶ 교회가 ADA에 대항함으로 생긴 피해를 알리면서 당신의 교회와 친구들, 그리고 공동체가 회개하도록 인도하라. 이는 사람들에게 수치를 주기 위함이 아니라 그들의 인식을 확장시

키고 비장애인들을 초청하여 이러한 차별의 파급력을 숙고해 볼 수 있게 하기 위함이다. 고백과 회개는 영성 형성을 위해 규칙적으로 실천해야 하는 것이다. 피해를 인정하고 이 피해를 줄이는 일에 헌신하면 장애인과 비장애인 사이의 결속을 이루는 데 도움이 될 것이다.

▶▶ 비장애인을 위한 적용: 장애인 추모의 날(Disability Day of Mourning: 부모에게 살해당한 장애인 자녀를 추모하기 위한 웹사이트 – 옮긴이)에 가입하고, 장애인 공동체와 함께 공동으로 하는 애도에 참여하라. 자료와 행사 리스트는 장애인 추모의 날 웹사이트에서 참고하라. https://disability-memorial.org.

▶▶ 장애인을 위한 적용: 누군가 당신에게 에이블리즘적인 말이나 행동을 했던 때를 떠올려 보라. 그 상황을 에이블리즘이 없는 사건으로 다시 상상해 볼 수 있도록 말과 그림과 묵상으로 재창조하라. 이는 피해를 최소화하거나 에이블리즘을 용납하기 위한 것이 아니라, 마음속으로 그 순간 어떻게 하나님이 당신의 사랑스러움을 알게 하셔서 위로하셨는지 상상해 봄으로써 그 상황을 편집하는 것이다. 하나님은 어떻게 당신이 사랑받고 있음을 깨닫게 하셨는가? 에이블리즘적인 말 대신 무엇으로 불리고 싶은가? 어떻게 대우받기를 원하는가? 그렇게 편집된 순간에 느끼는 감정을 묵상하며 당신 자신의 가치를 보고 계시는 하나님께 힘주어 말해 보라.

"적어도"
상위 10가지

사람들은 내 장애에 대해 다음과 같이 말하곤 하는데, 대개는 내 몸에 대해 자신들이 더 편안함을 느끼기 위해 하는 말들이다.

10. 적어도 천국에선 뛰어다니고 있을 겁니다.
9. 적어도 당신은 **신체적** 장애만 있지 않습니까.
8. 적어도 암은 아니잖아요.
7. 적어도 당신은 당신을 돌봐줄 남편이 있잖아요.
6. 적어도 장애인처럼 보이지는 않잖아요.
5. 적어도 당신이 받은 축복을 세어 볼 수 있지 않습니까.
4. 적어도 당신은 당신의 장애로 당신을 정의하지 않으려고 노력하잖아요.
3. 적어도 다른 이들에게 영감을 주잖아요.
2. 적어도 이것은 하나님 계획의 일부잖아요.
1. 적어도 당신에게는 편한 곳에 주차 공간을 마련해 주잖아요.

3. 장애 의심론자

감정적, 경제적 이익을 위해 장애인 행세를 한다는 의심

나는 아주 재빠르게 차량 관리국에 가서 볼일을 마치고 나올 참이다. 장애인 차량 번호판을 갱신하는 데 시간이 걸려 봤자 얼마나 오래 걸리겠는가? 안타깝게도 장애인 차량 번호판 갱신을 담당하는 직원은 화가 단단히 나 있었고, 내 메모를 받지 못했다. 나는 내 다리 뒤쪽에 들러붙는 남색 플라스틱 의자에 앉아 내 서류를 훑어보면서 내 차례가 되길 기다렸다. 차량 등록, 확인. 담당 의사 소견서, 확인. 내가 "하나 이상의 사지 운동 장애" 그리고 "대체로 이동에 방해가 되는 질병으로 진단"받은 '서식 195', 확인. 의료 행위 자격증 소지자가 확인한 장애 증명서, 확인. 또 다른 장애 의심론자를 만날 것에 대한 두려움, 확인.

"G7번, 24번 창구로 오세요." 스피커가 큰 소리로 호명한다. 나는 경보하듯이 절뚝거리며 사무실 반대편에 있는 창구를 향해 간다. "**당신**이 왜 장애인 차량 번호판이 필요한 거죠?" 직원이 질문했고 사람들의 고개가 우리 쪽을 향한다. 직원은 서너 살 아이처럼 계속 질문을 퍼붓는다. "서식 195는 어디 있죠?" "장애 증명서

는요?" "담당 의사 소견서는 어디 있죠?" 10분 후, 내가 장애인인 것과 지팡이를 재미 삼아 들고 다니지 않는다는 것을 증명하는 모든 서류를 제출했다. 이제 나에게 수치심을 주는 것 외에 더 이상 남아 있는 것은 없다. "당신이 **정말** 장애인이라면 운전을 할 수 없어야 하지 않나요?" 직원이 잔소리를 한다.

직원은 내가 현재 내 장애인 차량 번호판을 떼어 내는 테스트를 통과하기 전까지 번호판은 갱신해 줄 수 없다고 한다. "더 열심히 **노력하면** 당신도 할 수 있을 거예요." 직원은 말한다. 깜빡, 깜빡, 깜빡, 깜빡…. 나는 말문이 막힌 채 머릿속으로 숫자를 세며 나의 짜증을 눈을 깜박이는 것으로 쫓아내 보려 한다. 이것은 마치 영화 「주토피아」에 나오는 나무늘보 장면을 재현하는 것 같았다. 어색한 긴장 끝에 우리에게 선사하는 결정적 대사가 없다는 것만 빼면 말이다.

민소매 티를 입고 문신을 잔뜩 새긴 늘씬한 남자가 다가오면서 새 장면이 시작된다. "제가 대신 번호판을 바꿔 드릴까요?" 그의 갈색 눈에서 측은지심이 뿜어져 나온다. 이 새로운 친구는 이제 막 감옥에서 출소한 사람이다. 내 번호판의 나사를 하나씩 돌려 빼면서 시스템에 의해 묵살당하는 처지가 어떤지 잘 알고 있고 자기와 같이 소외된 동지를 도와주고 싶었노라 털어놓는다.

차량관리국 주차장의 그 갈라진 시멘트 위에서 나는 대부분의 교회에서 받을 수 있었던 것보다 훨씬 더 근사한 편의를 경험했다. 예수님은 그날 우리의 대화를 엿들은 전과자의 모습으로 나타나셨다. 예수님은 항상 내 주위에 장애 의심론자들이 있는 곳이면 어디든지 이런 식으로 나타나신다. 내가 바라기는, 예수님이 교회에 더 자주 나타나셨으면 좋겠다. 그렇게 된다면 내 장애 입은 몸도 소속될 수 있게 되리라.

✻ ✻ ✻

「성범죄 수사대 SVU」의 한 에피소드에서 벤슨과 스테이블러는 수사를 진행하다가 유력한 용의자인 라이너스 맥켈런과 휠체어를 타는 그의 아내 테사를 취조하게 된다.[1] 마지막 극적인 순간에 벤슨과 스테이블러는 라이너스가 자신이 낸 사고 탓에 테사가 마비되었다는 죄책감 때문에 수년간 테사가 신경과 전문의를 방문하는 길에 동행하지 않았음을 알게 된다. 여기서 반전은 테사가 더 이상 휠체어를 타지 않아도 된다는 것이었다. 사실일까? 확인할 방법은 딱 하나였다. 라이너스는 휠체어에 탄 테사를 그대로 수영장으로 밀어 넣었다. 헉. 벤슨과 스테이블러는 물속을 들여다본다. 갑자기 테사가 발차기를 한다. 알고 보니, 지금까지 장애는 가짜였다. 휠체어를 타야만 하는 척함으로써 남편을 "간병인"으로 옆에 둘 수 있을 것이라 생각한 것이다. 한숨.

「성범죄 수사대 SVU」만 그런 것이 아니다. 「더 브래디 번치」, 「캐슬」, 「닥터 후」, 「프레이저」, 「왕좌의 게임」, 「글리」, 「해피 엔딩」, 「하우스」, 「내가 그녀를 만났을 때」, 「제인 더 버진」, 「모던 패

---

[1] 「성범죄 수사대 SVU」 시즌 7 (*Law & Order: Special Victims Unit*, season 7), 15화, "Manipulated" 2006년 2월 7일 방영.

밀리」, 「몽크」, 「제시카의 추리극장」, 「뉴 걸」, 「오피스」, 「푸싱 데이지」, 「사인필드」, 「레모니 스니켓의 위험한 대결」, 「셜록」, 「스몰빌」, 「썬즈 오브 아나키」, 「30 록」, 「더 와이어」, 그리고 「엑스파일」까지, 이 모든 프로그램에 장애인인 척하는 인물의 이야기가 나온다. 이 리스트는 이러한 이야기를 사용한 TV 프로그램의 일부에 불과하다. 이러한 등장인물들은 장애인인 척하여 어떤 식으로든 시스템을 악용하고 가식을 떨어 합의금과 배우자와 동정심을 얻으려 한다.

이러한 반전은 연쇄 범죄 드라마에서 무해하게 보일 수 있지만, 감정적 혹은 경제적 이익을 얻기 위해 누군가 장애인인 척할 수 있다는 의심은 실제 세상에 넘친다. 모든 장애인에 대한 회의론이 팽배하고 "사기꾼, 갈취꾼, 돈벌이꾼"이라고 우리를 몰아세운다.[2] 사람들은 지팡이를 짚는 사람이라면 모두 사기꾼이라고 단정하고 특별한 이유도 없이 우리를 취조한다.

"동행을 잃어버렸나요?" 건장하고 머리가 벗겨진 사내가 나에게 위협적으로 말을 건다. 하와이안 셔츠를 입고 조리를 신고 있는 모습을 보니 디즈니랜드 직원은 아닌 듯하다. 그는 그냥 덩치 큰 행인이었고 자신이 생각하는 장애인 기준에 내가 미치지 못하기 때문에 나에게 말을 걸었을 뿐이다.

디즈니랜드의 자갈을 깐 땅과 바람이 부는 계단을 지나갈 수

---

2 Andrew Pulang이 인용, Rebecca Cockley, "We Need to Stop Patrolling the Borders of Diability," *Forbes*, 2020년 6월 30일, https://www.forbes.com/sites/andrewpulrang/2020/06/30/we-need-to-stop-patrolling-the-borders-of-disability.

있도록 나는 고객 지원 패스를 발급받았고 놀이기구를 타기 위해 경사로로 된 입구를 이용할 수 있었다. 인디아나 존스의 모험 같은 놀이기구를 타러 계단이 없는 길로 가려면 출구로 들어가야 했는데 그럴 때마다 사람들은 나에게 "거기는 들어가는 곳이 아니에요"라고 알려줬다. 사람들이 그러든지 말든지 나는 여러 대의 숨겨진 엘리베이터를 타고 구불구불 내려갔다. "저 여자, 도대체 어딜 가려는 거야?" 그들은 내 쪽을 보며 투덜거렸다.

  나는 그 소리를 무시했고 이 하와이안 셔츠를 입은 남자도 피하고 싶었지만 노골적으로 떨쳐 내는 것이 안전할 것 같지 않았다. 그래서 그의 질문 공세에 "아니요"라고 겨우 대답했고 더 대화가 이어지지 못하도록 돌아섰다. 그 남자는 태도를 바꾸고 자신이 우위에 있음을 보이려는 듯 가슴에 힘을 넣으며 말했다. "휠체어가 안 보여서요. 이 입구는 장애인들만 들어갈 수 있거든요." 그의 입에서 나는 커피 냄새를 맡을 수 있을 만큼 우리 사이의 공간은 비좁았다.

  자칭 장애인 순수성을 옹호한다는 이 남자는 내 장애에 대해 아무것도 모른다. 그가 포착한 것은 나를 공개적으로 망신 줄 만한 기회뿐이었다. 그는 내가 그날 하루만 해도 여러 명 참아내야 했던 취조자들 중 한 명이었다. 지구에서 가장 행복한 장소도 장애인들은 받아 주지 않는 것 같았다. 알고 보니 반짝이는 불꽃놀이도, 미키 마우스 모양의 펀넬 케이크도, 스피커가 터져라 나오는 "작은 세상이에요 (결국)"이라는 지나치게 명랑한 노래도 방문객들이 장애에 대해 갖는 의심은 바꿀 수 없었다.

또 어떤 상황에서 장애 의심론자들은 더 공식적인 의심을 하기도 한다. 이들은 불필요한 서류를 작성하게 함으로써 은밀하게 취조한다. 나는 "휠체어 접근 가능"이라고 홍보하고 장애인 주차장을 보장한다는 한 아파트 단지로 이사했다. 이에 대해 더 자세히 물으니 집주인들은 이에 대해 설명해 주지 않았다. 한 집주인은 그 입장을 철회하며 말했다. "우리야 도와드리고 싶죠. 그런데 당신에게 특혜를 주는 것으로 다른 주민들에게 불편을 끼치고 싶지는 않아서요. 이해하시죠?"

나는 사람들이 장애인 시설 설치를 거부하는 것을 완벽하게 이해한다. 미국 주택도시개발청(HUD) 역시 내가 공정주택법에 근거하여 민원을 제기했을 때 이러한 사실을 인지하고 있었다. 내가 전화를 끊자마자 작성해야 할 서류가 밀려오기 시작했다. 한 서류는 내가 "게을러서" 전동 스쿠터를 사용하는 것이 아니라 진짜 장애인인지를 증명하는 전문 의료진의 소견서를 제출하라고 요구했다. 그들은 정말 그렇게 말했다. 또 다른 서류에서는 나의 장애가 "성적 행동 장애, 강박적 도박, 병적 도벽, 방화벽(放火癖), 혹은 정신활성물질사용장애"와 관련있어서는 안 된다고 권고했다. 나는 그런 사항에 해당되지 않지만, 그런 일은 집주인들이 알 바는 아니지 않은가? 마권업을 하는 것이 장애인 주차장을 요구하는 것과 어떤 관련이 있는지 나는 잘 모르겠다. 장애인 시설을 설치하는 것이 도박이 되어서는 안 된다. 세 번째 서류는 왜 이 시설이 "합리적"인지를 설명하고 "이곳에서 다른 주민들처럼 성공적으로 거주하는 것"에 어떻게 도움이 될 수 있는지 명시하라고 요구했다. 제출해야 할 리스트는 편의점 영수증처럼 끝없이 이어진다.

휠체어를 풀타임으로 사용하고 (우리 말을 엿들은 전과자 친구의 도움으로) 장애인 차량 번호판을 교체하고 있으며 장애인 팻말을 달고 있는데도, 이 모든 것에 대한 의학적 증명서가 필요했다. 당시 나는 내 지팡이 아일린이 있어도 2분도 채 서 있지 못했다. 왼쪽 다리는 꼬부라지고 시퍼렇게 변했고 발작이 있었다. 이 모든 증상이 내가 장애가 있음을 증명했고 내 쪽을 흘끔 쳐다보는 모든 이들도 알아볼 수 있었을 것이다. 더 이상 내 장애에 대해 증명해야 할 이유가 없었다. 서류 작업은 나를 위협하기 위한 것일 뿐이다. 그 아파트 단지는 내가 장애인인 것을 증명하는 서류가 넘쳐 났음에도 집주인들이 또 다른 서류 뭉치를 요구하는 것을 막지 못했다. 그들을 막을 자가 누구였을까? 과도한 서류 작업은 행정적 에이블리즘을 정당화하는 수단으로 사용되었다.

몇 주간 왔다 갔다 하고 HUD와 법무부에 공정주택법에 근거해 장애인 주차 시설이 합리적인 시설이라고 주장하는 민원을 넣은 후에야 아파트 단지는 드디어 이를 인정했다. 적어도 어느 정도는 말이다. 집주인들은 다른 사람의 주차 공간을 다시 배정하거나 심지어 장애인 주차 공간으로 지정된 자리를 내준 것도 아니고 이미 비어 있던 주차 공간을 내게 내주었을 뿐이다.

내가 한 모든 투쟁과 서류 작업. 이는 도대체 무엇을 위한 것이었던가? 그들이 권력으로 사용하기 위해 지금까지 소유하고 비축해 두었던 것을 나에게 주게 하기 위함이었다. 주차 공간은 비어 있었지만 그들은 여전히 나에게 주려고 하지 않았다. 이것이 바로 에이블리즘이 작용하는 방식이다. 장애인 시설을 거부하는 더러운 작업을 하려고 과도한 서류 작업을 이용한다. 이 아파트는 ADA 이후 지어진 것이니 이러한 장애인 시설은 표준 사항이었다. 하지만 이런 환경에서도 장애인은 비어 있는 공간이라도 사용하려면 서류를 준비하고, 연방기관에 민원을 넣고, 주거 권리 주장을 통해 자신의 정체성을 증명해 보여야 한다. 장애 의심론은 뿌리 깊이 박혀 있어서 비어 있는 공간조차도 엄청나게 항의하지 않고는 얻어 낼 수가 없다. 30년이 지나도 ADA는 허울뿐인 약속에 불과하다.

✳ ✳ ✳

내가 장애인 시설을 사용할 자격이 있는지 증명해야 하는 끝없는 서류 작업으로 나를 괴롭히는 건 짜증 내는 차량관리국 직원이나 아파트 단지뿐만이 아니다. 끈질기게 나의 삶을 감시하는 생판 모르는 남들 또한 그렇다. 내가 장애인인 척한다고 추궁당한 적이 한두 번이 아니라서 그 횟수를 셀 수도 없을 지경이다. 나를 수상쩍게 여기는 낯선 사람들이 음흉한 미소를 띠고 나를 책망한다.

장애를 가진 나의 몸은 공공 구역에 들어설 때마다 취조 대상이 된다. 서류 작업에서든 경찰 앞에서든, 마트에서건 주유소에서건 내 몸은 공공 소유물이 된다. 내가 **충분히** 장애인 역할을 잘

그들	나
"장애인이기에는 당신은 너무 젊어요."	이건 휠체어지 위스키가 아닙니다.
"장애인이기에는 당신은 너무 예뻐요."	고맙다고 해야 하나? 쑥스럽네요.
"할아버지 팻말 좀 그만 사용하세요!"	우리 할아버지는 돌아가셨고 미국에 와 보신 적도 없다고요.
내가 개인적으로 제일 좋아하는 말: "그렇게 웃는 걸 보면 당신은 장애인일 리가 없어요."	아무리 웃어도 내 다리가 달라지지는 않더군요.

수행하는지 확인하려 드는 사람들에게 나는 감시당하고 있다. 그리고 나는 내 백색 피부, 교육, 결혼, 그리고 내 장애의 신체적 특성이 장애로 인한 최악의 상황으로부터 나를 보호하고 있음을 깨닫는다. 장애 의심론자들은 사람의 진을 쏙 빼 놓는다.

"하지만 정말 장애인인 척하는 가짜들은 어떤가요? 그들이야말로 진짜 장애인들의 것을 훔치고 있잖아요!" 자신이 장애인의 동지라고 외치는 사람들은 내가 이런 우려의 목소리를 낼 때마다 이렇게 칭얼거렸다. "**당신**이 의심받는 건 옳지 않지만, 우리는 다른 사람들이 시스템을 이용해 먹지 않도록 똑바로 감시해야 한다고요."

그들은 무슨 시스템을 말하고 있는가? TV 드라마에서 무슨 소리를 하든, 장애인으로서 얻을 수 있는 경제적 혹은 사회적 이득은 전혀 없다. 장애인의 70퍼센트 정도는 직장이 없고, 직업을 가지고 있는 장애인의 대다수도 비장애인 직장인보다 수입이 적다.³ 현 시스템은 장애인으로 등록한 사람이 결혼을 하거나 2,000달러 이상의 자산을 갖는 것을 금지하고 있으므로 많은 장애인을 가난으로 몰아넣는다. 미국 투표장의 60~80퍼센트는 여전히 장애인이 접근하기에 불가능하다. 법이 30년 전에 우리에게 투표장에 들어갈 수 있는 권리를 보장해 줬음에도 말이다.⁴ 20개 주에서는 부모 중 한 명이 장애인이라는 이유만으로 아이에 대한 양육권을 빼앗기는 일이 여전히 법적으로 자행되고 있다.⁵ 우리는 우리 자녀를 양육할 권리조차 없다. 우리는 동등한 급여를 받지도 못할 뿐 아니라 일하고 투표하고 공공장소에 들어갈 권리조차 없다. 이런 상황에서 왜 가짜로 장애인 행세를 하겠는가? 무엇을 얻기 위해서?

"시스템"에 들러붙어 돈과 단물을 뽑아 먹고 있다는 허구적 판타지의 외면에서, 이러한 발상의 문제점은 우리가 보기만 해도 다른 누군가의 장애를 식별할 수 있다고 생각한다는 것이다. 장애는 항상 명확하게 나타나는 것이 아니다. 어떤 장애는 외부적이고, 어떤 장애는 내부적이다. 어떤 날인지에 따라, 또는 날씨에

---

3   미국 노동 통계청, "장애를 가진 사람들: 노동력 특성 요약"(Persons with a Disability: Labor Force Characteristics Summary), 보도 자료, 2021년 2월 24일, https://www.bls.gov/news.release/disabl.nr0.htm.

4   미국 회계 감사원, "장애인 유권자: 투표장 접근 용이성과 관련 연방 지침"(Voters with Disabilities: Observations on Polling Place Accessibility and Related Federal Guidance), 2017년 12월 4일, https://www.gao.gov/assets/690/687556.pdf.

5   미국 장애인 협의회, "요람 흔들기: 장애 부모와 자녀 권리 보장"(Rocking the Cradle: Ensuring the Rights of Parents with Disabilities and Their Children), 2012년 9월 27일, https://ncd.gov/publications/2012/Sep272012.

따라, 어떤 장애는 외부적이기도 하고 내부적이기도 한다. 그리고 장애는 항상 일관적이지 않다. 달마다, 날마다, 어떨 때는 시간마다 달라질 수도 있다. 우리가 장애인이라고 해서 우리의 몸이 고정된 상태에 있는 것은 아니다. 마치 비장애인들의 몸도 일 년 혹은 한 달에 걸쳐 그 능력의 범위가 달라지는 것을 경험하듯이 말이다. 휠체어 사용자들의 60퍼센트가 보행용으로 휠체어를 사용하고, 걷는 기능을 완전히 상실한 경우가 아닌 이유로도 휠체어를 사용한다.[6] 어떤 사람은 통증, 피곤, 균형, 힘없음, 혹은 근육 위축 등의 이유로 휠체어를 사용한다. 그러니까 「성범죄 수사대」에 나온 것처럼 나를 수영장으로 밀어 넣어도 증명할 수 있는 것은 아무것도 없다. 만세, 난 수영을 할 수 있다! 하지만 여전히 나는 장애인이다.

장애는 단일체가 아니다. 우리는 시간이 지남에 따라 변하는 신체적, 그리고 심리적 특징들로 구성된, 지구상에서 소외된 가장 큰 집단이다. 단순히 겉으로 보이는 것만으로는 그 사람이 장애인인지 구분할 수 없기 때문에, 우리는 더 이상 그런 노력을 하지 말아야 한다. 공공장소에서 누군가의 장애를 의심하는 것에는 긍정적인 면이 전혀 없다. 필연적으로, 이러한 심문자들은 가짜 장애인을 발견하는 비율 이상으로 장애인들에게 더 많은 해를 끼친다. 장애인 사기꾼에 대한 두려움이 사기 그 자체보다 더 크다.

---

[6] Cressida M. R. Hale, "We Need More Awareness of Ambulatory Wheelchair Users," *The Mighty*, November 25, 2018, https://themighty.com/2018/11/ambulatory-wheelchair-users-exist.

이러한 장애 의심론자들이 던지는 공격적인 질문 속에는 장애인 시설이 이타심에서 비롯된 것이지 시민의 평등권에 입각한 것이 아니라는 생각이 도사리고 있다. 우리는 이것을 장애의 자선 모델이라고 부른다. 이를 통해 장애인들을 끊임없이 다른 사람들의 관용을 필요로 하는 존재로 몰아간다. 그리고 장애인들은 보호와 동정, 가르침의 대상이라는 인상을 심어 준다.[7]

사람들은 우리를 인간으로 대우할 때 자신들이 뭔가 특별하고 명예로우며 칭찬받을 만한 일을 하고 있다고 생각한다. 스스로에게 물어보라. 당신은 비장애인 친구가 교회가 자신을 받아들여 주었다며 고마워할 것이라고 생각하는가? 아니면 자신이 볼일을 볼 수 있는 화장실을 제공해 주어서 고맙다고 하겠는가? 장애인들에게 공동체에 속한 것에 대한 감사를 요구하는 것은 동정심같이 느껴진다. 이는 장애인 시설이 우리의 기본 평등권이 아니라 자비에 의해 만들어진다는 인상을 준다. 이런 사상은 장애인을 포용하는 것이 이웃을 사랑하는 믿음의 행위가 아니라 명예로운 자선 행위라는 거짓말을 심어 준다. 에이블리즘은 우리에게 끊임없이 감사를 요구한다.

이러한 사상을 기반으로 교회는 "특별한 필요"를 가진 사람들을 위한 파티는 주최하면서도 장애인 공동체 전체에 유익이 되는 장애인 시설은 설치하지 않는다. 물론 의도는 좋겠지만, 이것은 사람들이 충분히 친절을 베풀면 우리가 서로 손잡고 우정 팔찌를

---

[7] Mobility International USA, "Models of Disability: An Overview," 2021년 8월 21일 접속, https://www.miusa.org/resource/tipsheet/disabilitymodels.

맞추고 결국 이런 식으로 에이블리즘이 사라질 것이라는 개념에 근거하고 있다. 당연히 우리는 장애인을 친절하게 대해야 한다. 하지만 친절함이 에이블리즘을 해결하지는 않는다. 내 평등권을 행사하기 위해 오디션을 봐야 해서는 안 된다.

나는 장애인 주차 공간, 교육적 혜택, 공정한 주택 공급을 거절당했다. 장애인 주차 공간에 차를 댔다고 경찰에게 훈계를 받기도 했다. 마치 내가 휠체어 타는 것을 선택할 수 있다는 듯, 직장에 휠체어를 가져오기 전에 허락을 받으라는 지시도 받았다. 30년 전 통과된 법에 따라 장애인 시설 설치를 요구했다가 큰소리를 들었다. 나를 가짜 장애인이라고 비난하는 의심 많은 행인들에게 조롱과 욕을 듣기도 했다. 교회에 경사로를 (그것도 일시적인!) 놓는 것은 십일조를 잘 "관리"하지 못하는 일이라는 조언도 들었다.

장애인들은 동일한 인간으로서 소속되기를 기대하기보다 지역 사회의 이타주의를 감사함으로 받아들이라고 요구받아 왔다. 연방법으로 규정된 시설을 만드는 것은 자비로운 일도 놀라운 일도 아니다. 교회가 이러한 규정에서 제외된 것은 많은 교회들이 장애인들을 내쫓기 위해 싸웠기 때문이다. 내 장애인 차량 번호판, 디즈니랜드에서 계단 없는 곳으로 다닐 수 있는 장애인 패스, 내 주차 공간, 이 모든 것은 합법적인 시설이지 자비의 행위로 여겨져서는 안 된다.

장애인 행세를 한다고 우리를 비난하는 것, 서류 작성을 빌미로 우리가 넘어야 하는 또 하나의 장애물을 놓는 것, 우리가 장애인 시설을 "받을 만하다"는 사실을 증명하게 하는 것, 이 모든 행동들은 자비(benevolence)로 우리에게 평등권을 줬으니, 악의로 언제든지 그것을 물릴 수 있다는 것을 시사한다. 이것은 마치 우리에게 비장애인 세상으로 들어갈 수 있는 일일권을 부여했다가 우리가 충분히 감사해하지 않거나 장애인에게 "요구되는" 방식으로 행동하지 않는다면 취소해 버리는 것 같은 느낌이다. 우리 중 누군가는 다른 이들보다 평등권을 더 받을 만한 가치가 있는 것처럼 말이다. "받을 만한" 혹은 "덜 받을 만한" 장애인이나 비장애인은 없다. 단지 다양한 능력치와 접근 필요를 가진 하나님의 형상을 지닌 자들이 있을 뿐이다. 우리에게 장애가 있다고 해서 당신에게 우리를 인간의 하위 범주로 대할 수 있는 권리가 부여되는 것이 아니다. 당신이 나를 수용하든 안 하든, 내 삶은 이미 살 만한 가치가 있다.

나는 동정받지 않고 소속할 수 있는 권리가 있다. 다른 누군가의 감동 포르노가 아닌 큰 꿈을 꿀 수 있는 권리도 있다.[8] 내 몸을 "고치겠다"고 말을 걸어오는 사람들을 마주치지 않고 교회에 갈 수 있는 권리. 내 길을 가로막는 의심론자들이나 나를 거부하는 사람들 없이 공개적으로 장애인일 수 있는 권리 말이다.

---

8   Maysoon Zayid와 Stella Young은 "감동 포르노"라는 용어를 사용하여, 장애인인 우리가 가장 일상적인 일을 할 때에도 사람들이 장애인을 선천적으로 감동(영감)을 주는 존재로 여기는 현상을 설명한다. "포르노"라는 단어는 이러한 현상이 비장애인의 소비를 위해 장애인을 대상화한다는 것을 끌어내기 위해 고의적으로 사용했다. 우리는 우리가 가진 이야기의 주어가 아니라 감동의 대상이 된다. 더 많은 내용은 Stella Young의 "감동 포르노와 장애의 대상화"(Inspirational Porn and the Objectification of Disability), TEDx Talks, April 2014, YouTube video, 9:26, https://youtu.be/SxrS7-I_sMQ를 참고하라.

나는 무모해질 권리가 있다. 비행기에서 뛰어내리거나 바닷속으로 다이빙하거나 위험을 감수할 수 있는 권리. 내 장애 진단이 내 삶의 한계를 정하거나 내 몸의 서정적인 표현을 제한할 수 없다.

나는 망가질 권리가 있다. 당신이 내 고통을 내 공동체에 악의적으로 이용할 것이라는 두려움 없이 고통을 나눌 권리. 아직 다 이해하지 못할 권리. 당신의 기념품이 되지 않을 권리.

나는 내 몸에 대해 농담을 던질 권리가 있다. 사람들이 내게 무슨 일이 있었는지 물을 때 모든 외과적인 세부 사항들을 다 이야기하지 않고 "저 사람이 더 심해요"라고 대답할 권리. 내 정신적 외상을 초래할 만한 의료 경험을 당신의 잡담거리로 만들지 않을 권리.

나는 사랑받을 권리가 있다. 내 장애를 "참아 낸다"고 내 남편을 칭송하는 행인들 없이 공공장소에 들어설 권리. 신체적 도움이 필요하다고 짐짝 취급 받지 않을 권리.

나는 내 장애 입은 몸을 사랑할 권리가 있다. 몇 번이고 의사의 진단이 틀렸음을 증명하는 내 몸의 놀라운 능력을 기뻐할 권리. 신경과학이 아직도 발견 중인 내 몸이 가진 비밀에 경탄할 권리.

나는 번영할 권리가 있다. 나만의 은사를 가진, 하나님의 형상을 지닌 자로 여겨질 권리. 리더가 될 권리. 나를 핑계 삼아 당신이 하고 싶은 말을 대변해 주는 존재가 되는 것이 아니라 나 자신의 목소리를 낼 권리. 당신이 나를 포용해 줬다는 이유만으로 당신에게 감사하지 않을 권리.

나는 인간일 권리가 있다.

✻ ✻ ✻

내가 맹장이 파열돼서 병원에 갔을 때, 그들은 단순 장염이라고 판단했다. "더 심각한 상황이면 통증이 더 심했을 겁니다." 의사가 이렇게 한마디 했고 나를 비누에 붙은 머리카락 같은 존재로 보는 것 같은 느낌이 들었다. 타는 듯한 통증을 느끼며 나는 애원했다. "검사해 주세요. 틀림없이 뭔가 문제가 있어요." 남편이 간절하게 여러 번 간청하고 의사가 두 번이나 바뀌고 열다섯 시간이 지난 후에야 나는 급하게 수술실로 옮겨졌다. 그들이 나를 가스라이팅하는 동안 내 복부에 퍼진 박테리아 잔해를 긁어내며 외과의들은 눈을 치켜뜨고 나를 꾸짖었다. "왜 이 정도 통증이 있다고 말해 주지 않았습니까? 하마터면 죽을 뻔했다고요!"

하지만 나는 **이미** 그들에게 그렇게 말했다. 그들이 나를 믿지 않았던 것이다.

내가 처음으로 장애를 갖게 됐을 때, 나는 관심을 받기 위해 장애를 꾸며 내고 있다는 말을 들었다. 도대체 누가 의료산업복합체에서 이런 외과적 검사를 받고 싶어 하는지 나는 이해할 수 없지만 이런 상황이 존재한다. 18개월 동안 중학교 시절 거의 매주 화요일마다 나는 또 다른 검사를 받고 그 결과를 들으러 병원을 다니면서, 병원에서 내 증상의 이유를 알려 줄지도 모른다는, 환상에 불과한 그 진단이라는 구조를 쫓아다녔다. 진단은 의사들이 내 몸이 감각을 잃어가는 경험을 이해하는 틀이 되었다.[9] 그들에게 나는 차트, 검사, 임상 메모로 가득한 사례 파일이다. "환자는 영양 상태가 좋은 11세 소녀이다"라고 적은 메모가 있었는데, 이는 마치 음식 섭취가 내 청소년기의 총체인 것처럼 보였다. 내 몸이 마디마디마다 문서화되었다. 파일이 점점 두꺼워질수록 그 파일은 나를 지배하는 더 큰 힘을 가졌다. 파일 두께가 5cm쯤 되었을 때 그 파일은 내게 뭔가 문제가 있음을 드러내는 증거물이 되었지만 아무도 그 문제가 무엇인지 설명하지는 못했다. 파일 두께가 12cm 되었을 때 그 파일은 내 몸에 무신경하게 가해진 진통 마취제, 카옌 페퍼 연고, 그리고 주사 놓기, 이 모든 것을 옹호하는 근거가 된다. 파일이 종이 박스 두 개를 채웠을 때는 나는 더 이상 얼굴과 이름이 있는 사람이 아니었다. 나는 진단명 그 자체가 되고 내 진짜 자아 위에 올라서는 권위를 얻는 데 사용되는 전문가의 소견이 된다.

진단은 점점 더 외과적 시술을 정당화하는 수단이 되었다. 그래서 나는 빳빳한 가운을 입고 무균실에서 반복적으로 척추에 주사 바늘을 꽂았고 이것이 나에게 도움이 될 것이라고 믿었다. 진단은 사회적 통제를 강요하는 방식이기도 하다. 내 몸은 사전에 쓰인 각본에 들어맞아서 의료산업복합체가 나의 방해를 받지 않고 서류를 작성할 수 있어야 했다. 내가 진단받는 과정은 마치 계속해서 내게 검사 받을 것을 지시하면서 내 다리를 절단하고 싶어 하는 것과 이게 다 내 착각일 뿐이라는 의견 사이를 왔다 갔다 하는 30여 명의 전문의들로 가득한 길과 같았다. 드디어 내 진단

9   진단의 힘에 대한 더 많은 정보를 얻고 싶다면 Eli Clare, *Brilliant Imperfection: Grappling with Cure* (Durham, NC: Duke University Press, 2017), 41을 참고하라.

결과가 나왔을 때, 의사는 당혹해하며 속삭이듯이 내 검사 결과를 알려 주었고, 내가 그들에게 내 고통이 극심했고 운동 능력이 떨어진 것을 더 일찍 얘기해 줬어야 했다는 것을 가르치려는 듯한 태도로 말했다.

하지만 나는 **분명히** 그들에게 말했었다. 그들이 내 말을 믿지 않았을 뿐이다.

"통증에 대해 입 다물고 있으면 그들은 당신을 죽이고 당신이 고통을 즐겼다고 말할 것이다"라고 조라 닐 허스턴(Zora Neale Hurston)이 우리에게 가르쳐 줬다.[10] 하지만 나는 입 다물고 있지 않았다. 그들이 날 믿지 않았던 것이다. 그들은 진단이 필요악이라고 주장한다. 왜냐하면 진단은 의학계에서 그 대상자가 진지하게 받아들여지기 위한 입장권 같은 것이기 때문이다. 내가 받은 검사와 스캔 차트로 가득 찬 커다란 상자들이 없으면 의사들은 나의 구체화된 경험을 믿으려 하지 않는다. 진단은 이미 내가 그들에게 그게 진실이라고 말한 것들에 이름 붙이는 행위다. 진단은 그들로 하여금 나를 믿게 할 수 있는 방법이다.

사람들이 내 몸에 대해 의심할 때마다 나는 내 의료 기록을 보여 주고 싶다. 그 두께만으로도 내 장애가 케일을 먹는 것으로나 망치로 부수는 것으로 내 몸을 떠나게 할 수 없음을 믿게 할 수 있지 않을까? 나는 그들이 다 읽을 수도 없을 만큼 많은 의료 기록을 가지고 있음을 그들이 이해해 주면 좋겠다. 그들이 제발 내

---

10   이 인용구는 일반적으로 조라 닐 허스턴의 말로 여겨진다.

말을 믿어 주면 좋겠다. 하지만 진단은 그 어떤 현실적인 것도 바꾸지 못했다. 이것이 아무도 들어 본 적 없는 병으로 진단받을 때 생기는 뜻밖의 결말이다. 저 깊은 곳에서, 아무도 이야기하지 않는 곳에서, 어떤 사람들은 여전히 그것이 실제라는 것을 믿지 않는다. 적어도 완전히 믿지는 않는다. 나는 수수께끼이고 괴물이며 미지의 존재다. 내 장애의 신체적 측면 외에, 내 장애를 이해한다고는 하지만 사실은 이해하지 못하는 사람들에게 내 몸을 설명해야 하는 감정적 노동도 있었다. 사람들은 뭔가가 실재한다고 믿기 위해 그것을 이해하고 싶어 한다. 사람들은 나를 어떻게 대해야 할지 알기 전에 내가 심각성 척도에서 어디쯤 있는지 판단하려 한다. 마치 몸에 대한 데프콘(DEFCON: 방위 준비 태세 – 옮긴이) 단계 같다고나 할까.

대부분의 사람들은 내 장애에 대해 들어 본 적이 없기 때문에 내 장애가 그다지 심각하지 않을 것이라 가정한다. 무엇이든지 그들 자신이 겪고 있는 것이 훨씬 더 심각하다고 느낀다. 우리는 돌봄이나 이해, 혹은 사랑을 두고 경쟁하고 있지 않다. 이것은 누가 더 억압받고 있는지를 겨루는 올림픽이 아닌데도 어쨌든 그들은 항상 메달을 목에 건다.

이러한 많은 의심들은 자신이 보고 이해해야만 믿을 수 있다는 사상에 기반을 두고 있다. 결국 장애 의심론자들은 이천 년이 지나도 별다른 변화가 없다는 것이 밝혀졌다. 도마는 예수님이 부활하셔서 나타나셨다는 소식을 들었지만, 예수님을 직접 보기 전까지 여인들과 제자들의 증언을 의심한다. "내가 그의 손의 못 자국을 보며 내 손가락을 그 못 자국에 넣으며 내 손을 그 옆구리에 넣어 보지 않고는 믿지 아니하겠노라." 도마는 이렇게 말하며 찬물을 끼얹었다(요 20:25).

도마는 **모든** 장애 의심론자들의 화신이다. 동료들의 생생한 경험에 만족하지 못하고 도마는 직접 예수님의 상처를 확인해야 했다. 그는 동료들의 증언을 믿지 않고 자신이 보고 만지고 이해하고 싶어 했다. 차량 관리국의 공격적인 질문들이나 아파트 단지의 거슬리는 서류 작업은 아니지만, 도마는 같은 종류의 큰 의심 에너지를 가지고 있었다. 그는 부활을 이해가 되게 만들고 싶었다! 하지만 믿음에 관한 것은 항상 설명할 수 있거나 눈에 보이거나 이해할 수 있는 것이 아니다.

장애 의심론자들은 내 장애가 무엇인지, 왜 자기네들은 한 번도 그 장애에 관해 들어 본 적이 없는지, 그리고 자신이 얼마나 많은 관심을 보여야 하는지 알고 싶어 한다. 그들은 내 장애가 그들이 만든 몸에 대한 깔끔하고 작은 상자에 꼭 맞기를 원한다. 그 상자 안에는 모든 고통과 모든 신경의 떨림을 설명하는 정해진 원인과 결과가 들어 있다. 그들은 자신에게 같은 일이 일어나는 것을 피하기 위해 내 몸이 왜 이렇게 되었는지 설명하고자 한다. 그들은 내 몸이 납득되었으면 좋겠다고 생각한다. 하지만 장애라는 것은 항상 설명할 수 있는 것도 아니고, 눈에 보이거나 이해할 수 있는 것도 아니다.

도마가 악의적이거나 냉소적으로 의심한 것 같지는 않다. 그저 확실한 것을 원했을 뿐이다. 상황이나 일들이 납득되는 패턴에 맞아떨어지고, 보장된 결과와 전통적인 진단으로 완성되는 것을 원하는 마음에서 그랬을 것이다. 일주일 후, 예수님이 다시 나타나시고 도마에게 말씀하신다. "네 손가락을 이리 내밀어 내 손을 보고 네 손을 내밀어 내 옆구리에 넣어 보라. 그리하여 믿음 없는 자가 되지 말고 믿는 자가 되라. … 너는 나를 본 고로 믿느냐 보지 못하고 믿는 자들은 복되도다"(요 20:27, 29).

신성하고 장애를 입은 예수님의 몸은 하나님의 영광을 위해 변화된 불멸의 형상의 본보기가 된다. 예수님의 장애 입은 몸은 종말이 왔을 때 우리의 몸이 어떻게 변화될 것인지에 대한 모본이다. 도마는 완전히 설명할 수 없는 것을 이해하고자 한다. 그는 상처를 만져 보고 부활을 간접적으로 경험하려 한다. 장애 의심론자들 또한 설명할 수 없는 것을 이해하려고 노력한다. 어쩌면 의심하는 대신, 우리는 장애가 타당하고 실재한다는 믿음을 가져야 할 것이다. 어쩌면 장애를 성급하게 심각성 척도에 달아 보려하는 대신, 몸의 기능에 대한 우리의 제한된 이해 안에 장애가 초래하는 혼란을 포용해야 할 것이다. 어쩌면 장애를 추한 것으로 치부하는 대신, 장애를 그리스도의 불멸의 몸과 연결 지어서, 곧 아름답고 장애 입은 그분의 상처가 우리의 치유의 표식이 되는 그 몸을 우리의 장애와 연결해서 바라보아야 할 것이다.

사람들은 계속해서 내 몸이라는 물음표를 설명해 보라고 요구한다. 대부분의 경우 나조차도 완전히 이해하지 못한다. **왜** 당신은 장애를 가졌나요? 어쩌다 그렇게 되었나요? 언제 나아지나요? 이부프로펜(혹은 유칼립투스, 핫팩, 수정[크리스털], 뱀기름)을 써 **봤나**

요? 사람들은 나를 그들이 가진 이해의 틀에 끼워 맞추며 내가 이렇게 된 깔끔한 이유를 찾으려 한다.

만약 내가 내 흉터를 당신에게 보여 준다면 내가 좀 더 인간다워 보이겠는가? 내 학위를 내세우면 내가 당신에게 더 가치 있어지는가? 내 정신적 충격을 보여 주면 당신은 내 장애를 더 실제적으로 체감할 수 있겠는가? 내 진단명을 말해 주면 내 장애가 당신에게 입증되겠는가? 내 몸에 장애 표지를 달아야지만 당신은 내 몸을 포용하고, 내 몸으로부터 배우고, 내 몸을 사랑해 주겠는가?

내 몸은 이름을 가지고 있다. 하지만 질병도 장애도 아니다. 내 몸의 이름은 "하나님과 씨름한 자", 진정한 왕의 자녀, 현숙한 여인이다. 이것이 내 진정한 이름이고 당신이 알아야 할 유일한 이름이다.

이해하진 못하지만 여전히 내 몸을 – 전동 스쿠터, 경련, 산발적 증상, 이 모든 것을 환영하는 자는 복이 있다. 태산처럼 쌓여 있는 내 의료 기록을 읽지 않고도 나를 돌보는 자는 복이 있다. 자기 자신의 이해에만 기대지 않고 내 설명을 타당한 것으로 믿어 주는 자는 복이 있다. 나를 믿어 주는 자는 복이 있다.

묵상과 적용

▶ 대부분의 비장애인들은 장애인들이 일상생활에서 장애인 시설을 꼭 필요로 한다는 사실을 잘 인지하지 못한다. 다음 퀴즈

를 풀어 보면서 당신이 어떻게 공공장소에 접근하는지 생각해 보라. 당신에게 해당되는 문장마다 일 점씩 점수를 매겨라.

1. 낯선 사람들이 일반적으로 당신에게 무슨 문제가 있는지 물어보지 않는다.
2. 콘서트나 공연을 보러 갔을 때 일반적으로 친구와 함께 앉을 수 있다.
3. 외식을 하거나 쇼핑을 갔을 때 내가 사용할 수 있는 공중화장실이 있다고 확신할 수 있다.
4. 그 차에 내 몸이 탈 수 있을지 걱정하지 않고 차를 타거나 공유 차량을 이용하거나 대중 교통을 이용할 수 있다.
5. 최저 임금을 보장받고 있다.
6. 식당에서 식사할 때, 내가 무슨 음식을 주문할 것인지를 종업원이 나의 동행이 아니라 나에게 묻는다.
7. 나의 신체적 필요를 충족시키는 집을 구할 수 있다.
8. 일반적으로, 낯선 사람들이 나에게 와서 의학적 조언을 하지 않는다.
9. 낯선 이들이 나에게 내 몸이 죄로 인해 이렇게 된 것이라고 말하지 않는다.
10. 내 하루 생활비가 다른 사람들과 비슷한 수준이다.
11. 직장에서 화재가 났을 경우, 내가 탈출할 수 있는 방법이 있음을 나는 확신한다.
12. 나의 수입을 잃을 걱정 없이 결혼할 수 있다.
13. 일반적으로 사람들에게 내 몸으로 살 바에는 죽는 것이 낫

겠다는 말을 듣지 않는다.
14. 대개, 사람들은 내가 걷거나 말하는 방식을 조롱하지 않는다.
15. 사람들은 내 팔다리나 보조 용품을 만져 보겠다고 요구하지 않는다.

▶ 이 퀴즈를 풀어 본 소감을 생각해 보라. "몇 점"을 받았는가? MyBodyIsNotAPrayerRequest.com에 당신의 점수를 올려라. 이 퀴즈를 풀기 전에 이러한 문제들에 대해 생각해 본 적 있는가? 당신이 공공장소에서 경험하는 것이 몸에 대해서 "정상"인 것과 "자연스러운" 것이 무엇인지에 대한 당신의 이해를 어떻게 형성해 왔는가? 이러한 문제 중 어떤 것이라도 당신을 놀라게 했다면, 그것을 계기 삼아 장애인들이 경험하는 것과 공공장소에 장애인 시설이 없을 때 겪게 되는 일들에 대해 더 배우는 기회를 갖도록 하라.

▶ 트위터에 올린 #AbleismExists, #EverydayAbleism 해시태그를 찾아보고 일상적 에이블리즘을 겪는 다른 장애인들에게 배우는 시간을 가져 보라. 장애인 전문가에게 배운 후, 당신의 언어와 행동, 그리고 에티켓이 어떻게 변화되어야 할지 숙고해 보라.

장애 부정
상위 10가지

사람들은 공공장소에서 나에게 다가와 다음과 같은 말을 하면서 내가 충분히 장애인답지 않다고 비난한다.

10. 할아버지 팻말 좀 그만 사용하세요!
9. 내 나이가 되어 보세요. 그때는 당신이 **진짜** 장애인이 될 거예요.
8. 당신은 장애가 있는 것이 아니라, 다른 능력을 가진 거죠. (특수한 요구가 있거나, "잘해인"이거나, 천사). ("잘해인"[handi-capable] : handicapped와 capable을 합성한 단어로 장애인의 능력을 강조하는 에이블리즘 용어 – 옮긴이)
7. 너무 지팡이에 의존하시는군요.
6. 장애가 당신의 발목을 잡게 하지 마세요.
5. 유일한 장애는 반항적인 태도뿐이에요.
4. 장애인이라고 하기에는 당신은 너무 예쁘네요.
3. 장애인이라고 하기에는 당신은 너무 젊어요.
2. 아파 보이지 않는데요.
1. 그렇게 미소 짓는 걸 보니 당신은 장애인일 리 없어요!

4. 장애 정의

가장 취약하고 소외된 자의 발걸음에 맞추는 사회

의사의 차갑고 주름진 손이 마치 그가 아끼는 페라리를 만지듯 내 몸을 검사한다. 근육 하나하나, 흉터 하나하나를 그의 탐욕스러운 눈으로 내 V8 엔진을 소모하듯 훑어 내려간다. 그가 청진기를 대고 있는 나는 인간도 아니지만 일련의 진단이 줄줄이 그의 마법 같은 손길을 기다리고 있다. 내가 그의 질문에 답할 때마다 그는 내 말허리를 자르며 내 의견이 나의 의료적 진단에 아무런 영향을 미치지 못한다는 것을 관철시키려 했다. 오직 내 예후에 대한 **그의** 소견만이 중요하다. MRI, CT, 기초대사검사, 신경전도 속도검사 등 한 차례의 검사를 또 하는 이유에 대해 물어도, 그는 그건 내가 알 바 아니라고 말한다. 이제 그의 탐욕스러운 장갑이 내 골반 위에 있고 그는 내 엉덩이 굴근(hip flexor)을 살펴본다. 그가 내 종아리를 움직이며 내 엉덩이의 가동 범위를 살펴볼 때 찌릿한 통증이 내 상체를 타고 올라온다. 대체 시간대(Alternate Timeline: 몇 가지 사건이 다르게 전개된다면 역사가 어떻게 달라질지를 상상해서 쓰는 픽션 - 옮긴이)에서 나는 그의 손을 쳐서 떨어뜨리고 그를 잽싸게 차 버린다. 내가 출연한 장편 서사 영화에서 급습 장면의 배경 음악으로 "Don't Stop Me Now"("이제 나를 막지 마" 퀸의 노래 제목 – 옮긴이)가 빵빵하게 울려 퍼진다.

하지만 나는 두 가지 전문 분야 자격증이 있는 이 신경 외과 의사의 진료를 받기 위해 몇 달을 기다렸고 내 임상실험 약을 주문하기 위해서는 이 의사의 서명이 필요하다. 나는 눈으로 보이지 않는 장벽을 만들어 놓고 이 의사의 손이 이 선을 넘어가면 **지금** 시간대에 퀸의 노래가 나오든지 말든지 저 의사의 뺨을 후려갈겨 버리겠다고 다짐한다. 그는 다른 의사에게 내가 마치 그 자리에 없는 것처럼 나에 대해 이야기한다. "이 환자는 척추강내 약물 주입 펌프에 반응할 수도 있겠어." 그들은 내가 주는 정보 없이 자기네들끼리 동의한다. 내 몸은 그들의 실험을 위한 실험실이다. 나는 내 불쌍한 신경계에 대한 그들의 추측에 끼어들어 보지만, 내게 돌아오는 답은 내가 군말 없이 그들의 조언을 받아들이지 않음으로 "내가 의학계를 거부했다"라는 말이다. 나는 이 검사들이 다 무엇에 필요한 것인지 알 필요도 없다. 내가 진료실을 빠져나오는 길에 그들은 300달러짜리 청구서를 내 얼굴에 들이밀며 다음에는 짜증 나는 질문을 많이 하지 말라고 엄중하게 경고한다. 그 유명한 의사는 "오지라퍼 스타일이군요. 그렇죠?"라고 윙크하며 반갑지 않은 손으로 내 어깨를 꼭 잡는다. 내가 오지랖이 넓지 않아도 그가 환자를 대하는 태도가 저질이라는 것을 알 수 있다.

대부분의 의사들은 내가 인간이 아니길 바란다. 그들은 질병, 진단, 약품을 선호한다. 그들이 실험하는 중에 나는 조용한 진료 기록이 되어, 왜 그런지, 어떻게 그런 것인지 절대 묻지 않고 그들의 지침이 내 삶에 미치는 고통이나 영향 따위는 절대 드러내지 않기를 그들은 내게 원한다. 내가 그들의 지시 사항을 잘 따르고 교과서에 나올 만한 질병을 드러내 주고 진료로부터 모든 인간성을 없애기만 한다면 그들은 내가 동참하도록 허락한다. 그들은 그들의 이름 뒤에 있는 이해하기 어려운 언어들로 내가 하는 질문을 조롱하는 것이 정당하다고 생각한다.

많은 교회들이 이러한 의사들과 똑같다. 그들은 얼마만큼 칼뱅을 체득했는지에 따라, 내가 고통받는 혹은 경건한 장애인 역할을 잘 수행하기를 바란다. 내가 먼 곳에 있는 별들을 아련히 바라보며 치명적인 고통에서 놓이는 날을 갈구하는 역할을 잘 수행하기만 하면, 그들은 나를 어떻게 대해야 할지 파악한다. 의사는 약을 가지고 있고, 교회는 상투적인 말을 한다. 교회는 질병을 낫게 하기 위해 나눠 줄 수 있는 약처럼 진부한 말들을 사용한다. 나는 성스러운 장애인이 되어 조용히 고난받으며 죽음으로 달콤한 자유를 얻기까지 기다린다. 여기에 후광 추가요. 내가 잘 지내고 있다고 할 때마다 그들은 나를 멸시한다. 내가 그들에게 왜 장애를 포용하는 것을 불편해하느냐고 물어볼 때마다 그들은 내가 "희망을 버렸다"고 이야기한다. 많은 교회들이 예수님의 치유를 흰색 가운으로 덮어 버리고 진부한 어구를 처방전으로 둔갑시켜 그것이 복음인 것처럼 행세한다. 그들은 질문을 받을 때마다 의사들의 오만함을 흉내 내기까지 한다. 그들은 자신들이 제일 잘 알고 있다고 생각한다. 절차를 승인하는 의사와 진부한 말을 승인하는 교회의 차이점은 의학 학위의 유무뿐이다.

"당신의 몸은 타락의 결과입니다." 한 목사님이 스팸 전화를 끊으려 하듯이 말한다. "만약 믿음이 좀 더 있었다면 타락의 저주 아래 살지 않았을 테지요." 두려움과 회피가 그의 말에 맴돌았고 어린아이에게 뭔가 무거운 말을 전하는 듯한 무게가 실려 있었다.

타락 이야기를 퍼뜨리고 다니는 사람들은 확실히 내 몸이 "타락의 결과"임을 강조하지만 하나님이 다리를 저는 자들로 하여금 새 창조를 위해 '남은 자' 되게 하시겠다는 약속은 기억하지 못한다. 그들은 내 장애를 묵살할 때 하나님이 모세에게 "말 못하는 자나 못 듣는 자나 눈 밝은 자나 맹인"을 만드신 이가 그분이라고 말씀하신 것을 잊어버린다(출 4:11). 그들은 "천국에는 휠체어가 없다네"라고 제목 붙인 시를 읊어 대느라 너무 분주해서 왜 그 사실에 그들이 기뻐하는지 묵상하지 않는다(실제로 나는 잘 모르는 사람들에게서 이 시를 여러 차례 받았다).

이런 이들에게 나의 존재를 설명하는 것은 진 빠지는 일이다. 특히 그들의 신학적 틀 속에서조차 이해되지 않기 때문이다. 현재 살아 있는 모든 사람이 타락의 영향을 받는다. 장애 입은 몸은 "타락의 산물"이라는 딱지의 무게를 견뎌야 한다. 사실 모든 몸이 죄와 고난의 우주적 탄압의 영향을 받고 있는데도 말이다. 옷을 입는 것 또한 타락의 결과이다. 하지만 그 누구도 옷 가게를 부끄러워하거나 "천국에서 우리는 마침내 치유되어 온전해졌기에 천국에는 더 이상 청바지가 없다네!"라는 가사의 노래를 부르며 눈물 흘리지 않는다. 타락은 사랑하는 공동체에서 장애인과 거리를 두게 하는 편리한 방식이 되었다. 우리는 희생양이 되고, 사람들은 우리를 치료하겠다고 달려들고는 세상의 온갖 문제를 우리 몸 위에 끌어올려 놓는다. 그들은 우리의 몸을 끌어내리는 시스템에 어떻게 그들도 참여하고 있는지에 대한 어려운 질문은 던지지 않는다. 우리는 사람들이 가장 끔찍하게 여기는 두려움을 대변한다. 많은 이들이 보기에, 우리는 심판, 부패 혹은 질병의 표식을 입고 있다. 하지만 현실에서 우리는 모든 인간에게 통하는 진리의 예언자적 증인 역할을 한다. 모든 몸이 상호 의존적이고 취약하다. 우리의 몸은 이를 좀 더 확실하게 드러낼 뿐이다. 모든 인간이 하나님의 형상으로 지음받았고 이 사실은 타락(the Fall) 이후에도, 혹은 단순히 넘어져서(a fall) 장애를 입게 된 이후에도 사라지지 않는다.

장애인 공동체에서 예언자적 증인이 된다는 것은, 모든 인간이 시간이 지나면서 겪게 될 진리를 우리가 드러낸다는 것이다. 장애 신학자 토머스 레이놀즈(Thomas Reynolds)는 한 발 더 나아가, "정상(normalcy) 숭배 집단"을 뒤바꾸기 위해 장애를 표준으로 규정하여 특혜를 줘야 한다고까지 제안했다.[1] 아마 그렇게 된다면 더 넓은 세상이 우리의 장애 입은 몸이 진리라고 선포하는 것을 알게 될 것이다. 우리의 삶, 우리의 몸-마음은 "정상"이라는 환상을 꿰뚫고 번영과 생산성, 그리고 독립성이라는 우상을 해체한다. 장애인은 모든 인간에게 해당되는 진리를 위해 불공평한

---

[1] Thomas E. Reynolds, *Vulnerable Communion: A Theology of Disability and Hospitality* (Grand Rapids: Brazos, 2008), 104.

짐을 지고 있다. 일시적인 비장애인들은 아직 깨닫지 못할 뿐이다. 우리의 몸은 자급자족할 수 없다. 우리는 우리 자신에게만 온전히 의지할 수 없다. 우리는 번영하기 위해 상호 의존적이 되어야 한다. 그리고 장애를 위한 정의를 촉진하여 인류 가운데 함께 이루어 가는 번영을 회복해야 한다.

장애를 위한 정의는 각각의 몸-마음에 대한 독특한 자질과 지식을 인정하는 것이다. 그리고 장애인이든 아니든 그 어떤 몸도 선천적으로 다른 몸보다 더 가치 있다고 할 수 없음을 강조한다. 각자의 몸은 시간이 지나면서 그 욕구와 힘이 오르락내리락한다. 장애를 위한 정의는 욕구의 위계질서를 구축하고자 하는 것이 아니라 모든 몸에는 수치심을 느끼지 않고 채워야 할 욕구가 있음을 주장하는 것이다. 장애를 위한 정의 운동은 번영하기 위해서는 모든 몸이 함께 움직여야 한다는 전제 위에 세워지고, 그래서 아무도 낙오되지 않게 하기 위한 것이다.[2] 모든 사람이 번영할 수 있도록, 가장 취약하고 소외된 자의 발걸음에 맞춰 움직인다.

장애를 위한 정의는 창조된 사회 사이에 드러나는 선함을 묘사한 것과 많이 비슷하다. 교회는 모든 일이 잘못되기 시작한 선악과 이야기로 너무 빨리 들어간다. 하지만 이야기는 인간이 에덴동산에서 잘못된 메뉴를 고르기 전부터 시작된다. 창세기 1장에서 인간은 하나님의 형상으로 만들어지고 세상에 하나님의 형상을 드러내 보인다. 맞다. 과하게 말을 많이 해서 짜증 나게 하는

---

2 Sins Invalid, *Skin, Tooth, and Bone: The Basis of Our Movement Is Our People; A Disability Justice Primer,* 2nd ed. (Berkeley: Sins Invalid, 2019), 10-14.

동료도, 가족 모임에서 당신을 괴롭히는 삼촌도 그렇다. 우리 장애인을 포함해서 모든 인간이 하나님의 형상을 지니고 있다.

창세기 1:31에는 하나님이 지으신 모든 것이 보시기에 "심히 좋았더라"라고 쓰여 있다. 『심히 좋은 복음』(*The Very Good Gospel*)에서 예언자 리사 샤론 하퍼(Lisa Sharon Harper)는 원문에서 "심히 좋았더라"가 갖는 함축된 의미를 설명한다. "그리스인은 물체 그 자체 내부에서 완벽함을 찾았다. 물체든 사람이든 완벽을 추구한다. 하지만 히브리인은 선함이 물체 **사이에** 존재한다고 이해한다. 그 결과, 원래 청자는 '**좋다**'(tov)라는 말이 창조된 물체들의 사이에 있는 유대 관계와 관계의 선함을 지칭한다고 이해했을 것이다."[3]

그리스인들은 그들의 영웅들이 가진 엘리트적 자질을 뽐내기 위해 동상을 세웠다. 요즘으로 하면 인스타그램 인플루언서들의 대리석 버전이라고나 할까. 영웅 숭배이지 않은가? 그들은 물체 그 자체 내에서 선함을 인식했다. 근육질의 허벅지, "이상적인" 비율, 건장한 팔. 하지만 하나님은 그분의 신성한 형상을 깎아 놓은 듯한 복근과 튼실한 턱선을 가진 소수의 선택된 사람들에게 새겨 놓지 않으셨다. 그리고 창세기에서도 타락 전 인간이 시몬 바일스(미국 기계체조 선수 – 옮긴이) 급의 힘과 민첩함을 겸비한 완벽한 비장애인 운동선수라고 말하지 않는다. 우리가 얼마나 똑똑한지, 얼마나 "사회에 기여했는지", 우리의 몸이 어떻게 기능하는지, 혹은 우리가 무엇을 믿는지에 상관없이 우리는 **모두** 하

---

[3] Lisa Sharon Harper, *The Very Good Gospel: How Everything Wrong Can Be Made Right* (Colorado Springs: WaterBrook, 2016), 30.

나님의 형상을 지니고 있다. 너무나 속 시원하지 않은가? 왜냐하면 솔직히 누가 시몬 바일스의 경이로움에 부응할 수 있겠는가? 당신이 성취하든 망치든, 당신에게서 하나님의 형상을 빼앗아 갈 수 있는 것은 아무것도 없다. 이를 얻기 위해 애쓰거나 당신이 그럴 만한 가치가 있다고 증명할 필요가 없다. 이것은 당신의 존재에 내재되어 있는 진리다. 이 말은 우리가 우리 자신의 더 나은 버전이 되기 위해 노력하지 않아도 된다는 것을 의미한다. 우리는 모두 우리 스스로를 "개선하는 것"에 집중하는 대신에, 인간과 동물과 이 땅 사이에 하나님이 의도하신 선함을 구축하는 것에 참여하라고 초청받았다. 우리는 서로의 번영에 투자한다.

하나님이 보시기에 창조물이 "심히 좋았다"는 것은 에니어그램이나 에센셜 오일 등을 통해 우리 자신을 개선하여 개인적 완벽함을 성취하는 것에 관한 문제가 아니다. 우리는 매일 성경을 읽고 자기계발서를 원하는 만큼 읽을 수 있지만, 그것이 성경이 정의하는 하나님이 창조하신 선함이 아니다. 회복 중인 완벽주의자들에게는 매우 실망스러운 일이 아닐 수 없다. 우리는 우리의 가치를 증명하려고 애쓰는 일에 도가 텄으니 말이다! 우리는 만약 우리가 완벽의 신화적인 목표에 도달하면 취약성을 넘어설 수 있을 것이라 생각한다. 하지만 우리 사이에 있는 공간은 하나님이 창조하신 선함을 이해하는 데 훨씬 더 중요하다. 선함은 우리 사이의 간극이 회복될 때 일어난다. 우리의 이웃이 번영할 수 있도록 지원해 주지 않으면 우리는 창조의 강렬한 선함을 놓치게 되는 것이다. 우리는 우리 사이의 선함을 제한하고 있다.

우리가 소중히 여긴다고 주장하는 복음을 진심으로 믿는다면 우리는 같은 형상을 지닌 동료로서 가진 역할의 일환으로 장애를 위한 정의를 당연하게 옹호하게 될 것이다. 장애인들은 하나님의 형상으로 지음받았다. "우리의 몸에도 불구하고"도 아니고, "새 창조의 몸"을 받고 나서도 아니다. 바로 지금, 장애인들이 휠체어를 타고 산소호흡기를 사용하면서 다양한 소통 방식으로 하나님의 형상을 세상에 비추고 있다. 우리는 나머지 세상이 이 사실을 깨닫고 장애인과 비장애인 이웃들 사이에 생동하는 선함을 창조하는 일을 돕기를 기다리고 있다. 나와 다른 교인들 사이의 생동하는 선함은 기도하는 가해자들이 나에 대해 아는 것도 없으면서 내게 다가와 말을 걸어올 때 깨어졌다. 생동하는 선함은 내 장애가 죄의 결과라는 말을 들었을 때 깨어졌다. 생동하는 선함은 사람들에게 에이블리즘적 언어를 바꿔 달라고 요청했지만 거절당했을 때 깨어졌다. 생동하는 선함은 모든 인류의 타락이 다 내 몸 탓이라고 했을 때 깨어졌다.

좋은 소식은 이야기가 여기서 멈추지 않는다는 점이다. 우리는 장애인을 위한 정의에 관심을 가짐으로써 나와 동료 교인 간에 생동하고 풍성하며 근본적인 선함을 회복할 수 있다. 우리는 우리 이웃의 번영을 함께 만들어 가기로 선택할 수 있다. 우리는 이웃의 신체적 결함을 고치려고 애쓰는 것이 아니라 그 결함으로 인해 우리의 이웃이 지장받지 않는 세상을 생성하기 위해 노력해야 한다. 우리의 번영은 연결되어 있다. 당신이 깨닫든지 말든지, 당신의 번영이 장애를 위한 정의에 연결되어 있다. 장애를 위한 정의를 옹호하는 것은 그저 능력과 적성과 외모와 상관없이 모든 몸-마음이 지니고 있는 하나님의 형상을 알아보는 것이다.

※ ※ ※

만약 내가 파란색 아이콘을 클릭했을 때 수신함에 뭐가 와 있는지 알았다면 바람이 거센 월요일 아침 회의에 참석하기 전 10분도 채 남지 않은 시간에 이메일을 확인하지는 않았을 것이다. 이메일 목록을 쭉 살펴보던 중에 장황한 광고, 추천 상품, 스팸 메일에는 눈길을 주지 않고 주저없이 삭제 버튼을 눌렀다. 그때 내가 기다리던 이메일이 와 있음을 보았다.

나는 별 생각 없이 눈도 깜박이지 않고 앙 다문 입으로 숨을 참은 채 그 메일을 클릭했다. 내 시선은 즉각적으로 맨 아래 굵고 비난조로 쓰인 글자에 꽂혔다. "$1,624.97 납부 요망." 이 숫자를 보는 순간 내 폐는 스펀지처럼 쪼그라드는 느낌이었다. 천육백이십사 달러 구십칠 센트. 3주마다 한 번씩 받아야 하는 치료에 드는 비용이다. "수학 푸는 여인" 짤(Math Lady: 브라질 여배우 게타나 소라의 얼굴로 만든 이미지[GIF]로, 혼란스러운 상황을 표현하는 데 쓰인다. ‒ 옮긴이)에서 머릿속으로 복잡한 공식을 계산하고 있는 것처럼 이 숫자가 내 머릿속에서 소용돌이친다. 빠르게 계산해 보니, 올해 말이 되면 $20,000를 내야 하는 것으로 나온다. 그것도 보험이 적용된 비용인 데다가 단순히 이 치료만을 위해 드는 값이다. "값으로 산 것이 되었다"는 말씀(고전 6:20)을 들었을 때 내가 생각했던 건 이런 그림이 아니었다. 이 비용은 물리 치료, 약, 중간중간에 드는 다른 의료 관련 비용을 포함한 총액도 아니다. 나는 이 메일을 수신함에 넘쳐나는 의료비 청구서 파일 더미에 넣어 놓고 억지로 숨을 고르면서 혼이 나간 상태로 서둘러 회의실로 간다.

가끔 내 몸에 들어간 모든 돈을 생각해 본다. 람보르기니 한 대나 휴양지 별장을 살 정도의 금 더미다. 딱히 이러한 지위 상징을 원하지는 않지만 너무 피곤해서 잠이 오지 않을 때, 스크루지 맥덕(디즈니 캐릭터 도널드 덕의 삼촌 - 옮긴이)이 금화로 가득한 금고 안으로 뛰어들어가 내 의료비를 다 해결해 주는 모습을 상상한다. 금화에 우리가 알지 못하는 윤활유가 발라져 있는지 궁금해진다. 분명 금화가 쌓여 있는 구덩이에 뛰어들면 그 충격으로 맥덕의 목이 부러질 것인데 말이다. 금화의 엄청난 무게 아래서 수영하는 것도 마찬가지겠지. 다행히 이 오리 부리를 가진 부자는 모든 치료비를 지불하기 위한 크립 세금(Crip tax)를 내고도 남았을 것이다.

크립 세금은 장애인이라는 이유만으로 사회가 장애인에게 부과하는 비용을 가리키는 용어다. 이동성 기구, 의료비, 보조 기술에 드는 비용은 만만치 않다. 한 연구 결과에 따르면, 미국에 사는 장애인 성인은 장애인이라는 이유만으로 일 년에 $10,000~$30,000 더 지불한다. 그것도 매년. 여기에는 건강 보험료가 적용되는 부분은 포함되어 있지 않다.[4] 장애인으로 살아가는 것은 비용이 많이

---

4   Sophie Mitra et al., "Extra Costs of Living with a Disability: A Review and Agenda for Research," *Disability and Health Journal* 10, no. 4 (2017): 475-84, https://doi.org/10.1016/j.dhjo.2017.04.007.

든다. 세상은 우리에게 입장료를 따로 부과한다.

내 몸의 장애를 기도로 쫓아내려고 하기보다 기독교 공동체가 내가 파산하지 않도록 투자를 해 준다고 상상해 보라. 교회가 자기 공동체 내에 크립 세금을 혼자 내는 장애인이 없게 하겠다는 확신을 준다면 어떨까. 그리고 우리가 청구서의 금액을 지불해 줄 만큼 충분히 서로의 번영에 투자한다고 생각해 보라. 그렇게 되면 아마도 생동하는 선함이 우리 가운데 회복될 수 있을 것이다. 비장애인들이 크립 세금을 함께 부담하는 것은 우리가 짐짝이 아니라는 것을 확증한다. 그리고 이것이 장애인들을 계속해서 억압하는 시스템을 해제하는 방법이다. 이는 또한 우리가 접근 불가 사회로 인한 대가를 우리 혼자 치르지 않아도 된다는 것을 선언하는 방식이다. 그리고 우리의 비장애인 이웃들이 우리의 번영이 서로에게 의존하고 있음을 깨닫고 장애를 위한 정의를 심각하게 받아들인다는 것을 보여 준다. 또한 당신이 #축복받았다(#blessed)는 사실을 당신이 진심으로 이해한다는 것을 증명한다.

교회는 장애인들을 포용하는 일에 집중하는 것을 넘어, 비인격적인 자선 활동을 하는 대신 상호 관계를 통해 우리의 번영에 투자할 수 있다. 이것을 실천할 수 있는 한 가지 방법은 당신의 지역 사회에 속한 장애인들과 함께 크립 세금을 감당하는 것이고, 이외에도 당신의 장애인 이웃이 번영할 수 있도록 돕는 다른 방법이 많이 있다. 나는 한 공동체가 치료와 독립이 아니라 치유와 상호 의존을 위해 헌신하는 모습을 짧게나마 경험한 적이 있다. 내가 고등학생이었을 때, 혈액 순환이 잘 되지 않아 다리가 파랗게 되고 다리 털이 더 이상 자라지 않았다. 다리 절단 이야기까지 나온 상황이었다. 물리 치료실에서 그들은 나에게 진척 상황을 판단할 수 있는 목표를 정하게 했다. 내 목표는 양말을 신을 수 있게 되는 것이었다. 신발은 이미 물 건너간 이야기였다. 운전을 배우기도 전에 나는 "환각" 그리고 "마약 단속국"이라는 용어를 먼저 배웠다. 다른 십대들이 대학 입시와 졸업 무도회에 대해 고민할 때 나는 대개 차 안에서 숙제를 해야 했고 여기저기 예약해 놓은 진료를 받으러 다니느라 고속도로에서 움푹 패인 곳을 지날 때에도 글씨를 똑바로 쓰기 위해 노력해야 했다. 내 희귀한 몸을 진료할 수 있는 의사가 거의 없었기에 나는 일주일에 세 번씩 64킬로미터 떨어진 곳에 있는 전문의를 찾아가야 했다. 우리 교회는 나와 내 가족을 중심으로 모였고 우리 부모님 혼자 이 일을 감당하지 않도록 번갈아 가며 나를 차로 태워다 주었다. 이것이야말로 우리 가운데 생동하는 선함을 회복하는 것이다. 이것이 함께 번영하는 것이다. 이것이야말로 치유다. 당신이 있는 그 자리에서 (그곳이 의사를 만나러 가는 고속도로 위라 할지라도) 당신을 만나 주고, 당신을 고치려 하거나 버리는 것이 아니라 당신의 필요를 채우는 공동체의 일원이 되는 것이 바로 이런 것이다. 사랑하는 공동체 안에서라면, 한 사람의 씨름이 모두의 씨름이 되는 것을 인정하는 것이다.

　우리 가운데 생동하는 선함을 회복하는 일은, 부모들이 어떻게 자녀들에게 장애에 대한 이야기를 나눌 수 있는지 내가 코치하는 형식으로 나타날 수 있다. 나는 장애인이기 때문에 내 몸은 대부분의 비장애인 부모에게는 외국어와 같은 언어를 쓴다고 할 수 있다. 그러기에 나는 통역사가 되어 부모와 아이들이 서로를 이해하고 가족 안에 존재하는 소외감으로 인한 긴장감을 완화할 수 있게 도울 수 있다. 장애인이라고 모두 장애인 부모를 둔 것은 아니기 때문에 소외감을 경험하게 될 수도 있다. 아무리 사랑이 넘치고 주의를 기울이는 부모라 할지라도 장애 아이를 돌보는 일에는 배워야 할 것과 고의적으로 잊어야 할 것(에헴! 에이블리즘)이 매우 많다. 우리 가운데 생동하는 선함을 회복하는 것은 내 장애인 멘티가 매일 맞닥뜨리는 에이블리즘적인 미묘한 차별(micro-aggression: micro[작은]와 aggression[공격]의 합성어로, 유색 인종이나 장애인 등에 대한 교묘한 차별을 뜻한다. – 옮긴이)을 공감해 주는 사람이 없어서 화가 날 때 옆에 같이 있어 주는 것이다. 우리 가운데 생동하는 선함을 회복하는 것은 내가 짐짝이 되었다는 느낌을 받지 않게 하면서 남편이 내 발에 신발을 신겨 주거나 나를 안고 계단을 올라가는 것이다. 우리 가운데 생동하는 선함을 회복하는 것은 사람들이 나를, 제거해야 할 무시무시한 진단명이 아니라 유능한 인간으로 대하는 것이다.

 치료의 사고방식이 아니라 치유의 사고방식으로 삶에 접근할 때, 우리는 우리 이웃의 번영에 투자하고, 가능하지 않을 것이라 생각했던 모든 종류의 가능성에 우리 스스로를 열어 보일 수 있다. 내 이야기, 내 장애, 내 치유는 공동체에 파문처럼 번지는 효과를 줄 수 있다. 치유에 대한 지식으로 내 몸만 이득을 보는 것이 아니다. 공동체 전체에 좋은 소식이다. 이는 다른 이들이 번영이 무엇인지 다시 상상해 보게 한다. 우리가 서로의 삶에 깊이 투자할 때 장애를 위한 정의가 주는 치유가 공동체 안에 흘러넘치는 방식에 한계가 없어질 것이다. 함께 번영하는 것은 인내가 필요하고 골치 아픈 작업이지만 우리가 이를 이루어 낼 때, 이는 심히, 심히 좋은 것이다. 마치 하나님이 그렇게 의도하신 것같이 말이다.

묵상과 적용

▶ 장애인들의 필요를 충족시키기 위해 당신의 공동체 내에 공동체 돌봄 네트워크를 구축하라. 장애인들에게 필요한 물질적 필요가 무엇이 있는지 물어보라: 장애인 친구를 위해 저녁 식사를 배달해 준다든지, 강아지 산책을 시켜 준다든지, 화장실 청소를 해 주라. 중고 물품 세일이나 세차 등으로 공동체 내 장애인의 크립 세금을 함께 부담할 수 있는 돈을 마련하라. 공동체 돌봄은 주도적으로 이루어져야 하고 각 개인의 필요에 구체적으로 적용되어야 하며 언제나 동정이 아니라 우정과 협동으로 행해져야 한다.

▶ The Accessible Icon(http://accessibleicon.org)은 누구나 허가 없이 무료로 쓸 수 있는데, 좀 더 능동적이고 참여적이며 자율권을 가진 장애인 이미지를 추구한다(예전에 전형적으로 표지

판에 묘사된 수동적이고 경직된 장애인 이미지와 비교했을 때). 이 아이콘을 당신의 교회, 도시, 공동체에 사용하는 것을 고려해 보라. 이 아이콘은 디자인 활동주의의 일환으로 만들어졌는데, 이는 공공장소에서 장애인들이 어떻게 비춰지는지에 대한 대화를 시작하기에 좋은 주제가 될 것이다.

▶︎ 장애에 대한 유해한 이야기들을 새롭게 써 보라. 모스(J. Morse)가 쓴 "천국에는 휠체어가 없다네"라는 시는 내가 낯선 사람들에게서 직접 여러 번 받아 본 시다. 나는 이 시를 "천국에는 빤히 쳐다보는 시선이 없다네"라고 다시 써 본다. 왜냐하면 나는 더 이상 "휠체어에 앉아 … 잔인한 시선들을 가득 싣고" 가지 않을 것이기 때문이다. 장애가 은유의 표현이나 가짜 행세를 하는 비유로 쓰이지 않는 이야기를 새롭게 써 보는 연습을 해 보라.

내가 장애인인 이유
상위 10가지

나는 묻지도 않았는데, 기도하는 가해자들은 내가 장애인인 이유를 다음과 같이 들이댄다.

10. 당신의 몸은 타락의 결과입니다.
9. 하나님이 특별한 천사가 필요하셨나 봐요.
8. 당신은 우리 중 누구에게나 언제든 일어날 수 있는 최악의 운명을 상징하고 있어요.
7. 당신은 희망을 버렸어요.
6. 당신은 세상이 부패했음을 보여 줍니다.
5. 당신은 우리가 감사하게 만들어요.
4. 당신은 죄를 지었군요.
3. 당신의 부모가 죄를 지어서 그렇습니다.
2. 아담과 하와가 죄를 지었습니다.
1. 조금만 더 믿음을 가져 봐요.

5. 장애 축복

장애가 하나님 언약의 상징일 수 있는가

나는 검사를 받을 때마다 데스티니스 차일드(미국 3인조 걸그룹 – 옮긴이)의 "서바이버"(Survivor)를 부른다. 당연히 소리 내서 부르지는 않는다. 내가 이 의사들을 싫어하는 그 정도로 똑같이 그들을 고문하고 싶지는 않다. 특히 내 척추에 주사 바늘을 꽂고 있을 때는 말이다. 그렇다. 나는 머릿속으로 이 노래를 부르며 노래 가사처럼 나도 살아남을 수 있기를 간절히 바란다. 노래가 "당신 없이는 내가 아무것도 못할 거라 생각했겠지만 나는 더 똑똑하다"라고 하는 부분쯤에 오면 부분 마취와 스테로이드 주사 투입이 끝나 있다. "행운을 빌어요. 축복받기를 기도해요"에 오면 형광투시법 염료 주입도 완료되고, 미셸이 두 번째 멜로디를 부를 때면 약이 투여된다.[1]

간호사는 주사 바늘이 내 몸을 뚫는 것을 보기 힘들 테니 "방해하지" 말고 의사들이 검진할 수 있게 가만히 있으라고 내게 주의를

---

[1] "Survivor," on Destiny's Child, *Survivor*, Columbia, 2001.

준다. 내 친구가 동의서에 대해 했던 농담이 기억난다. 어떤 남자가 내가 하고 싶지 않은 것을 억지로 시키면 전동 스쿠터로 그 남자 발을 깔아뭉개 버리라고 했다. 관음증적이라도 해도, 나는 내 몸에 무슨 일이 일어나는지 두 눈으로 지켜보고 싶다. 그래서 나는 거울을 가지고 들어가서 의사들이 내 굽은 척추에 13센티 정도 되는 수술용 도구를 쑤셔 넣는 동안 움직이지 않고 가만히 지켜본다. 이렇게 몇 주가 지나갔고 의사들은 내가 거울을 통해 자신들이 내 등에 시술하는 장면을 차분하게 보고 있다는 것에 계속 놀라워한다. 당시 나는 나이로는 열다섯 살이었고 의료 시술로는 늙은이였다.

나는 잔뜩 얼어붙은 채, 조금이라도 움직이면 마비가 올 수 있다는 경고를 듣고 20분 동안 가만히 누워 있다. 나는 이미 걸을 수 없기에 이러한 협박에는 의사들이 바라는 것만큼의 무게가 실리지 않는다. 하지만 의사는 "십대 소녀"들이 작은 통증에도 얼마나 엄살을 부리는지에 대한 여성 혐오적 발언을 했고 나는 그가 틀렸음을 증명해 보이기로 결심한다. 나는 도전을 피하지 않고, 특히 모든 소녀들의 평판을 내 어깨에 짊어졌을 때는 더더욱 그렇다. 그들이 내 몸을 수습해 휠체어에 태워 내보낼 때까지 나는 눈 하나 깜짝 하지 않는다. 나는 그들이 작성하는 치료 연대기의 소품일 뿐이다. 졸림, 뻣뻣함, 화끈거림을 느끼면서 집에 도착한 나는 토하고 만다.

일 년간 매주 목요일 이런 상황을 겪은 후, 나는 다시는 돌아가지 않기로 결심했다. 알고 보니 동의서를 철회하기 위해 누구의 발을 깔아뭉개지 않아도 되었다. 그들이 말해 준 장기 효과에 대한 주의사항과 좀 더 시간을 달라고 한 애원도 아무 의미가 없었다. 맞다, 나는 생존자다. 하지만 그럴 필요가 없다면? 어쩌면 내 몸과 씨름하는 것을 멈추고 결국 내가 장애인임을 인정하면 되지 않는가.

"분명히 후회하실 겁니다." 의사가 내뱉는다. 그는 의료적 결정권을 열여섯 살 아이에게 맡겨서는 안 된다고 내 부모님에게 경고한다. 어쨌든 이런 시술로 바늘에 찔리는 건 내 몸이 아닌가. 동의서에 서명한 건 **그들**이었다. 그 의사에게는, 뭐가 됐든 ― 심지어 수차례 척추에 바늘을 꽂은 후 밤새 토하는 것도 ― 휠체어를 타는 것보다 나은 것이다. 그게 무엇이든 걸을 수만 있으면 그럴 만한 가치가 있다는 것이다.

비장애인들은 내가 실험실 쥐가 되느니 장애인으로 살겠다고 하는 말을 잘 이해하지 못한다. "단 하루 만이라도 걸을 수 있다면 해 볼 만하지 않겠어요?" 그들은 사슴 눈을 하고 나를 설득하려 한다. 내 몸은 비장애인들이 절대 상상할 수 없을 만큼 찔리고 들쑤셔져 왔다. 처음에는 카이엔 페퍼 연고를 다리에 바르는 것부터 시작했다. 효과는 빈달루 커리를 먹고 싶다는 생각이 들게 하는 것 외에는 없었다. 다음은 코르티코스테로이드(부신 피질 호르몬 및 그와 유사한 화학 물질의 총칭 ― 옮긴이)와 오피오이드(아편 비슷한 작용을 하는 진통 마취제 ― 옮긴이)였다. 기억할 수 없을 정도로 너무 많은 약들이 있었고, 그 약들이 남긴 유일한 흔적은 내 장(腸)에 생긴 구멍뿐이었다. 나는 환각제가 무엇인지 온전히 이해하지 못할 나이 때부터 이를 복용했다. 부모님은 우리가 키우던 저먼 셰

퍼드 러스티가 날아가는 것으로 그 약효를 설명해 주셨다. 러스티가 날아가는 것처럼 보이면 내가 환각 상태에 빠졌다는 것이라고 주의를 주셨다. 아빠는 장난으로 러스티를 안고 온 집안을 다니면서 러스티가 하늘 높이 올라가 바람에 털이 휘날리는 것처럼 보이게 만들기도 했다. "또 환각 증상이 나타났니, 딸아?" 아빠는 이미 알고 있다는 미소를 지으며 나에게 물어보곤 했다.

뭐든 말해 보라. 장담하건대 난 이미 다 해 봤다. 부항, 근전도 바이오피드백, 필라테스, 최면 요법, 침술, 정골 치료, 경피적 전기 신경 자극, 경막외 스테로이드 주사, 카이로프랙틱 치료, 생체 전기 요법, 신경 차단, 스포츠 마사지 요법, 거울 요법, 요가, 신경아교세포 변조, 신경가소성 훈련, 그리고 의료계가 분명히 효과가 있을 것이라 장담했지만 가짜 희망에 불과하고 엄청난 액수의 가격표가 달린 이상한 방법들의 목록이 이어진다. 물리 치료는 얼마나 자주 갔는지 치료사가 농담조로 내가 건물 거주자들보다 더 많이 출석 체크하고 있다고 말할 정도였다. 나는 고등학교 시절에 친구들보다 의료진과 더 많은 시간을 보냈다.

엑스레이, 라디오 광선, 감마선 다 찍어 봤다. 방사능 입자를 혈관 주사로 맞기도 했다. 하지만 마블 원작 스토리에 나오는 것처럼 슈퍼히어로의 능력은 얻지 못했다. 한번은 자성관에 들어가 내 장기와 세포들을 기록하는 귀에 거슬리는 쇠사슬 소리를 들어야 했던 적도 있다. 나의 내부까지도 의료계가 던지는 공격적인 시선을 피할 수 없었다. 내 몸의 어느 한 구석도 그들로부터 안전하지 않았다. 다리를 묶고 추를 내 사지에 매단 채 물속으로 던져

진 적도 있다. 그 와중에 그들은 고통이 나에게 **좋은** 것이라고 회유했다. "다 그만한 가치가 있을 거야." 그들은 스톱워치와 클립보드를 들고 나에게 약속한다. 근위축에 대응하기 위해 기계에 묶어 억지로 장애물을 넘게 한 적도 있다(은유 아님). "근육을 안 쓰면 없어진다!" 그들은 이렇게 농담을 던진다.

이 모든 요법들은 **나에게** 행해졌고 가까운 미래에 걷거나 심지어 뛰게 될 것이라는(헉!) 공허한 약속들을 동반했다. 이 "적응" 기간만 잘 넘어가면, 변화가 보일 거라고 의사들은 호언장담하지만 그 기간 동안 내가 겪어야 할 신체적 충격에 대해서는 고려하지 않는다. "삶의 질"이라는 말은 쉽게 주고받는 말이다. 그들이 파는 약은 가짜 희망이다. 점차 늘고 있는 이러한 공격적인 시술의 문제점은 이것이 모두 장애의 의학적 모델에만 기초하고 있다는 데 있다. 다시 말해, 내 몸의 문제점을 고치기 위해 극단적인 노력을 다해야 한다는 가정하에 이루어진다. 의학적 모델은 개인을 문제점으로 인식한다. 그리고 한 몸뚱아리가 다른 인간들과 조화를 이루지 못하기 때문에 결과물이 나올 때까지 찌르고 쑤셔야 한다고 선언한다. 분명히 얘기하는데 이 과정은 평생 걸린다. 의학적 모델은 장애가 선천적으로 타고난 비극이고 무슨 대가를 치러서라도 피해야 할 것이라고 믿는데, 그 대가에는 연간 수천 달러에 달하는 비용과 증폭된 고통이 포함된다. 하지만, 만약 당신이 장애를 입을 만큼 운이 나쁘다면, 에이블리즘의 깨어진 꿈의 대로에서 끝없는 의학적 시술들로 고통받을 수 있다. 여기서 그들이 가정하는 것은 장애인들은 어차피 절망적인 삶을 살고 있으니 장애인들로 하여금 공격적인 치료를 받게 하는 것은 자신들이 해야 할 속죄 행위라는 것이다.[2] 인류가 더 나은 종족이 될 수 있다면 무엇이든 해야 한다.

확실히 해 두자면, 치료받아야 하는 의학적 문제가 있기는 있다. 많은 장애인들이 장애와 함께 살 때 필요한 특정한 측면을 다루기 위해 다양한 의료적 시술을 받을 수 있고 실제로도 받는다. 나 같은 경우, 문제는 의료계가 내 장애 입은 몸을 지탱해 줄 수 있는 의약품을 사용하지 않고 장애를 "극복하기" 위해 점점 더 극단적인 방법을 권했다는 점이다. 장애를 의학적 틀에만 놓고 보면 의학적 측면과 사회적 측면을 함께 고려한 대응 방식 대신에 어쩔 수 없이 의학적 해결책을 제시하는 것에 초점이 맞춰질 수밖에 없다. 나를 검진한 수많은 의사들 중 딱 한 명이라도 장애를 없애려고 하기보다는 장애를 포용할 수 있는 용기를 발휘해 줬으면 얼마나 좋았을까 생각한다. 십대 때 내가 장애를 입은 몸에도 불구하고가 아니라 그 장애 때문에 강인하고 열정적이고 멋진 장애인들을 만났으면 어땠을까 싶다. 다리 한 쪽이 없고 휠체어를 타는 것이 심지어 죽음보다 더 나쁜 운명이라는 거짓말에 속아 넘어가지 말걸 그랬다. 그랬다면 그 긴 시간 동안 육체적 고문을 받지 않아도 되었을 것이다. 그리고 만약 그랬다면 좀더 일찍 내가 장애인임을 포용할 수 있었을 것이다.

---

[2] 한 연구에 의하면, 의사들 중 80퍼센트가 장애인들은 삶의 질이 더 나쁘다고 보고한다. Anita Slomik, "Doctors Share Views on Patients with Disability," *Harvard Gazette*, February 1, 2021, https://news.harvard.edu/gazette/story/2021/02/survey-finds-doctors-have-negative-perception-of-patients-with-disability.

✣ ✣ ✣

장애에 대한 대부분의 이야기들은 태생적으로 부정적이다. 만화책에 등장하는 악당 율리시스 클로(「블랙 팬서」)부터 미스터 글래스(「언브레이커블」), 그리고 닥터 포이즌과 아레스/패트릭 모건 경(「원더 우먼」)(이 세 악당 모두 장애를 입은 것으로 묘사됨. - 옮긴이)을 보면 슈퍼히어로는 장애를 가진 이들이 맡지 않는다는 사실을 일깨워 준다. 심지어 다스 베이더가 어둠의 편으로 전락하는 것도 몸이 흉측하게 변하는 것과 동시에 일어난다. 장애는 두려움, 배척, 악당화의 대상이며 내적으로 존재하는 어떤 악의가 겉으로 드러나는 현상이 된다. 궁극적으로 슈퍼히어로는 장애를 가진 악당을 무찌르고 세상에 규범적 질서를 회복시킨다. 다들 안도의 한숨을 쉰다. 남은 모든 이들은 비장애인이고 그렇기에 "도덕적"이다. 아무리 좋은 의도를 가지고 있는 의사라고 해도 이러한 이야기의 영향에서 자유롭지 못하다. 그건 교회도 마찬가지다.

우리가 마침내 악과 융합되지 **않은** 장애를 묘사할 때도, 마치 아카데미 상을 위한 의상처럼 장애를 걸친 비장애인 배우들이 연기한다.[3] (당신 말이에요, 에디 레드메인.[4]) 사실, 가장 손쉽게 오스카

---

[3] 전체 인구의 25퍼센트가 장애인인데도 장애를 묘사하는 역할은 전체 배역의 2퍼센트밖에 되지 않는다. 이러한 제한적인 배역의 단 5퍼센트만 실제 장애인이 연기한다. 이러한 배역을 맡은 비장애인들은 평단의 찬사와 상을 수여할 기회를 더 많이 얻게 된다. Danny Woodburn and Kristina Kopić, "The Ruderman White Paper on Employment of Actors with Disabilities in Television," Ruderman Family Foundation, July 2016, https://www.rudermanfoundation.org/wp-content/uploads/2016/07/TV-White-Paper_7-1-003.pdf.

를 거머쥘 수 있는 방법은 장애인 연기를 하는 것이다. 마치 우리의 몸이 찬사를 받기 위해 사용되지만 너무 무겁거나 즉흥적이거나 망가지면 쉽게 버려지는 소품처럼 소비된다. 장애는 공감하는 코스프레로는 재구성될 수 없다. 반나절 휠체어를 타 보고 내 삶이 어떠한지 가늠할 수 없다. 대부분의 사람들이 장애인과 관련해서 겪은 경험은 만화 같은 캐리커처 식으로 그려지는데, 비장애인 배우가 장애를 마치 무대 의상처럼 뒤집어쓰고 나오는 꼴이다. "그게 바로 연기라는 거예요." 당신은 이렇게 반박할지도 모른다. 하지만 이러한 관행은 영화에서 묘사되는 "전형적인" 방식으로 나타나지 않는 실제 특정 장애를 과소 진단하게 만드는 것과 관련된다.[5] 장애인 연기는 비장애인들 시선에서 알아볼 수 있는 방식으로 장애를 수행하는 것에 의존한다. 서사는 장애인 등장인물에게 인간성을 부여하는 대신 그 장애인을 둘러싼 다른 인물들의 경험을 토대로 현실을 구축한다. 이는 장애인들이 현실 세계에서 겪는 일로 이어진다. 장애인들은 의료 체계와 매일 길에서 마주치는 낯선 이들에게 과소 진단을 받고, 묵살당하며, "충분히 장애인이 아닌" 것으로 의심받는다(차량관리국 사건을 기억하는가?).

[4] 2014년 에디 레드메인이 영화 「사랑에 대한 모든 것」에서 스티븐 호킹 역으로 오스카 상을 받았을 때, 아카데미 상 남우주연상 후보의 절반 이상이 비장애인 배우가 장애인 역할을 연기한 경우였다.

[5] Sarah Bradley, "TV Is Obsessed with an Unrealistic Portrayal of Autistic People," *Vice*, October 25, 2017, https://www.vice.com/en/article/j5j8zb/tv-is-obsessed-with-unrealistic-portrayal-of-autistic-people.

에이블리즘은 우리 사회가 장애에 대해 전하는 이야기들 속에 너무 편만해서, 이를 듣는 이들은 그 이야기가 사실인지 아닌지 묻지도 않고 믿어 버린다. 장애인 등장인물은 은유적인 존재일 뿐 그 이상도 그 이하도 아니다. 이들은 장애를 입게 될까 두려워하는 비장애인들을 위한 레퍼토리다. 그 장애인 등장인물들은 현실 세계에 존재하는 다면적인 인격을 가지고 있지 않다. 일반적으로, 영화, 대중문화, 그리고 사회에 등장하는 장애인 인물에게 허용되는 두 가지 역할이 있다.

1. **전형:** 악하고 장애를 가진 복수의 신

특징: 우울하고 불안함, 낙담으로 인한 분노 — 그는 인생에서 자기 운명이 불공평하다는 것 때문에 세상에 앙심을 품었어요. (해독: 어쨌든 그는 장애인이잖아요!).

표어: "증오가 네 안에 흐르게 해 봐." 혹은 "나는 괴물이 아니야. 시대를 앞서갈 뿐이지."[6]

목적: 장애는 만화책 악당의 행동 이유와 증상 둘 다의 역할을 한다. 어차피 모든 사람들이 그가 세상에 분노하고 있다고 가정하기 때문에 이에 대해 설명할 필요가 없다. 악당의 장애는 보통 후천적으로 입게 된 것이기에 그의 비극적 배경을 설명할 때 흥미진진한 세부 사항으로 작용할 뿐이다.

6 첫 번째 인용은 「제다이의 귀환」(1983)에 나오는 팰퍼틴 황제의 대사고, 두 번째는 「다크 나이트」(2008) 조커의 대사다.

2. 전형: 고결하고 장애를 극복한 장애인(소위, 슈퍼 장애인)[7]

특징: 많은 인내심, 매력적인 태도, 지나치게 달콤한 미소.

표어: "모든 일에는 다 이유가 있는 거야." 혹은 "진짜 장애는 나쁜 태도뿐이야."

목적: 이 장애인 여자는 당신이 발목을 삔 일이나 깐깐한 상사로 인한 어려움을 극복할 수 있도록 당신에게 영감을 줄 것이다. 이 여자는 "더 불쌍한" 사람의 전형이기 때문에 모든 일에 미소로 행하라고 당신에게 영감을 불어넣는다. 그녀의 성격이 어떤지 대부분 감지할 수 없다. 당신이 적어도 장애인이 아니라는 사실을 상기시켜 줄 경우를 제외하면 말이다.

이런 장애인 캐릭터는 비장애인 작가들이 장애인에 대한 동정심을 투영하는 빈 그릇이 된다. 마치 장애인이 독특한 성품과 영적 선물을 가진 인격체가 아니라 고통의 물체인 양 말이다. 이들에게 장애는 이야기를 완결하기 위한 더 고결한 "목적"에 기여해야지, 그저 신체적 다양성의 한 부분으로 존재해서는 안 된다. 대부분의 서사는 장애를 가진 캐릭터가 이야기의 종결을 요구한다고 우리에게 가르친다. 그들을 낫게 하던지 아니면 죽여 버리라는 것이다.[8] 마치 우리에게 필요한 것이 단지 "달려, 포레스트,

---

7　Joseph P. Shapiro, *No Pity: People with Disabilities Forging a New Civil Rights Movement* (New York: Times Books, 1994), 16.

8　이런 류의 서사적 관행을 보고 싶다면 David T. Mitchell and Sharon L. Snyder,

달려!"와 같은 격려이거나 혼수상태를 유발하는 장애를 떨쳐 내고 자유를 향해 도피하는 복수극인 것처럼 말이다.⁹ 네가 정말 열심히 노력하면 발가락을 움직일 수 있을 거야. (궁금해할까 봐 덧붙이자면, 나도 실제로 이 말을 들은 적이 있다.) 장애는 이미 그 기능을 다했고, 그러기에 버려질 수 있다. 휴! "해결되지 않거나" 의미 없는 장애로 인한 불편함을 관객들이 경험할 필요가 없으니 다행이군. 장애인들을 위한 역할은 비장애인들이 자신을 고귀하다고 느낄 수 있는 각본으로 미리 작성되고 우리의 존재 전부는 그들의 감정적 여행을 위해 이용된다.

　의학계가 나를 치료할 수 없을 때, 이야기는 장애를 극복하는 것으로 전환된다. 극복하는 것은 2차적 대안이다.¹⁰ 이것은 모든 대화에서 장애를 지우는 책임을 나에게 부과하고 그 누구도 내 비틀린 신체를 오랫동안 보지 못하게 하려 애쓴다. 사람들은 내가 얼마나 독서를 좋아하고 동네 세탁소에서 노숙자 친구들과 어울리는지에 집중할 때는 내 장애에 대해서 불편함을 느끼지 않는다. 나는 한 사람이기보다는 순전히 결단력과 의지만으로 장애를 극복한 슈퍼 장애인이라는 하나의 관념이다. 사회적 변화보다 개

Narrative Prosthesis: Disability and the Dependencies of Discourse (Ann Arbor: University of Michigan Press, 2000)을 참고하라.

9 　이 내용은 「포레스트 검프」와 「킬 빌」의 내용을 인용한 것이지만 "장애를 벗어 던지는 것"은 관련 증거가 많은 비유다. "Throwing Off the Disability," TV Tropes, https://tvtropes.org/pmwiki/pmwiki.php/Main/ThrowingOffTheDisability. 2021년 9월 8일 접속.

10 　Eli Clare, *Brilliant Imperfection: Grappling with Cure* (Durham, NC: Duke University Press, 2017), 10.

인적 결의에 초점을 맞추는 것은 변화를 원하지 않는 사람들에게 편리하다.

장애를 가지고 살아간다는 것은 삭제의 삶을 살아가는 것과 같다. 감동 포르노를 제공하는 것 외에 우리가 온전히 구현된 삶을 살 수 있는 공간은 없다.[11] 그렇다. 우리가 우리의 신체적 한계를 "극복"하거나 모든 사람이 대놓고 두려워하는 장애 진단을 받고 살아가면서도 긍정적인 태도를 유지할 때, 우리는 박스 오피스 상위를 달린다. 내가 장애인임을 앞지르기 위해 엄청난 노력을 기울인 것도 다 그런 이유에서였다. 극복이라는 말이 우리 모두가 받은 메시지였다! 내 장애를 낫게 할 수 있는 치료책을 들이대는 낯선 이들의 지나친 오만은 이러한 '죽거나 혹은 낫거나' 하는 환원주의적 서사에 기인한다. 나는 **그런** 이야기의 등장인물이 아니다. 관객들이 자신에 대해 더 만족할 수 있도록 내가 점점 고조되는 슬픔을 연기하며 내 장애를 벗어 던질 생각이 없다. 내 장애에 들어맞는 서사는 없다. 내 장애는 보이기도 하고 보이지 않기도 하고, 공적이지만 사적이고, 크립 타임(crip time: 장애인과 시간 사이의 독특한 관계를 설명하는 용어. 장애인이 여러 일을 수행하는 데 필요한 추가적인 시간이기도 하다. - 옮긴이)의 경계 공간에 존재한다.[12] 내가 걸

11　Maysoon Zayid와 Stella Young이 "감동 포르노"라는 용어를 만들어 냈다. Stella Young, "Inspiration Porn and the Objectification of Disability," TEDx Talks, April 2014, YouTube video, 9:26, https://youtu.be/SxrS7-I_sMQ를 참고하라.

12　크립 타임(crip time)에 대해 더 알고 싶으면 Ellen Samuels's article "Six Ways of Looking at Crip Time," *Disability Studies* 37, no. 3 (2017), https://dsq-sds.org/article/view/5824/4684를 참고하라.

을 때, 내 장애는 또다른 삶에서 얻은 근육의 기억 아래 도사리고 있다. 나는 휠체어에 앉아서 아래에 있는 세계를 경험하는 것이 어떤 느낌인지 안다. 전동 스쿠터를 탈 때, 나는 내 다리가 더 이상 수행할 수 없는 움직임이 어떤 것인지 알고 있다. **발꿈치, 발가락, 발꿈치, 발가락, 발꿈치, 발가락.** 내 몸은 다른 누가 내 장애를 기록하고 있지 않을 때에도 점수를 매긴다. 내 몸은 어떤 이야기에도 존재하지 않는다. 내 몸은 복잡미묘하고 지저분하며, 깔끔한 해결책을 제시하지 않기 때문이다. 내 장애는 역동적이다.[13]

✼ ✼ ✼

우리가 성경을 해석할 때 이러한 장애에 대한 전형을 사용하는 것은 놀랄 일이 아니다. 우리는 더 넓은 사회적 적용(치유)을 고려하지 않고 장애를 제거하는 차원에서 치유 서사를 읽는다(치료). 우리는 모세와 예수님, 그리고 바울에 대해 이야기할 때 그들이 가지고 있던 장애는 생략한다. 우리는 학자들이 삭개오가 소인증이었을 것이라고 생각한다는 것을 알고 놀라게 된다. 우리는 신성화된 상상력으로 장애를 완전히 지워 버렸기 때문이다.[14] 예수

---

[13] 이 생각에 대한 더 많은 정보를 얻고 싶다면 Brianne Benness, "My Disability Is Dynamic," *Medium*, December 8, 2019, https://medium.com/age-of-awareness/my-disability-is-dynamic-bc2a619fcc1을 참고하라.

[14] Amos Yong, "Zacchaeus: Short and Un-seen," *Christian Reflection: Disability* (2012): 11–17, https://www.baylor.edu/content/services/document.php/188193.pdf.

님이 하신 말씀과 다르게 우리는 죄와 장애를 동급으로 여긴다. 하지만 성경에서 장애가 항상 치료되거나 제거되는 것은 아니다. 장애는 축복, 계시, 그리고 공동체의 예언자적 증인의 역할을 한다. 심지어 서사의 결정적인 시기에 장애를 입은 야곱의 경우에 장애는 언약의 표징이 된다. 야곱의 장애는 극적인 변화의 촉매제 역할을 한다.

장애를 입은 야곱의 이야기는 이상한 이야기다. 야곱과 그의 쌍둥이 형 에서가 사이가 좋지 않았다는 사실을 기억할 것이다. 아마 야곱이 에서를 속여 첫아들이 받는 추가적인 유산인 장자권을 팥죽 한 그릇으로 빼앗았기 때문일 것이다. 장자권을 교환할 정도의 여러 물건들 중에서 이건 다소 실망스럽다. 팥죽이 얼마나 아까운가. 아니면 야곱이 마마보이였던 것과 관련 있을 수 있다. 혹은 야곱이 아버지 이삭을 속여 에서가 받을 축복을 가로챘기 때문일 수도 있다. 야곱은 염소 가죽을 쓰고 교묘하게 위장했다. 그는 역대급(GOAT: Greatest Of All Time, 약자/염소라는 뜻으로도 쓰임 - 옮긴이)이 아니다.

이 모든 거짓과 속임수에 반응하여 에서는 야곱을 죽이겠다고 맹세한다. 솔직히 말해서 누가 그를 탓할 수 있으랴? 이 둘의 관계는 다른 모든 형제간 다툼을 재미없고 시시하게 만든다. 그래서 야곱은 에서의 분노가 가라앉을 때까지 삼촌 라반의 집에서 기다리기로 한다. 20년이 지나 야곱은 두 아내와 아들 열한 명을 데리고 가나안 땅으로 돌아간다. 우리는 그런 그를 창세기 32장에서 만난다.

밤에 일어나 두 아내와 두 여종과 열한 아들을 인도하여 얍복 나루를 건널새 그들을 인도하여 시내를 건너가게 하며 그의 소유도 건너가게 하고

야곱은 홀로 남았더니 어떤 사람이 날이 새도록 야곱과 씨름하다가 자기가 야곱을 이기지 못함을 보고 그가 야곱의 허벅지 관절을 치매 야곱의 허벅지 관절이 그 사람과 씨름할 때에 어긋났더라. 그가 이르되 날이 새려 하니 나로 가게 하라

야곱이 이르되 당신이 내게 축복하지 아니하면 가게 하지 아니하겠나이다

그 사람이 그에게 이르되 네 이름이 무엇이냐

그가 이르되 야곱이니이다

그가 이르되 네 이름을 다시는 야곱이라 부를 것이 아니요 이스라엘이라 부를 것이니 이는 네가 하나님과 및 사람들과 겨루어 이겼음이니라

야곱이 청하여 이르되 당신의 이름을 알려 주소서

그 사람이 이르되 어찌하여 내 이름을 묻느냐 하고 거기서 야곱에게 축복한지라

그러므로 야곱이 그곳 이름을 브니엘이라 하였으니 그가 이르기를 내가 하나님과 대면하여 보았으나 내 생명이 보전되었다 함이더라 그가 브니엘을 지날 때에 해가 돋았고 그의 허벅다리로 말미암아 절었더라 그 사람이 야곱의 허벅지 관절에 있는 둔부의 힘줄을 쳤으므로 이스라엘 사람들이 지금까지 허벅지 관절에 있는 둔부의 힘줄을 먹지 아니하더라(창 32:22-32)

이것이 믿기 어려운 본문임을 인정한다. 야곱의 허벅지를 부러 뜨린, 씨름하는 천사라니, 주일학교에서 부직포 칠판에 붙여 가며 할 이야기는 아니다. 하지만 이 본문은 어떻게 장애가 축복이 되고 하나님과의 언약적 관계를 나타내는 표식이 되는지에 대해 많은 것을 가르쳐 준다. 여기에서 두 가지 변화가 일어나는데, 곧 이름의 변화와 신체적 변화다. 이 둘 다 야곱을 향한 하나님의 축복과 언약의 상징을 나타낸다.

이름은 오늘날 우리에게 예전과 같은 의미를 부여하지 않는다. 나는 정말이지 이름을 잘 외우지 못한다. 겸손을 떨자고 하는 이야기가 아니다. 이름은 내 정신적 공간에 딱 들어와서 붙어 있지 않는다. 내 뇌는 테플론(음식이 들러붙지 않도록 프라이팬에 칠하는 물질 – 옮긴이)이다. 팬데믹 시대에 삶이 줌(Zoom)으로 전환되면서 멋진 놀라움을 선사했다. 화면에 이름이 명확히 표시되어 있기 때문에 내가 여러 번 인사를 나누었던 가까운 직장 동료를 뭐라고 불러야 할지 몰라 난처한 상황을 피할 수 있었다. 하지만 고대의 이름은 사람들을 그들의 혈통과 연결시키고 평판을 부여했다. 성경에서 누군가에게 새로운 이름을 부여하는 것은 언제나 중요하고 소셜 미디어에서 이름을 바꾸는 것보다 훨씬 더 큰 의미가 있다. 이름을 새로 부여하는 것은 앞으로 맺게 될 하나님과의 관계를 위한 기대치를 묘사하는 것으로 그 가치가 있다. 시간이 지나면서 사람들은 자신이 어떤 사람이 될 것인지에 대한 약속인 것처럼 그 이름에 걸맞게 성장한다. "당신의 이름은 무엇입니까?"라는 질문은 오늘날의 맥락에서 "당신은 어떤 사람입니까?"

혹은 "당신의 가치는 무엇입니까?" 아니면 "당신은 어떤 사람이 되어 가고 있습니까?"라고 번역할 수 있다.

야곱의 씨름 이야기가 등장하기 전, 성경에서 몇 장 앞으로 가 보면, 야곱의 아버지 이삭이 축복할 때 야곱에게 그의 이름을 물어본다. 야곱은 거짓말을 했고 자신이 에서라고 주장한다. 야곱은 그 이름만이 노다지판을 쟁취할 수 있는 기회라는 것을 알고 있었기에 주저함 없이 그 이름을 사용한다. 천사와 씨름할 때, 천사가 그의 이름을 묻자 야곱은 진짜 자기 이름을 고한다. 이것은 자기 고백이다. 야곱은 자기 이름에서 드러나듯 남을 음해하고 모사를 꾸미는 사기꾼이라고 자신을 인정한다. 우리는 그의 이름이 쌍둥이 형 에서의 발꿈치를 잡고 태어난 것에서 비롯되었다고 배웠다. 이것은 야곱이 비열한 거짓말쟁이임을 나타낸다. 자신을 야곱이라고 부르는 것은 자신이 사기꾼임을 인정하는 것과 같다.

이전까지 야곱은 항상 에서의 장자권, 이삭의 유산, 라반의 양 떼와 같은 **물질**을 원했다. 하지만 이제는 **정체성**, 곧 이름을 원한다. 사기꾼이라는 딱지 외에 다른 무언가를 말이다. 야곱은 다른 사람인 척하며 사는 삶이 아니라 진짜 자신이 누구인지 인정하고 싶어 한다. 아마 하나님과 씨름한 이스라엘이 되어 가는 과정에 있지만 여전히 야곱의 성향을 어느 정도 가지고 있을 것이다. 우리 역시 우리가 인정하고 싶은 것보다 더 자주 이런 경험을 해 봤을 것이다. 우리는 절실하게 예수님을 닮고 싶어 하지만, 누군가 고속도로에서 우리 차선 앞에 끼어들면 우리는 자신의 가장 옹졸한 모습을 드러내게 된다. (나만 그런가?) 야곱처럼 우리도 여전히 우리가 원래 되어야 하는 모습으로 거듭나는 과정 중에 있다. 그리고 우리가 믿는다고 고백하는 것을 삶으로 선포하는 과정 중에 있다. 야곱의 새로운 이름조차 절대 완성할 수 없는, 계속 진행되는 과정을 내포하고 있다. "하나님과 씨름하는 자"가 되는 것은 행동과 긴장감, 그리고 앞으로 있을 씨름을 시사하며, 도착이나 완성을 뜻하지 않는다.

여기서 또 다른 주요한 변화는 야곱의 허벅지 관절이다. 말 그대로 허벅지 관절이다. 본문에서 이것은 약함이나 형벌의 표식이 아니다. 새로운 이름과 새롭게 절게 된 다리는 하나님의 축복과 언약의 상징이다. 절게 된 다리는 야곱의 힘과 지치지 않는 결단력의 배지(badge)로, 그가 싸웠고 인내했으며 밤새 놓지 않았다는 사실을 기억하게 한다. 라이오넬 리치(Lionel Richie: 미국 싱어송라이터. 4년간 네 번이나 목 수술을 받았음 – 옮긴이)도 자랑스러워했을 것이다. 다리를 저는 것은 하나님이 변화를 만들기 위해 씨름으로 초청하신다는 예언자적 증인의 징표다. 심지어 이 씨름을 시작하시는 분은 하나님이시다! 다리를 절게 된 것을 형벌이라고 치부하는 것은 본문 내용의 핵심을 완전히 놓치는 것이다. 아마 장애를 형벌처럼 여기는 내부화된 서사를 통해 이러한 결론에 닿게 되었을 것이다. 씨름을 통해 이야기의 이 지점에 오기까지 우리가 보지 못했던 야곱에 대한 무언가가 드러난다. 야곱은 투사다. 거기에다 그는 아주 끈질기다. 그리고 생존자다. 어쩌면 야곱도 데스티니스 차일드 노래를 부르면서 마음을 가다듬었을지도 모르겠다. 끝까지 천사를 붙잡고 천사가 축복해 줄 때까지 놓아

주지 않는다. 이 씨름은 그의 새로운 정체성이 된다. 즉, 하나님을 앞지르려 하지 않고 하나님과 함께 애쓴 자가 된다.

창세기 32장에서 앞쪽을 조금 살펴보면 야곱이 하나님께 구해 달라고 요청한 일이 이번이 처음인 것을 알 수 있다. 야곱은 천사가 나타나기 바로 직전에 자신을 구해 달라고 기도한다. 야곱은 형이 자신을 죽이겠다고 한 맹세를 충실히 이행할 것 같아 두려움에 사로잡힌다. 그래서 자신의 사기꾼과 같은 삶의 결론으로부터 자신을 구해 달라고 아버지의 하나님께 부르짖는다. 하나님의 구원 방식은 야곱을 이스라엘로 변화시키기 위해 밤새도록 씨름하는 것이다. 야곱은 도와 달라고 기도했을 때 천사와 물리적으로 씨름하는 장면을 떠올리지는 않았을 것이다. "하나님, 내 허벅지 관절을 치소서"라는 문구가 "그가 나보다 크도다"(HE)i)라고 쓴 범퍼 스티커 옆에 붙어 있을 가능성은 요원하다. 그러나 이것이, 당신이 이것으로 장사를 할 수 있든 없든, 하나님이 야곱에게 회복되는 치유를 가져다주신 방식이다.

이 신성한 만남은 야곱의 이름과 신체적 특징을 바꾸는 것에 그치지 않고 그를 치유하고 그의 관점을 변화시킨다. 이전에 야곱은 다른 이들의 평판, 유산, 양 떼를 가로채기 위해 온갖 권모술수를 부릴 준비가 되어 있었다. 형에게 사기를 치고 아버지께 거짓말했으며 삼촌을 속인 것이 무슨 대수인가? 이것이 야곱이 믿고 간구한 대로 건강함과 부로 가득한 편안한 삶을 얻기 위해 치른 대가다. 그는 물질적 소득을 통해 자신의 부를 축적한다. 32장에는 야곱이 소유한 염소(220마리), 낙타(30마리), 소(40마리)

가 얼마나 많은지 구체적으로 적혀 있다. 안락한 삶이 보장되었다! 외적인 기준으로 볼 때 야곱은 최상의 삶을 살고 있었다. 무일푼으로 가나안을 떠나 두 떼나 되는 물질과 수행원을 대동하여 돌아오다니, 이는 인스타그램을 도배할 만하다. 야곱은 이 모든 것을 자신의 성실함과 권모술수로 얻어 낸 것이라 믿었다. 그는 하나님이나 하나님의 섭리가 필요하다고 생각하지 않았는데, 이 생각은 오늘날에도 비장애인들 사이에 흔히 나타나는 독립성에 대한 우화를 드러낸다. 야곱은 우리 중 많은 이들과 마찬가지로 결핍의 신화, 즉 우리 자신의 성공을 이루기 위해 일중독의 무한 경쟁을 지속해야 한다는 거짓 속에 살아가고 있다.

씨름을 벌이기 전에, 야곱의 믿음은 변덕스러운 충성심 같았는데 야곱은 하나님이 도와주시지 않을 상황을 대비하여 자신이 가진 보험 증서에 매달린다. "확실히 하나님이 축복하시겠지. 하지만 내가 원하는 삶을 살기 위해서는 염소 가죽을 뒤집어쓰고 아버지를 속여야 해." 야곱은 혼잣말을 한다. 야곱은 장애인이 되기 전까지 하나님이 어떤 분이신지, 그분의 축복이 어떻게 기능하는지 온전히 이해하지 못한다. 추측해 보건대, 야곱이 축적한 모든 부는 야곱을 만족시키지도, 형과의 관계를 회복시키지도 못했을 것이다. 그는 끊임없이 더 많은 것을 갈망한다. 한 명의 배우자, 두세 명의 아들, 소박한 가축 떼로 그치지 않는다. 그는 자신의 불안정함의 구멍을 메우기 위해 계속해서 더 많은 것을 취하고, 취하고, 또 취한다. 하나님께 온전히 의지해야 할 필요성을 뛰어넘어 더 많이 벌어들이고 앞서가기 위해 자신의 방식을 고수한다. 그는 자신의 순자산이 자신을 가치 있게 만든다고 믿는다. 그는 마침내 자신이 모사꾼이라는 사실을 인정하고 극단적 독립성이라는 악순환에서 자신을 구원해 달라고 아버지의 하나님께 부르짖는다. 결국 모든 것을 해결하려는 노력을 멈추고, 살아 계신 하나님께 온전히 의존하는 법을 배운다.

"나를 구원하소서!" 야곱은 애원한다. 이때 천사가 등장해서 씨름할 태세를 갖춘다. 싸움판을 즐길 준비를 합시다!(Let's Get Ready to Rumble!: 전설적인 복싱 링 아나운서 마이클 버퍼가 한 멘트 - 옮긴이)

이것이 다소 가혹하다고 생각하기 쉽다. 천사가 꼭 야곱과 **싸워야** 하는가? 이 천사는 도대체 무엇이 문제인가? 야곱의 허벅지 관절을 꼭 골절시켜야만 하는가? 이는 우리가 씨름해 보아야 할 타당하고 중요한 질문들이다. (내가 꽤 위트 있게 표현하지 않았는가?) 하지만 우리가 이러한 질문들에 대한 답에만 초점을 맞추면 우리는 이 본문이 주목하는 바를 놓치게 된다. 이 씨름은 야곱을 위한 치유의 변화를 만들어 낸다. 하나님의 섭리는 더 많은 물질도 아니고 심지어 육체적 건강도 아니다. 절망 중에 있는 야곱과 씨름하시기 위해 기꺼이 나타나신 하나님의 존재다. 이 씨름으로 야곱은 장애를 입고, 처음으로 이 이야기에 그가 변화되고 치유받는다는 신호가 나타난다. 다음 장에서 야곱은 회개의 눈물을 흘리고, 한때 자신에게 소중했던 모든 재산을 관대하게 에서에게 내놓는다. 야곱이 가족에게 사기를 쳐서 얻어 낸 재산 말이다. 그는 마침내 모든 사기 행각을 접고 섬기기 시작했다. 겸손해진 야곱은 자신을 에서의 종으로 칭하고 간청한다. "야곱이 이르되 그렇지 아니하니이다 내가 형님의 눈앞에서 은혜를 입었사오면 청하건대 내 손에서 이 예물을 받으소서 내가 형님의 얼굴을 뵈온즉 하나님의 얼굴을 본 것 같사오며 형님도 나를 기뻐하심이니이다 하나님이 내게 은혜를 베푸셨고 내 소유도 족하오니 청하건대 내가 형님께 드리는 예물을 받으소서"(창 33:10-11).

이때까지 우리가 알았던 사기꾼이자 모사꾼에서 다른 사람으로 변화된 야곱은 에서가 하나님의 형상을 지닌 자이며 자기에게 하나님의 얼굴을 비추는 사람이라고 선포한다. 장애를 입게 된 이 만남을 통해 야곱은 형과의 경쟁에서 치유받았고 여태껏 자신을 흔들어 왔던 형제간 다툼을 끝맺게 되었다. 복을 빼앗지 않고 오히려 퍼 주게 된다. 물질적 소유물을 비축하지 않고 나눠 준다. 그는 드디어 모든 것을 자기 스스로 해야 할 필요가 없음을 믿게 되고 하나님의 대리인과 붙어 장애를 입게 된 일조차 하나님의 "은혜"라고 묘사한다. 야곱이 결국 되어야 했던 이스라엘로 변화하고 있다는 느낌을 확실히 가질 수 있다. 그는 자신이 경멸했던 자들 안에 계신 하나님을 증언하는, 용서하고 겸손하며 관대한 사람, 곧 다리 저는 이스라엘이다.

야곱이 그랬듯 우리도 다리를 절게 된 것을 은혜로운 축복으로 해석해야 한다. 야곱은 더 이상 애를 쓰거나 사기를 치거나 사치품 코스프레를 해서 축복을 얻을 필요가 없다. 이제 무대 의상을 벗어 던지고 다리를 절며 지팡이에 의지함으로써 자신이 하나님과 씨름했음을 모두에게 보여 줄 수 있다. 자신이 누구인지 더 이상 숨길 수 없다. 그 대신, 이야기는 기꺼이 야곱과 씨름하시고 그를 더 관대하고 겸손한 사람으로 변화시키신 하나님이 나타나시는 방식을 보여 준다. 사악한 계략을 세우는 것으로부터 자유로워진 야곱은 하나님을 신뢰하는 법을 배운다. 그렇다면 믿음은 밤새 씨름하고 다리를 절게 됨으로 치유된 것에서 비롯된다고 할 수 있다.

히브리서 11장은 구름같이 허다한 증인들 가운데 야곱을 묘사하면서 다음과 같이 말한다. "믿음으로 야곱은 죽을 때에 요셉의 각 아들에게 축복하고 그 지팡이 머리에 의지하여 경배하였으며"(21절). 야곱의 믿음에 관한 묘사에는 그가 경배하는 모습, 지팡이 머리, 그리고 다음 세대를 축복하는 것이 들어 있다. 나에게 이 이미지는 매우 소중하다. 내 장애 입은 몸을 비장애인들에게 영감을 주기 위해 꼭 완치되거나 없애야 하는 것이 아니라 치유의 과정으로 바라볼 수 있게 하기 때문이다. 온유한 요다(Yoda: 스타워즈 시리즈의 등장인물. 지혜와 예지력으로 제다이들에게 막대한 영향을 주었음. - 옮긴이)와 같은 인물이 지팡이를 짚고 다음 세대에게 지혜를 전수하는 모습을 상상해 본다. "내 키로 나를 판단하는구나, 그렇지?" 야곱의 믿음은 지팡이에 기대어, 사기꾼에 대한 세상의 정의(definition)는 충족시키지 못했지만, 단순히 경배하고 다른 이들을 축복한 것만으로도 믿음의 전당에 입성한 것처럼 보인다. 야곱의 저는 다리는 이러한 변화의 순간을 상기시키는 아름다운 표식이 된다. 야곱을 치료하거나 제거하지 않고, 성경은 살아 계신 하나님의 은혜에 야곱을 묶는 것으로 장애를 소개한다.

✱ ✱ ✱

수년간 다리를 절며 나는 많은 것을 배웠다. 지팡이를 쓰고 휠체어에 타는 것은 내가 누구며 하나님은 누구신지에 대한 또 다른 관점을 갖게 했다. 이동 보조 기구를 사용하는 것에는 비장애인들은 이해하기 어려운 자유가 있다. 발로는 갈 수 없는 곳에 무언가에 내 몸을 지탱해서 갈 수 있다는 것에 안도감을 느낀다. 많은 장애인 활동가들이 선언하듯, 휠체어는 자유를 의미한다. 훨씬 더 용이하고 능동적으로 세상을 돌아다닐 수 있게 해 주기 때문이다. 우리는 휠체어가 우리를 얽맨다고 여기지 않는다. 우리의 이동성과 개성을 도와주기 때문이다. 두 발로 가는 것보다 휠체어에 탔을 때 나는 더 빠르고 민첩하게 움직일 수 있다. 거기에다가 휠체어를 타면 훨씬 덜 아프기도 하다. 내가 지팡이를 짚거나 휠체어를 타면 모든 사람이 내가 장애인임을 알 수 있기에 해방감도 느끼게 한다. 이것들을 통해 내 장애가 눈앞에 드러나고 사람들에게 용납된다. 그리고 이것은 나의 이야기를 모르는 사람들에게 내 일상의 보이지 않는 조각들을 보여 주는 창문이다.

이동 보조 기구를 사용하는 것은 내 몸의 한계를 인정하고 나 혼자서 모든 것을 할 수 없으며 이것이 결코 수치스러워할 일이 아님을 선포하는 것이기에 자유가 있다. 사실 에니어그램(Enneagram: 사람을 9가지 성격으로 분류하는 성격 유형 이론 - 옮긴이) 1번 유형 '개혁가'인 나를 이 진리가 자유롭게 해 준다. 우리 중 그 누구도 혼자서 할 수 없다. 우리 모두는 생존을 위해 서로에게 의존해야 한다. 어느 쪽과 상호 의존하는 것이 사회적으로 더 수용되는지 우리가 단체로 결정했을 뿐이다. 내가 아는 대부분의 사람들이 커피를 마시지만, 내가 아는 사람들 중 커피 원두를 직접 재배해서 갈아 마시는 사람은 거의 없다. 내가 아는 모든 사람은 옷을 입지만, 내가 아는 한, 옷 전부를 만들어 입는 사람은 없다. 사람들은 안경을 쓰고 렌즈를 끼지만, 그것들이 어떻게 만들어지는지 알지 못하고, 기도하는 가해자들이 그들을 고쳐 주겠다고 달려들지도 않는다. 내가 아는 많은 사람들이 아이폰을 쓰지만, 내가 아는 사람들 중 스마트폰 기술을 만든 사람은 없다. 이런 예시들은 내가 속한 문화적 문맥에 기반을 두고 있지만, 요점은 우리가 인정하든 안 하든 우리 모두가 상호 의존 망에 연결되어 있다는 것이다. 다만 상호 의존성의 어떤 형태는 규범적이라고 여겨지는 반면에 또 어떤 형태는 비극으로 받아들여진다. 장애를 입은 우리는 상호 의존성을 습관적인 관행으로 받아들이며 그 과정에서 우리의 몸을 악한 것으로 묘사하지 않는 법을 이미 알고 있다.

우리 장애인들은 생존을 위해 우리 자신 외에 다른 무언가에 의존해서 산다는 것이 어떤 것인지 알고 있다. 그리고 모든 세상을 운영하는 체계, 곧 자본주의, 의료 서비스, 경제, 이 모든 것이 우리와 함께, 그리고 우리를 위해 구축되지 않았다는 것도 알고 있다. "우리를 빼놓고 우리 이야기를 하지 말라!" 장애인 권리를 신장하기 위한 우리의 슬로건이다. 너무 많은 시스템이 우리를 배제하기 때문이다. 우리는 대부분의 비장애인들과 달리 이러한 어둠의 세력으로부터 아무런 혜택을 얻지 못하고, 그렇기에 시스템은 우리를 거부한다. 하지만 진실은 우리가 그 누구도 번영하지 못하게 만드는 독립성과 일중독의 속박으로부터 자유롭다는 것이다. 우리는 우리의 가치를 증명하거나 우리 주변 다른 이들보다 더 많은 부를 축적하지 않아도 된다(당신을 염두에 두고 하는 말이에요, 야곱). 우리는 독립성이라는 신화의 다른 편에 살고 있다. 우리가 시스템을 구식으로 만들고 무력화하기 때문에 우리는 시스템을 위협한다. 우리는 다름의 얼굴이라고 할 수 있다. 우리는 우리의 몸으로 시스템이 변덕스러운 쇼일 뿐이라 선포하고 이에 참여하기를 거부한다. 우리는 하나님을 찬양하기 위해 우리의 몸에 의존하지 않지만, 상호 의존성을 인정하기 때문에 하나님이 어떤 분이신지에 대한 더 깊은 이해가 있다.

우리의 고통조차 기도가 된다. 우리는 항상 죽음과 질병의 언저리에 살고 있기 때문에 이 둘을 두려워하지 않는다. 우리는 죽음을 응시했고 죽음이 우리를 이길 수 없음을 선포해 왔다. 우리는 우리가 흙에서 나와 언젠가 흙으로 돌아갈 것이고 그날은 우리가 계획한 것보다 더 빨리 다가올 수도 있음을 선포한다. 하지만 우리의 몸은 하나님이 약간의 흙으로 무엇을 하실 수 있는지를 드러낸다. 내 몸은 에이블리즘적인 사회가 우리의 손에 쥐어 주는 문화적 각본을 거부한다. 그리고 그렇기 때문에 내가 장애를 갖고 있음에 감사한다. 이 진리를 배우기까지 너무 오랫동안 내 몸이 고문을 받은 것이 안타까울 따름이다.

하나님은 생산성이나 독립성이 아니라 변혁적 관계를 갈망하신다. 하나님은 야곱이 성공을 이루거나 보험 증서 같은 믿음을 가지고 공허한 충성 맹세 하는 것을 원하지 않으신다. 그 대신 하나님은 야곱이 다리 저는 법을 배울 수 있게 기꺼이 씨름하셨다. 그것이 우리가 기대하는 것과 다른 모습으로 나타난다 할지라도 하나님은 변화와 치유를 추구하신다. 호세아는 이 씨름을 언급하면서 야곱이 천사를 만나 울었다고 이야기한다(호 12:2-5). 이는 십자가의 고통을 피하게 해 달라고 애원하시며 이 잔을 옮겨 달라고 땀이 핏방울같이 되도록 기도하신 예수님을 떠올리게 한다. 예수님은 괴로움 중에 계신다. 야곱의 이야기처럼, 한 천사가 나타나 예수님께 힘을 북돋아 주었다. 야곱과 마찬가지로 예수님의 몸은 구원의 장애 표식을 지니고 계신다.[15]

첫 번째 성육신에서, 이스라엘은 장애를 입었고, 야곱은 하나님과의 씨름으로 인해 신체적 표식을 얻었다. 그 이후 세대는 고기를 먹을 때 허벅지 관절을 먹지 않는 것으로 이 장애 언약에 상징적으로 참여한다. 이는 그들에게 주어진 율법 중 하나가 아니었다. 장애 입은 그들의 지도자가 언약을 맺었던 순간에 그들도 참여하기로 선택한 것이다. 가축을 잡을 때마다 그들은 이런 식으로 구현된 관행을 통해 야곱의 장애를 떠올리게 된다. 오늘날 우리도 같은 방식으로 주님의 만찬에 참여한다. 떡을 떼고 잔을 드는 것으로 우리는 예수님의 장애 입은 몸을 기억한다. 씨름 중에 있을지라도 우리는 파벌들을 합치고 하나님의 은혜 안에 우리

---

15 Martin Albl, "'For Whenever I Am Weak, Then I Am Strong': Disability in Paul's Epistles," in *This Able Body*, ed. Hector Avalose, Sarah J. Melcher, and Jeremy Schipper (Atlanta: Society of Biblical Literature, 2007), 149를 참고하라.

의 신뢰를 깊이 더함으로 십자가에 참예한다. 만찬은 우리 자신만을 위해 먹을 것을 쌓아 두는 것을 잊고 우리 **모두**가 함께 먹고도 남을 만한 풍성함이 있음을 깨닫는 자리다. 이곳에서 우리는 야곱의 기질을 가지고 있더라도 우리가 어떤 자였든지 간에 하나님이 우리 모습을 부끄러워하지 않으신다는 것을 깨닫게 된다. 여기에서 우리는 구원을 향해 하나님과 함께 다리를 절며 갈 수 있다.

 언약과 십자가, 이 둘 다 장애로 그 표식을 얻었다. 야곱은 우리에게 이것이 성경에서 장애가 기능하는 방식임을 상기시킨다. 장애는 구원으로 가는 길에 하나님으로부터 오는 축복의 한 부분이다. 이것이야말로 교회가 전해야 하는 장애 이야기다. 이 이야기는 장애가 다음 세대가 자발적으로 참여하는 축복임을 선포한다. 장애가 자비하신 하나님과 맺은 언약의 구원을 상징하기 때문이다. 우리는 에이블리즘의 잔여물로 포장되지 않은 전형과 치유를 표현할 수 있는 새로운 언어가 필요하다. 우리는 우리를 고난과 죄의 범주 안에 넣지 말고, 우리가 가진 모든 복잡성 안에서 존재할 수 있게 하는 장애에 관한 새로운 이야기를 해야 한다. 장애가 하나님의 축복이 될 수 있음을 전하는 이야기를 하기 시작해야 한다. 그렇게 되면 우리는 치유된다는 것이 어떤 의미인지 알 수 있게 될 것이다.

묵상과 적용

▸ 당신이 시청하는 것들을 생각해 보라. 영화, 대중문화, TV 프로그램에서 장애인이 악당으로 나오거나 하나의 비유로 전락되지 않은 예시를 찾아보라. 우선 「크립 캠프: 장애는 없다」 (Crip Camp: A Disability Revolution, 2020)나 「피넛 버터 팔콘」 (The Peanut Butter Falcon, 2019)을 추천한다. 친구들을 초대해 함께 시청하고 감상을 나눠 보라.

▸ 성경에 나오는 장애 서사를 되짚어 보라. 장애가 축복이고 야곱을 위한 언약의 표식임에 놀랐는가? 당신이 성찬식에 참여할 때 어떤 방식으로 장애를 기념할 수 있겠는가? 어떻게 이 이야기의 일부로 장애를 회복시켜 당신의 공동체에서 장애인들이 가진 예언자적 증인의 역할을 기념할 수 있겠는가?

▸ 이 장에서 다루었듯이 야곱의 장애를 축복이자 언약의 표식으로 기념하기 위해 아무 매체나 스타일을 사용하여 예술 작품(시각적, 음악적, 시적, 움직임)을 만들어 보라. 이러한 작품이 당신의 공동체에서 어떻게 변화를 주도할 수 있겠는가? 축복이 된 야곱의 장애에 대한 모든 이들의 반응을 나눌 수 있는 (디지털) 미술 전시회를 주최해 보라.

"나는 당신이 어떤 기분인지 알아요" 상위 10가지

사람들은 내 장애에 공감한답시고 다음과 같은 말들을 한다.

10. 내 친구/사촌/직장 동료/바리스타가 장애인이에요. … 그래서 당신이 어떤 기분인지 알아요.
9. 주말 내내 파티 하느라 완전히 녹초가 되었어요. … 그래서 당신이 어떤 기분인지 알아요.
8. 3학년 때 발목을 삐끗한 적이 있어요. … 그래서 당신이 어떤 기분인지 알아요.
7. 나도 하루 종일 걸으면 진이 다 빠진다니까요.
6. 한번은 발톱이 살을 파고들어 빼낸 적이 있어요. 그래서 당신이 의사들에 대해 어떻게 느끼는지 알아요.
5. 무릎이 나가서 6주 내내 물리 치료를 다녀야 했어요.
4. 출산 후 휠체어에 실려 나간 적이 있어요. 그래서 휠체어를 사용하는 것이 얼마나 어려운지 알아요.
3. 우리 모두 어느 정도 장애를 갖고 있지 않나요?
2. 우리 모두 나름의 십자가가 있어요. 그건 당신이 져야 하는 십자가일 뿐이에요.
1. 나에게도 당신이 겪고 있는 어려움이 조금 있는 것 같아요.

6. 장애 모기
장애를 부정적인 은유로 사용할 때

"당신은 너무 예민해요." 그는 마치 파리를 쫓듯이 말했다. 우리는 장애에 대한 은유가 너무 많이 사용된 대화를 재생해 보고 있었다. 우리는 각자 비슷하게 오고 간 다채로운 말들을 떠올렸지만 서로 다른 색채를 가진 대화로 기억한다. 그가 기억하는 건 모두 즉각적인 폭발이다. 그가 기억하기로, 자신이 딱 한 단어, 그것도 사전에 실려 있는 말 한마디만 잘못했을 뿐인데 내가 바로 폭발했다고 한다. 그는 사전을 확인해 보고 자신이 한 말은 그 단어의 두 번째 의미였기에 사용해도 괜찮은 단어라고 말한다. 내가 장애를 은유로 사용하지 말라고 한 것이 그에게 얼마나 큰 수치심을 느끼게 했는지 모른다며 그는 의기소침해졌다. 보아 하니, 내가 장애에 대해 너무 예민할 뿐만 아니라 그 예민함으로 다른 이들을 불편하게 만들고 있었다. 그는 설교를 하면서 그런 기준을 지키는 것은 너무 과중한 문제라며 심란해했다. 그는 이렇게 덧붙였다. "게다가, 복음은 **원래** 불쾌함을 조성하게 되어 있다고요."

이날에 대한 나의 기억은 즉각적인 폭발이었다기보다는 오히려 폭발을 앞둔 화산처럼 점차 압력이 고조되는 것과 같았다. 삭개오의 치유에 대해 토론하던 중, 나는 장애를 은유로 사용하는 이 큰 난제를 어떻게 다루어야 할지에 정신이 팔려 있었다. 나는 은유의 미로에서 길을 잃은 채, 한 세리가 돌무화과나무에 올라갔다가 자신의 재산 절반을 가난한 자들에게 나눠 주겠다고 한 이야기를 토론하는 장에 더 이상 존재하지 않았다. 마치 찰리 브라운의 세상에서 어른들이 말하는 방식과 같다. "어쩌고 저쩌고"라고 말할 뿐 본질이 없다. "어쩌고 저쩌고 **제 기능을 못하는**(crippling) 어쩌고 저쩌고 **무기력하게 하는**(paralyzing) 어쩌고 저쩌고 **눈을 뜰 수 없는**(blinding) 어쩌고 저쩌고."(crippling: 불구의; paralyzing: 마비가 온; blinding: 맹인의; 세 단어 다 장애를 뜻하는 의미를 첫 번째로 가지고 있고 다른 은유적인 의미로도 사용된다. - 옮긴이)

첫 번째 불꽃, 나는 이것은 내버려 둔다. 장애는 약함을 표현하는 은유가 아니지만 언어 경찰 역할을 하고 싶지는 않다. 두 번째 충돌에서는 내 턱이 뻣뻣해지지만, 끓어오르는 분노를 털어 낸다. 삭개오의 예시가 우리 공동체에서 교회가 배상하도록 어떻게 독려하는지에 대해 논의하고 싶을 뿐이지, 나는 장애와 관련된 언어에 대해 깊이 들어가고 싶지 않다. 나는 삭개오의 치유가 어떻게 신체적 변화나 완치를 포함하지 않고 자신의 재산을 나누는 것을 통해 함께 번영하는 삶으로 새로워져서 그의 사회적 위치가 변화되었는지 나누고 싶다.[1] 그리고 어떻게 치유가 신체적

---

[1] Bethany McKinney Fox, *Disability and the Way of Jesus: Holistic Healing in the Gospel and the Church* (Downers Grove, IL: IVP Academic, 2019), 114-45.

형태로 나타나지 않고 이 키 작은 사내에게 변화를 가져다줬는지 이야기하고 싶다. 그래서 나는 집중력과 침착함을 유지하기 위해 스스로를 진정시킨다. 세 번째로 부딪쳤을 때, 한마디 하고 싶지만 그때도 참고 손바닥에 손톱 자국이 날 정도로 주먹을 꼭 쥐고 있어 내 감정과 각피의 압력이 점점 쌓인다. 10분도 채 지나지 않아, 네 번째로 약함을 표현하기 위해 장애가 은유로 사용되면, 나는 더 이상 참을 수 없어 한마디 던진다. "**눈이 멀었다**는 말 좀 은유로 사용하지 않으면 안 되나요?" 퉁명스럽게 터지고 만다.

내 말이 떨어지기가 무섭게, 그는 "성경에 그렇게 나오잖아요"라고 응수한다.

이렇게 몇 시간 동안 뒷정리 대화가 시작되고 내가 얼마나 예민하게 구는지에 대한 이야기가 이어지면서, 설상가상으로, 그를 의기소침하게 만들고 말았다. 내가 항의하는 말에 그는 공격받았다고 느꼈다. 나는 그가 에이블리스트가 아니라는 것을 잘 알고 있다. 나는 다른 사람에게 상처를 주거나 상대가 말 한번 잘못했다고 해서 그와 싸우기는 싫지만 이것은 감정적으로 누구 말이 옳은지 따지는 것보다 훨씬 더 큰 문제다. 사실 단순히 언어의 문제만은 아니다. 그가 자신의 감정을 내세운다는 것은 어떻게 자신의 말이 소외 계층에게 상처를 입히는지에 대한 책임을 거부하고, 그 상처를 정당화하기 위해 사전과 성경을 이용하는 것을 의미한다. 맹인 됨은 삭개오 이야기에 등장하지 않는다. 누군가에게 해를 끼칠 수 있음을 고려하지 않고 그런 말을 본문에 덧붙인 것이다. 그리고 성경에서 맹인 됨이 은유적으로 사용되기는 하지만, 그렇다고 자동적으로 이 은유를 주의하지 않고 사용할 수 있는 자유 이용권을 부여하는 것은 아니다.

살인. 노예. 강간. 집단 학살. 월경, 할례, 식습관에 대한 매우 구체적인 지침도 성경에 기록되어 있다. 심지어 말하는 당나귀도 등장한다. 그렇다고 "성경적"이기 위해 당나귀가 우는 소리에 귀 기울여야 한다고 설교하는 목사는 없을 것이다. 또한 성경에 나와 있다고 손님의 머리통에 말뚝을 박아야 한다고 말하지도 않는다. 야엘에게 물어보라(야엘은 이스라엘을 침략한 야빈 왕의 군대 장관 시스라의 머리에 말뚝을 박아 죽였다. - 옮긴이). 성경에 나와 있다고 해서 성경이 다 그렇게 하라고 지침을 주는 것은 아니다. 성경에는 머리를 긁적이게 하고 속을 뒤집어 놓는 온갖 이상한 이야기가 등장하지만, 이를 현대 사회를 살아가는 일상의 규범으로 지키지 않는다는 점을 지적하는 것은 확실히 나뿐만이 아니다. 우리 대부분은 규범(성경이 우리에게 **하라고** 지시하는 것)과 서술(우리에게 무엇에 **대해** 알려주는 것) 사이에 차이가 있다는 점을 알고 있다. 약함을 표현하기 위해 장애를 은유로 사용하는 것을 성경 탓으로 돌리게 되면 이 핵심을 놓치게 되는 것이다. 성경 그 어느 곳에도 "에이블리즘적 은유를 사용하라"는 명령은 없다.

하지만 예수님도 장애를 은유로 사용하셨으니 괜찮은 것 아닌가? 속보: 우리는 예수님이 아니다. 만약 우리가 예수님이 하신 모든 것을 그대로 따라야 한다고 주장한다면 우리 자신에게 솔직해져야 한다. 예수님은 유월절 식사 자리에서 옷을 벗고 제자들의 발을 씻기셨지만(요 13:4) 수많은 교회 연극을 보러 갔어도 이 장면이 연출된 것을 한 번도 본 적이 없다. 예수님은 채찍을 만들어 소나 양이나 비둘기 파는 사람들을 성전에서 쫓아내셨지만(요 2:15), 나는 수많은 교회 시장(서점, 카페, "하나님은 그 어떤 높음이나 낮음보다 위대하시다"라는 문구로 완성된 물병 스티커)에서 누가 채찍을 쓰면서 그 문을 닫게 하는 것은 본 적이 없다. 예수님은 데오도런트나 화장지를 사용하지도 않으시고 차를 운전하지도 않으셨을 테지만, 내가 아는 대부분의 교인들은 아무런 신학적 난제 없이 이 모든 것을 행한다.

아마 이것이 모두 우스운 예시들이라고 생각할지 모르겠지만, 이는 우리가 예수님이 행하신 모든 것을 그대로 따라해야 한다고 주장하는 것이 얼마나 더 큰 모순인지를 보여 준다. 그런 모습이 우리의 삶에서 옳은 것으로 증명되지 않는 이유는 죄나 위선 때문이 아니라 우리가 성령님으로 인해 문화적이거나 일시적인 것과 보편적인 것이 무엇인지 분별할 수 있다는 것을 인정하기 때문이다. 예수님이 하신 모든 일을 규범으로 엄격하게 따르고자 하는 것은 성령님의 역할을 약화시키는 셈이 된다. 문맥을 분별하지 않고 로봇처럼 예수님을 따라야 한다면 성령님을 진실로 믿는 것이라고 할 수 있을까? 성경에 쓰인 언어와 글자를 고인 물처럼 율법주의적으로 적용한다면 성경이 살아 있고 역동적이라고 믿는 것인가? 우리는 공동체 안에서 공동체와 함께 성경을 읽을 때, 그 공동체에 있는 은사들로부터 기꺼이 배우면서 성경을 단순히 자기 계발용 책이나 입문서로 여기는 것 이상으로 생각하는 자세가 되어 있어야 한다. 성경은 이 세상을 떠나기 전에 읽어야 할 기본

적 지침서 이상의 존재다. 성경은 유튜브가 아니다.

그리고 성경적 해석과 나 자신의 관계가 폄하되었다. 그들은 내가 성경의 신성함과 내가 속한 장애인 공동체 중 어느 쪽에 더 충성하는지를 물으며 들들 볶았다. 그리고 나를 언어 경찰, 사회 정의 구현 전사, PC 순찰대, 진정제를 먹어야 할 눈송이(snow-flake: 쉽게 상처받거나 화를 낸다고 생각되는 사람을 비유하는 말 – 옮긴이) 취급했다. 진정제 먹는 건 상관없는데 아마 내 보험이 그것까지 보장해 주지는 않을 것이다. 나는 여전히 내가 **진짜 필요로** 하는 약품을 위한 보상을 요구하고 있다.

이러한 반응들은 언어 그 자체로 해를 끼치는 것보다 누군가 쓰는 언어 기저에 깔린 가정들을 지적하는 내가 문제라고 주장하는 듯하다. 이들은 말로 사람들에게 화상을 입히는 것과 그 열기 위에 남고 싶어 하는 갈망에 대한 책임을 회피하고, 이미 유통 기한이 지난 말들과 은유를 정당화하기 위해 사전과 성경을 들먹인다. 이건 확실히 예수님과 같지 않다(고후 2:15). 이 목사님은 내가 그에게 항의를 하는 것이 아니라 좀 더 포괄적인 방식, 즉 예수님처럼 지극히 작은 자를 중심에 두는 방식 **안으로** 그를 불러들이고 있음을 깨닫지 못했는가? 내가 그가 사용하는 언어에 대해 딴지를 거는 것이 삭제나 비난이 아니라 신념의 문제임을 생각해 보았을까? 내가 과잉 반응을 보이는 것이 아니라 그가 자신의 관점이 아닌 다른 관점을 너무 소홀히 여기고 있다는 점을 고려했을까? 무심코 장애를 은유로 사용했을 때 상처받는 사람들이 나 외에도 더 많이 있을 수 있음을 생각해 보았을까?

은유는 의미를 전달하기 위해 어떤 경험에 대해 공유된 이해에 바탕을 둔다. 알려지지 않은 무언가를 알려진 것과 연결하고 그 과정에서 감정적 지지를 형성한다. 은유는 감정을 표현하거나 크고 복잡한 개념을 묘사하는 방식이다. 그리고 우리 자신을 설명할 때 은유를 사용한다. 여기서도 한 은유를 사용하고 싶지만 당신이 불쾌하게 생각할 수 있으니 삼가겠다. 문제는 이러한 감정적, 경험적 연결이 내 등 뒤에서 만들어진다는 것이다. 정확히 말하자면, 내 저는 다리를 놓고 만들어진다. 내 몸을 하나의 상징으로 사용하는 것, 그리고 내 몸을 부끄럽고 달갑지 않은 것과 동급으로 놓는 것은 내 경험을 훼손시켜 가며 감정적 연결 고리를 만든다. 장애를 은유로 사용하는 것은 장애인들을 "구별"한다. 소경, 귀머거리, 벙어리, 절뚝이, 불구, 바보, 이 모든 표현이 미국 인구의 사분의 일을 차지하는 이들의 몸과 마음이 환영받지 못하고 가치가 없다고 하는 개념에 입각하여 빈번하게 사용되는 은유다. 만약 이러한 은유를 사용하는 것이 그리 나쁘지 않다고 생각한다면 자신에게 이렇게 반문해 보라. 이러한 은유가 긍정적인 방식으로 사용되는 것을 들어 본 적이 있는가? "절뚝이"라는 말이 좋은 의미로 사용된 적이 있는가? "불구"라는 말을 '강하다, 힘 있다'는 느낌으로 사용해 본 적이 있는가? 장애를 은유로 사용하는 것은 내 몸이 나쁘다는 의견에 모든 사람이 동의하게 만든다.

나는 당신이 쓸 수 있는 은유가 아니다. 그리고 내 몸은 당신이 사용할 수 있는 상징이 아니다. 내 불구가 된 몸과 저는 다리는 당신이 어렵다고 느끼는 것을 표현하는 상징으로 나를 전락시킬 수 있는 허가증을 내주지 않는다. 내 몸이 부도덕하다는 말을 계속해서 듣는 것은 지치는 일이다. 그 회의는 "마비되지도"('쓸모없다'는 뜻으로 paralyzing 사용 - 옮긴이), "다리를 절지도"('삐걱거리다'라는 뜻으로 crippling 사용 - 옮긴이), "눈멀지도"('시야를 가리다'라는 뜻으로 blinding 사용 - 옮긴이) 않았다. 진짜 말 그대로 마비되거나, 절거나, 눈이 먼 것이 아니라면 말이다.

언어는 우리가 갖고 있는 편견의 저장소다. 언어에는 수 세기에 걸쳐 내려온 장애에 대한 온갖 수치스러운 사상이 쌓여 있다. 어떤 사상을 전달하기 위해 단어를 선택하는 것은 마치 자판기 앞에 서 있는 것과 같다. 이미 그 안에 있는 것들만 선택할 수 있다. (만약 자판기 안에 수천 가지의 형용사가 있다면 말이다.) 목이 말라 음료수가 필요해서 자판기 앞에 서면, 우리는 우리를 부드럽게 감싸 줄 초콜릿 우유를 누른다. 무엇을 맛보게 될지 정확히 알고 있고 실망할 일은 없다. 우리의 절박함은 "우유 있어?"(Got Milk?: 제프 굿비[Jeff Goodby]가 제안한 우유 광고 헤드라인 - 옮긴이) 광고에 자판기에서 물건이 떨어지는 금속성 울림을 배경 음악으로 깐 것과 같다. 오랜 벗, 초콜릿 우유, 안녕?

하지만 때때로 자판기 안에 있는 음식의 유통 기한이 지나간 경우가 있다. 우리는 그 사실을 알지 못하고 E6번 버튼을 눌렀지만, 유통 기한이 지난 것을 일단 보고 나면, 덩어리진 우유를 마시지는 않을 것이다. 불안정한 청소년처럼 잠시 이 상황을 합리화하며 생각해 볼 수는 있다. "그 누구도 **나한테** 이걸 마셔라, 마시지 마라, 할 수 없지!" 하지만 결국 시큼한 냄새를 맡으면 이내 마시지 않는 것으로 결론 날 것이다. 배 속이 울렁거리면 우리는 정신을 차리고 우유병을 내려놓는다. 괜히 덩어리진 우유 때문에 변기를 붙잡고 있을 이유가 없다. 상한 우유에서 뿜어져 나오는 시큼한 맛만큼 우리의 갈증을 덮어 버리는 것도 없을 것이다.

적어도 장애에 관련된 언어에 한해서 우리는 자판기를 대하듯 양심적으로 행해야 한다.

우리는 어떤 특정 단어나 은유를 사용하는 것이 괜찮다고 가정해 왔을 수 있다. 그리고 어쩌면 어느 시점에 우리의 사회적 반경 내에서 아무 저항 없이 이를 받아들여 왔을 것이다. 하지만 그 단어의 유통 기한이 지났다는 것을 알게 된 이상, 이제는 상한 초콜릿 우유를 내려놓고 다른 음료를 마셔야 한다. 마실 수 있는 다른 음료들이 있다. 유통 기한이 지났는데도 눈앞에 바로 보이는 것을 집어 먹으면 의도적이든 아니든, 내상과 더부룩함과 구토를 야기한다. 장애 비방어는 유통 기한이 지났다. 장애를 은유로 사용하는 것도 유통 기한이 지났다. 지극히 작은 자들에게 유익이 되는 변화에 저항하는 것도 유통 기한이 이미 지났다.

언어는 끊임없이 진화한다. 그 누구도 항상 완벽한 말을 사용하지는 않는다. 하지만 우리 모두는 우리 안에 깔려 있는 가정들과 대면할 때 은혜와 자비로 반응할 수 있다. 이것은 사회 정의의 최신 트렌드를 따르는 문제가 아니다. 우리의 이웃을 사랑하여 그들에게 해가 되지 않는 언어를 사용하는 것이 관건이다. 이는 우리 속에 있는, 무의식적으로 하나님의 형상을 지닌 자들을 계급으로 나눠 놓는 가정들에 솔직하게 대면하는 것을 의미한다. 그리고 우리의 부활하시고 장애 입으신 그리스도의 몸과 같이 내 장애 입은 몸을 거룩하고 구원받은 것으로 해석할 수 있는 것이다.

"그런 뜻으로 그 단어를 사용한 것이 아니에요." 그는 대꾸한다. "그 단어는 이제 그런 뜻으로 쓰이지 않아요." 그들이 날카롭게 지적한다. 자신들이 해를 끼칠 의도가 아니었다고 하는 사람들에게 심심한 위로를 전하고 싶다. 나도 증언하건대 대부분의 경우 그들은 진심이다. 진실로 그들은 자신이 하는 말이 다른 사람들에게 상처를 준다는 사실을 알지 못한다. 자비가 함께하기를, 친구여. 우리 모두 다 겪어 본 바다. 좋은 의도로 한 말이 어떤 피해를 입히는지 자각하지 못한 채 잘못된 말을 하기도 하고 잘못된 어구를 사용하기도 한다. 인생은 언어 수업이다. 나는 좋은 의도를 가지고 강조한다. 하지만 의도와 파급력 사이에는 큰 차이가 있다. 당신이 한 행동의 의도에만 초점을 맞추게 되면 당신의 행동이 미치는 파급력은 쉽게 축소된다. "당신이 에이블리스트처럼 말할 **의도**는 아니었으니 당신은 에이블리스트일 리가 없다." 뭐 이런 식이다. 정중해 보이고 스스로도 잠시 그 말을 믿을 수 있겠지만 현실에서는 그렇지 않다.

마트에서 실수로 누군가와 부딪혔을 때 당신은 "미안합니다"라고 말하고 상대가 다치지 않았는지 확인한다. 일부러 부딪친 것이 아니다. 어쩌면 **상대가** 휴대폰의 문자를 보느라 정신이 팔려서 복도를 느릿느릿 지나가고 있었을 수도 있다. 그래도 당신은 여전히 우연히 부딪친 상황에서 그 사람이 다쳤는지 확인할 것이다. 상대가 예의 바르고 합리적인 사람이라면, 그리고 당신이 사과했다면, 그 상대는 당신이 의도적으로 와서 부딪쳤다고 몰아붙이지 않을 것이다. 사실 아무도 의도에 대해 언급조차 하지 않는다. 대개 그 상황과 무관하기 때문이다. 당신이 친구를 초대해 저녁 식사를 준비하면서 의도치 않게 식중독에 걸리게 한 상황에서도 마찬가지다. 아무도 이 일이 사전에 치밀하게 계획된 것이 아니라고 극구 부인하지 않는다. 솔직히 그렇게 말하면 얼마나 더 미심쩍게 들리겠는가? 친구들 사이에서 당신이 한 친구를 독살하기 위해 정교하게 파스타 음모를 꾸몄다고 사람들이 가정한다면 새 친구들을 사귀는 게 나을 것이다. 당신이 **실제로** 친구를 독살하려 했는지는 아무도 염두에 두지 않는다. 그들은 여전히 변기를 붙잡고 까르보나라를 거꾸로 맛보고 있다. 그래서 당신은 사과를 한다. 그것도 엄청난 진심을 담아서 말이다. 어쩌면 그들을 웃기려고 "파스타 때문에 아파스타 미안해" 같은 우스운 파스타 말장난을 던질지도 모르겠다.

  오로지 당신의 감정에만 초점을 맞추는 것은, 해를 끼치는 문제와 관련해서 당신의 의도만이 유일한 기준이 된다는 것을 시사한다. 모든 것이 당신 중심으로 일어나지 않는다. 또한 이는 우리가 의도를 가지고 행했을 때에만 해를 끼치는 것처럼 위장한다. 아마 식중독에 걸려 본 사람이라면 이 말이 얼마나 진실되지 않은지 알 것이다. 당신이 의도적으로 장애인들에게 해를 입히려 했든 아니든, 차별적 비방어는 우리에게 상처를 준다. 말이 우리를 위축시킨다. 우리 몸을 달갑지 않은 것으로 표현한 은유는 우리에게 수치심을 준다. 변화하기로 마음먹지 않고 여전히 "다리를 저는" 혹은 "눈이 먼"이라는 말을 사용하는 것은 우리를 무너지게 한다.

모든 사람이 이 규칙에서 자신은 예외라고 믿고 싶어하고, 에이블리즘적인 세상에서 자랐지만 절대 에이블리즘적 언어, 경향, 사상은 내면화하지 않았다고 믿고 싶어 한다. 하지만 이것은 사실이 아니다. 심지어 장애인들조차 이에 포함된다. 에이블리즘은 우리가 마시는 공기다. 다른 우상들과 마찬가지로 비장애인의 몸은 완벽하고 선한 것이라는 생각은 그 자체로는 보이지 않기 때문에 우리는 그런 몸을 숭배하고 있다는 사실을 눈치채지 못한다. 우리는 장애가 부패하고 추하며 원치 않는 것이라고 속아 넘어가기 때문에 이를 두 번 생각해 보지 않는다. 그동안 죽 우리는 하나님이 사랑하시는 우리 안의 열정적인 선함 대신 세상적 관념에서의 완벽을 추구해 온 것이다.

사람들에게 그들이 쓰는 언어에 대해 재고해 보게 할 때마다, 나는 그들을 가망 없다고 내치는 대신에 시간을 내어 그들에게 투자하는 것이다. 책임을 묻는 것은 우리가 어둠의 세력을 내면화했다는 것을 인정하고 그것을 십자가에 못 박도록 초청하는 것이다. 그들이 자판기에서 선택하는 것이 에이블리즘적이라고 말해 줄 때, 나는 그들이 자신을 사로잡고 있는 어둠의 세력을 십자가에 못 박기를 소망하고 또 소망한다. 대부분의 경우, 그들은 그렇게 할 마음이 없다. 그들은 우리 모두가 함께 자유롭게 번영할 수 있는 세상보다 차라리 나를 독살하는 세상에서 살고 싶어 한다.

우리 이웃을 사랑한다고 주장하는 사람으로서, 우리는 단순히 사람들을 "해치지 않는" 차원을 뛰어넘어 우리가 야기하는 고통에 주도적으로 귀를 기울일 수 있다. 때로는 평탄하지 않을 수 있지만 우리는 편하게 살라고 부르심을 받지 않았다. 서로를 사랑하라고 부르심을 받았다. 우리는 우리의 두려움을 넘어 움직이고 우리 자신을 내밀 수 있을 만큼 우리의 이웃을 사랑할 수 있다. 두려움은 우리가 실패했을 때 수치심을 느껴야 한다고 말하지만, 사랑은 전 자아, 즉 장애인 시설, 유통 기한 지난 자판기 말들, 그리고 이 모든 것을 포용할 수 있을 만큼 탄력이 있다. 사랑은 어떻게 하면 예수님의 방식으로 살 수 있을지에 대해 분열된 관점으로 갈등하던 초대 교회에 모본으로 주어졌다.

적대감이 초대 교회를 분열시키려 할 때, 요한은 다음과 같이 선언했다. "사랑 안에 두려움이 없고 온전한 사랑이 두려움을 내쫓나니 두려움에는 형벌이 있음이라 두려워하는 자는 사랑 안에서 온전히 이루지 못하였느니라"(요일 4:18). 사람들이 자신이 잘못될지도 모른다는 두려움을 내던져 버릴 만큼 나를 사랑해 준다면 얼마나 좋을까. 나를 진심으로 사랑해서 전형(embodiment)과 장애 언어에 대한 그들의 이해의 폭을 늘려 줄 만큼, 또 내면화된 어둠의 세력을 십자가에 못 박을 만큼 나를 사랑해 주었으면 좋겠다. 그리고 사람들이 나를 정말 사랑해서 변화되었으면 좋겠다.

우리는 다른 누군가의 고통을 온전히 이해하지 못하거나, 어떤 사람이 너무 쉽게 발끈한다고 느낄 때가 있을 것이다. 하지만 무슨 상관인가? 우리의 이웃을 사랑하는 일을 우리가 그들에게 동의하거나 그들을 이해할 수 있을 때에만, 그리고 그들과 함께 있는 것이 편안할 때에만 하는 것으로 아껴 두면 안 된다. 사실 우리와 똑같은 사람들을 사랑하는 일에는 별다른 노력이 필요 없다. 그것은 획일성이지 연합이 아니다. 우리는 이웃의 감정을 진지하게 받아들일 만큼 그들을 사랑해야 한다. 우리는 의도치 않게 그들에게 식중독을 일으켰을 때 미안하다고 사과할 만큼 그들을 사랑해야 한다. 그들을 믿어 줄 만큼 그들을 사랑해야 한다.

바울은 분열된 교회에 서신을 쓰면서 "너희가 짐을 서로 지라 그리하여 그리스도의 법을 성취하라"라는 지시를 내렸다(갈 6:2). 바울은 다른 사람의 상처를 자신의 것으로 여기라고 가르친다. 예수님을 따르는 비장애인들에게 이 말은 장애인 공동체의 염려를 함께 고민하는 것을 포함해야 한다. 우리가 온전히 이해하지 못할 때에라도 우리는 우리 이웃의 고통에 관심을 가져야 한다. 내가 지나치게 예민하다고 생각할지라도 말이다.

이렇게 행함으로써 우리는 그리스도의 율법을 성취하게 된다. "올바른" 신학을 갖고 있거나 모두 같은 것을 믿는 것의 문제가 아니다. 어떤 고귀한 이상을 지적으로 찬성하는 것도 아니다. 심지어 옳음에 대한 문제도 아니다. 그리스도의 율법은 우리가 다른 이들의 짐을 우리 자신의 짐인 것같이 진지하게 받아들일 때 성취된다. 이렇게 해야 함께 번영하는 길을 용이하게 할 수 있다. 이것이야말로 이웃을 사랑하는 것이 실제로 어떤 모습인지 보여 준다. 사람들이 내 고통을 이해하지 못하는 것을 인정하면서도 이를 진지하게 받아들이려고 헌신하는 것이다. 가스라이팅을 하지 않고 귀 기울이는 것. 의심하지 않고 믿어 주는 것. 그렇게 되면 아마 사랑은 우리로 하여금 실수하는 것에 대한 두려움을 내던지게 하고 서로 한 공동체에 속하게 할 만큼 우리를 유연하게 만들어 줄 것이다.

✸ ✸ ✸

누군가에게 장애에 대한 비방어나 은유를 사용하지 말아 달라고 요청하는 일에 내가 너무 예민한 것 아니냐는 말을 들을 때마다 나는 예민성의 잣대가 무엇인지 궁금해진다. 내가 모르는 어디 승인된 기준이 따로 있는 것인가? 나를 너무 예민한 사람이라고 낙인찍는 것은 미세 공격이 과장된 것이라고 가정하는 것이다. 미세 공격은 마치 모기에게 물리는 것과 같다. 많이 물리지만 않는다면 그리 큰 문제는 아니다. 물론 피부가 가렵고 좀 부풀어 오르겠지만 하루 동안 간간이 긁어 주다 보면 쉽게 기억에서 지워질 일이다. 미세 공격은 순식간에 일어나기에 모기에게 물린 것처럼 사소한 것으로 치부된다.

하지만 하루에 수십 번 모기에 물린다면 그것은 성가신 것을 넘어서 역병처럼 느껴질 것이다. 온몸에 소름이 돋고 끈질긴 따가운 느낌이 모든 모낭을 쭈뼛 서게 만든다. 쐐기풀이 당신의 맨살에서 계속 해대는 잔소리만 들릴 지경에 이른다. 오직 "날 긁어 줘"라는 말만 들릴 때까지, 모기에게 물린 자리는 점점 더 크게, 더 날카롭게, 더 소란스럽게 당신을 불러 댈 것이다.

당신의 온몸이 모기 물린 자국 천지가 되면, 그 자리의 붓고 가려움을 점점 더 심하게 인식하게 된다. 모기는 작지만 특히 집단으로 달려들면 그 영향력은 엄청날 수 있다. 모기는 지구상에서 가장 위험한 동물이며 매년 다른 어떤 동물보다 인간을 많이 죽인다.[2] 단지 성가시다는 이유만으로 모기를 해충으로 무시하는 것은 무지한 일이다. 이는 모기가 끼치는 거대한 영향력보다 그들의 작은 크기에 초점을 맞추는 것이다.

내 피부는 모기에 물린 자국으로 가득하다.

- "넌 정말이지 영감을 주는 사람이야." 같은 반 친구가 나를 칭찬한다. "내가 너였으면, 난 죽어 버렸을 거야." 따끔.
- 교회에서 누군가는 내가 간절히 기도하고 그대로 이루어지리라는 믿음만 가지면 휠체어에서 벌떡 일어날 것이라고 말한다. 따끔.
- 한 행인이 마트 주차장에서 나에게 **진짜** 장애인이 아니라고 욕을 하며 소리 지른다. 내가 동정심을 얻기 위해 장애인인 척하는 것이란다. 따끔.
- 월요일 아침 출근길에 주파수를 맞추는데 한 라디오 DJ가 이렇게 말한다. "참 한심한(lame[다리를 저는]이라는 단어가 이런 뜻으로도 쓰임 - 옮긴이) 사람들이 많네요." 따끔.
- "당신은 남편에게 정말 감사해야겠어요." 한 친구가 날 깨우

[2] Daniel Jameson, "The 10 Most Dangerous Animals in the World," *Condé Nast Traveller*, May 1, 2019, https://www.cntraveller.com/gallery/the-10-most-dangerous-animals-in-the-world. 이 기사는 모기를 인간 다음으로 지구상 가장 위험한 동물로 올려놓았다.

친다. "모든 사람이 당신의 장애를 **참고 살 수 있는 건** 아니잖아요." 따끔.

- 직장 동료와 함께 아이스 모카를 기다리는데 그가 "다리를 절다"(lame)라는 단어를 비방용으로 사용한다. "말이 좀 심하네요. **나도** 다리를 절거든요." 내가 용기를 내어 말한다. 그러면 그들은 이렇게 답한다. "오, **당신** 이야기가 아니었어요. 나는 당신을 장애인이라고 생각하지도 않는 걸요." 따끔.

이와 같은 언행은 따로따로 보면 사소하고 내 주위 사람들은 감지하지도 못하지만 결국 나는 머리부터 발끝까지 모기 물린 자국으로 뒤덮이고, 빨갛게 부어 오른 나의 맨살 아래에서 에이블리즘 말라리아가 공격하고 있다.

그래서 뭐가 문제라는 것인지 여전히 의아해하는 사람이 지금도 있을 것이다. **그냥** 모기 물린 자국일 뿐이지 않은가? 당신에게 이미 모기 물린 자국이 많이 있는 것이 그들의 잘못은 아니다. 맞는 말이다. 하지만 당신은 그런 일을 막을 기회가 있음에도 불구하고 왜 계속해서 누군가를 감염시키려고 하는가? 우리는 숲에 갈 때 벌레 퇴치제를 가지고 들어간다. 여행을 갈 때도 말라리아 예방약을 먹는다. 뇌염 바이러스에 걸릴 일말의 가능성만 있어도 경고 표시를 세운다. 그리고 모기장을 산다. 그렇다면 왜 에이블리즘을 막기 위해서는 이와 같이 할 수 없다는 말인가?

단순히, 쓰지 말아야 할 단어들을 피하자는 것이 아니다. 이러한 단어들이 어떤 의미를 갖는지, 무엇을 가정하는지, 그리고 당신 주위 사람들에게 어떻게 영향을 미치는지 재고해 보자는 말이다. 장애에 관한 은유와 비방어는 사람들이 눈치채지 못하는 사이 널리 사용된다. 하지만 **나는** 눈치챌 수 있다. 이는 나에게나 장애인 공동체에만 해로운 것이 아니다. 우리가 깨닫든지 못 깨닫든지, 우리 모두에게 파멸을 가져온다. 우리의 언어가 나의 몸을 망가진 것으로 묘사하는데, 사람들이 나의 몸을 그렇게 이해하는 것이 이상한 일은 아니다. 우리의 언어가 그런 사상을 우리에게 계속해서 확증하기 때문에 사람들이 나를 동정하고 내가 걷지 못해서 가치가 떨어진다고 말하는 것은 당연하다. 우리의 말은 인위적인 계층 안에서 우리 몸의 순위를 매기는 수단이 되어, 장애가 잔인하고 비인간적이고 하나님의 형상을 덜 닮았다고 주장한다.

한 단어의 차원이 아니라 그 단어 밑에 숨어 있는 모든 가정들이 문제다. "다리를 저는(한심한)"이라는 단어를 비방어로 사용하고 "눈이 먼(시야를 가리는)"이라는 단어를 은유로 사용하는 것은 당신에게 그리 큰 문제로 느껴지지 않을 수 있다. 하지만 나쁜, 틀린, 추한, 제거되어야 마땅한 것으로 수시로 일축당하면 당신의 몸이 최악의 시나리오라는 또 다른 음성을 듣게 된다. 내 삶은 살 만한 가치가 있다. 내 몸은 성전이다. 내 저는 다리는 하나님의 형상을 세상에 드러낸다. 이런 나이기에 당신이 던지는 시답지 않은 농담의 소재가 되거나 당신이 꾸는 악몽의 비극이 되지 않는다. 나는 당신이 사용하는 은유가 아니다.

악당을 소재로 이야기를 쓰는 것은 쉽다. 우리는 잠시라도 어떤 사람을 같이 싫어하면서 변덕스러운 친밀감을 형성하기도 한다. 이러한 심리가 많은 분노의 트위터와 폭발하기 쉬운 페이스북 포스트에 기름을 끼얹었다. 하지만 예수님을 따르는 자로서 우리가 빠진 곤경은 우리가 우리의 원수를 사랑해야 한다는 것이다. 그들은 우리의 진정한 대적이 아니기 때문이다. 선한 사람도 없고 사악한 사람도 없다. 그저 하나님의 형상을 지닌 사람들이 행하는 해로운 행위가 있을 뿐이다. 우리의 원수가 되는 사람들은 얼굴이 있고 이름이 있고 이야기가 있다. 그들은 내가 걷지 못할 때 저녁 식사를 준비해 준다. 내 전동 스쿠터를 차 안에 넣어 준다. 에이블리즘적 행위를 하는 사람들은 내가 친구와 가족이라고 부르는 사람들이다.

이번 장 초입에 등장한 목사님은 우리 공동체를 많이 사랑하시는 분이다. 행사가 있을 때 나를 위해 미리 편한 곳에 주차 공간을 마련해 주신다. 나의 원수가 아니다. 내가 아는 대부분의 사람들처럼 이 목사님은 에이블리즘적인 행동을 **의도적으로** 하지 않았다. 하지만 에이블리즘은 용납된 언어와 관행을 가만히 두는 것이다. 아무것도 건드리지 마라. 그냥 지금 있는 그대로 놔둬라. 에이블리즘적인 의도를 품지 않아도 에이블리즘은 (장애를 입은) 사람들을 다치게 할 수 있다. 이것이 어둠의 세력이 지배하는 방식이다. 우리의 관행과 사상에 너무나 많이 스며들어 있어서 거기 있는지도 거의 눈치채지 못한다. 우리는 우리가 그 방식을 **만들었다는** 사실을 깨닫지 못한 채 원래 그런 것이라고 자신을 속인다.

장애가 사회 구조의 일부라고 주장할 때 우리 자신이 그 구조를 세우는 건설자라는 사실을 잊어버린다. 그 구조의 말, 은유, 영화, 대중문화, 책, 사설란을 망치로 때려 박는다. 그 사상을 기반으로 인류의 위계질서를 끌로 깎아 만든다. 장애인들에 관한 만연한 이미지, 이야기, 그리고 개념이 제한적이고 부정적일 때 당신은 그런 사상이 진리라고 믿게 된다. 이것이 전형적으로 인식이나 동의 없이 일어나는 몰입 과정이다. 우리는 장애인들로부터 분리되어 있고, 인간 전체 공동체에 대한 영감 포르노와 부담 발라드로 이루어진 음식을 먹는다. 이런 일을 자행하는 사람은 그저 악의적인 에이블리스트 괴물이 아니다. 바로 그 공동체를 사랑하는 당신의 목사님이다. 학생들을 아끼고 사랑하는 당신의 코치다. 요양원 봉사를 하는 당신의 직장 동료다. "예수님은 너를 사랑하신다"라고 가르쳐 준 당신의 주일학교 선생님이다. 당신이 소중히 여기는 당신의 친구다. 그리고 어쩌면 당신일지도 모른다.

좋은 소식은 이야기가 거기서 끝나지 않는다는 것이다. 예수님이 어둠의 세력을 물리치셨기 때문에 우리는 더 이상 그 안에 거하지 않아도 된다. 당신이 쓰는 언어를 바꾸는 내적 작업에 임함으로, 계속되는 에이블리즘의 세력을 바꾸는 일에 일조할 수 있다. 우리가 할 수 없는 것들로 수치를 주는 대신에 우리의 있는 모습 그대로를 기뻐함으로 우리를 환영해 줄 수 있다. 당신이 자판기에서 잘못 선택한 말을 사용해서 실수로 우리를 독살했음을 깨달을 때, 더 접근 가능한 공간을 우리에게 만들어 줄 수 있다. 사랑하는 공동체 내에서 장애인들이 인도할 수 있는 더 많은 자리를 만들 수 있다. 당신도 모기 퇴치제가 될 수 있다.

✻ ✻ ✻

내 파르르 떨리는 팔이 진찰대 위에 깔린 빳빳한 종이에 닿으며 내 금속 팔찌가 달가닥거린다. 벽, 의료용 캐비닛, 형광등, 내 주위 모든 것이 창백하다. 마치 "무균 환경"을 모든 색깔과 온기를 이 세상에서 몰아내는 것이라고 해석한 듯하다. 말끝마다 "브로"(Bro, 친구)라고 붙이는 방사선 전문의가 CT 스캔을 준비하는 동안 나는 진찰대 위에 엎드려 있고 그들은 주사 놓을 자리를 X자로 표시한다. 그들이 입은 파란색 수술복만이 그 방에 존재하는 유일한 색깔이다.

나는 얼굴도 이름도 없는 표시, 표적, X다. 나의 모든 정체성을 드러내는 표식은 의사들이 문제 곧 내 장애 입은 몸에 집중할 수 있도록 삭제되고 가려진다. 내 몸에 네임펜으로 계속해서 표시가 쌓여 가는 와중에 나는 속으로 이들이 멀쩡한 다리를 잘못 치료하지는 않을지 의구심을 가져 본다. 또 그들의 조바심을 다 닦아 내는 데 얼마나 많은 시간이 걸릴지 생각해 본다.

"의사 선생님이 당신을 마비시키지 않게 꼭 가만히 있어야 해요." 간호사가 지시한다. 검사 중에 농담도 하지 말고 질문도 하지 말고 그들을 방해하지 말라고 한다. 그들이 내 몸 안에서 수술용 기구를 추적할 수 있게, 나는 깨어 있지만 가만히, 의식은 있지만 조용히, 정신은 있지만 긴장을 풀고 있어야 한다. 나는 좀비가 되었지만, 아무도 돈 내고 나를 보러 오지는 않는다.

이 시술 중 내가 가장 우려하는 것은 이것이다. 방귀 뀌고 싶

6. 장애 모기 **167**

으면 어떡하지? 참아야 하나? 뀌어 버리고 수술용 기구에 충격을 주는 위험을 감수해야 하나? CT 스캔에 가스가 보일 수도 있나? 갑자기 그들이 시술 전에 내게 억지로 주입한 의학 문헌 목록에는 장내 가스에 대한 사실이 없었다는 생각이 문득 들었다. 이 문제에 대해 물어보려고 입을 열었지만 이미 "브로" 의사에게 농담을 던졌다가 질책을 받았기 때문에 추가적 지시가 주어질 때까지 말과 방귀를 참는다.

"당신을 집에 데려다 줄 보호자가 있나요?" 파란색 수술복을 입은 사람이 내게 묻는다. 너무 자주 듣는 질문이다. 그는 내 몸을 찌르는 일이 다 끝나기도 전에 차가운 진찰대 위에 날 버려두고 갈 채비를 한다. 그중 나에게 '용감하다' 혹은 '강하다'라고 말한 사람이 얼마나 있었는지 세어 본다. 나는 시계의 큰 바늘이 다음 숫자로 넘어가기 전에 두 자리 수를 달성한다.

회복실에 있는 나를 지나가는 사람들마다 내가 마치 내 용돈으로 처음 장난감을 사려고 기다리는 아이인 것처럼 나를 쳐다본다. 나는 서커스의 괴물이고, 고통의 전시품이며, 죽은 후 다시 살아난 시체로, 관음증적인 속삭임과 거들먹거리는 곁눈질 사이를 행진할 준비를 해야 한다. "보통내기가 아니네요." 그중 누군가 속삭이는 소리를 듣는다. "검사받는 동안 용감했어." 한 간호사가 동료에게 말한다.

용감하다, 강하다, 용기 있다, 투사, 생존자. 그날 오후 나를 묘사하기 위해 사용된 말들이다. 사람들이 그것이 옳다고 주장할수록 그 정체성은 나를 감싼다. 주의가 흐트러진 의사들에게 내 손

목에 찬 빨간색 알레르기 팔찌가 "코데인"(codeine: 아편 알칼로이드의 하나이고 모르핀의 메틸화합물 - 옮긴이)이라고 소리 지르는 것처럼 말이다. 차라리 그들이 나에게 '용감하다'라고 새겨진 팔찌를 주는 것이 훨씬 낫겠다!

나는 용감하고 싶지 않다. 그저 인간이 되고 싶을 뿐이다. 나는 진이 빠지고 부어 올랐으며 뻣뻣하다. 내가 강해질 수 있는 역량이 있는지도 사실 잘 모르겠다. 물론 좋은 의미로 하는 말인 것은 알지만, 사람들이 내가 용감하다고 주장하면 할수록 그들은 나를 도움과 따뜻한 돌봄이 필요 없는 초인으로 바라보게 된다. 내가 원더 우먼이 되고 싶다고 말한 것은 사람들이 나를 짐으로 여기지 않게 하기 위해서였지 내 짐을 무시하라고 한 말이 아니었다. 이러한 말들은 칭찬이라기보다는 비난에 가깝다. 내가 에이블리즘으로부터 해방되는 일에 그들이 관여하지 않아도 된다는 일종의 영적 회피다. 왜냐하면 그들은 내가 그것으로 인한 고통을 견딜 수 있을 정도로 강하다고 여기기 때문이다. 나는 투사가 맞다. 하지만 만약 내가 투사가 되지 않아도 된다면?

무균의 창백한 방에서 그저 X일 뿐인 내가 어떻게 인간이 될 수 있는가? 내가 너무 예민하다고 단정 지어 버리는 사람들과 어떻게 내 감정을 나눌 수 있겠는가? 사람들이 나의 용기를 칭찬해 주기만 하는데 내가 어떻게 나의 고통을 인정할 수 있는가? 내가 장애를 입은 후 20년 동안 왜 그들의 태도는 변화하지 않았는가?

열한 살이 되면 당신이 알고 있던 삶이 끝나는 동시에 자유가 따라온다. 위험을 감수하고 망치기도 하며 열정을 가지고 살 자유가 주어진다. 어찌 되든, 무슨 일이야 생기겠는가? 당신이 설마 휠체어를 타고 다니는 신세가 되겠는가? 나는 다 겪어 본 일이다. 심지어 티셔츠도 받았다. 진짜다. 내 물리 치료사가 "고통 없이 얻는 것은 없다"라고 쓰인 티셔츠를 아무런 아이러니도 담지 않고 나에게 준 적이 있다. 나는 이미 대부분의 사람들이 최악의 시나리오라고 여기는 장애를 견뎌 왔다. 그리고 거의 매일 나는 여전히 발버둥 치고 있다.

내 몸이 나에게 가르쳐 준 것들, 시계와 달력 밖에서 사는 법을 어떻게 배웠는지 생각해 본다. 내가 성취를 나열한 이력서로서가 아니라, 아무것도 모르는 세상에 하나님의 형상을 비추기 때문에 내 자신을 가치 있는 사람으로 소중히 여기는 법을 어떻게 배웠는지 말이다.

의학적 트라우마와 주택 차별, 학교에서의 변호와 슈퍼마켓 소송, 그리고 내 고통을 묵살하는 사람들, 이 모든 것을 통과하며 어떻게 계속해서 그리고 끊임없이 생존해 왔는지 생각해 본다. 나는 골리앗(의료산업복합체여, 각오하라)을 두려워하지 않기에 이들을 기꺼이 상대할 마음이 있다. 그들은 이미 나를 그들이 장악한 시술과 타오르는 실험의 대상으로 만들었지만 나는 불에도 타지 않을 만큼 강하다. 나는 불, 고난, 용기로 만들어진 새로운 피조물이다.

하지만 어떤 날은 내 방화복을 벗어 던지고 저 너머에 에이블리스트 모기들이 기다리지 않는 세상으로 나가고 싶다. 내 용기가 세상에 입장하기 위해 치러야 할 대가가 아닌 세상에서 살고 싶다. 내 자신일 수 있는 세상, 투지와 실패, 빈정댐과 냉소적인 재담으로 가득하고 내 자신을 너무 심각하게 받아들이지 않아도 되는 그런 세상 말이다. 진부한 이야기의 변덕스러운 위로 말고 다 안다는 듯한 침묵을 기대할 수 있는, 당신이 완전히 꺾이기 전까지 얼마나 그 고통을 견딜 수 있는지의 여부로 당신의 강인함이 결정되지 않는, 내가 누군가에게 그들이 자판기에서 선택한 말의 유통 기한이 지났음을 알려 줄 때 가스라이팅으로 반응하지 않는, 측은지심과 정의가 없기 때문에 발휘되는 용기보다 측은지심과 정의가 더 중요하게 여겨지는 그런 세상에 나는 살고 싶다.

나는 그저 은유가 아니라 온전한 인간이 되고 싶다. 나 자신이 되고 싶다.

묵상과 적용

▸ 당신이 모르는 사이에 장애인이 모기에 물리게 한 적이 있는지 생각해 보라. 매주 두세 가지 에이블리즘적 표현들을 당신의 단어장에서 지워 내는 노력을 해 보라. 다음 사이트에서 유용한 리스트를 확인할 수 있다.
http://web.augsburg.edu/english/writinglab/Avoiding_Ableist_Language.pdf.

▸ 다른 이들도 그렇게 동일하게 행동하도록 권하라. 언어 경찰

이 되거나 유통 기한 지난 말을 쓴다고 사람들에게 수치를 주기 위함이 아니다. 장애에 대한 우리의 관점을 전환하여 부정적인 의미와 연관시켜 사용하지 않게 하는 것이 핵심이다. 모기 물린 자국의 수치를 없애는 한 가지 방법은 에이블리즘적 단어를 대체할 만한 재미있는 용어를 찾아보는 것이다. "다리를 저는[한심한]"(lame) 대신 "싸구려의"(cheesy), "조잡한"(tacky), 『위대한 갯츠비』에 나오는 "구닥다리"(old hat)라는 단어를 사용해 보자.

▶▶ 숙제를 주겠다. 열린 마음으로 장애와 신앙에 대한 글을 쓰는 사람들을 통해 배우는 시간을 가져 보라. 다음은 좋은 시작점이 될 만한 자료 리스트다. 이 책 뒤에 실린 목록도 확인해 보라.

- Shannon Dingle, "Resisting Ableism in the American Church," *Sojourners*, November 7, 2018, https://sojo.net/articles/resisting-ableism-american-church.

- Bethany McKinney Fox, *Disability and the Way of Jesus: Holistic Healing in the Gospels and the Church* (Downers Grove, IL: IVP Academic, 2019).

- Lamar Hardwick, *Disability and the Church: A Vision for Diversity and Inclusion* (Downers Grove, IL: InterVarsity, 2021).

- Lisa Sharon Harper, "Disability and Its Intersections,"

2020, *Freedom Road*, podcast, featuring Shannon Dingle, Lisa Anderson, and Amy Kenny, https://freedomroad.us/2020/06/2231.

▸ Christina Edmondson and Ekemini Uwan, with Andraéa LaVant, "Disability in the Church," October 9, 2021, *Truth's Table*, podcast, season 5, https://www.truthstable.com/season-5.

▸ Lynn Swedberg, "Dos and Don'ts for the Disability Ally," DisAbility Ministries Committee of the United Methodist Church, https://umcdmc.org/wp-content/uploads/2020/06/ableism_ally.pdf.

▸ John Swinton, "The Theology of Disability," September 8, 2017, in *Jude 3*, podcast, https://jude3project.org/podcast/disability.

▸ Stephanie Tait, *The View from Rock Bottom* (Eugene, OR: Harvest House, 2019).

▸ Amos Yong, *The Bible, Disability, and the Church: A New Vision of the People of God* (Grand Rapids: Eerdmans, 2011).

모기 채
상위 10가지

내가 장애 모기라 말하면 사람들은 다음과 같이 반응한다.

10. 당신 기분을 나쁘게 한 것이 내 잘못은 아니잖아요.
9. 좀 둔감해지셔야겠어요.
8. 요즘 캔슬 컬처(cancel culture: 자신과 다른 생각을 드러낸 사람을 배척하는 행동 방식 - 옮긴이)가 너무 심한 것 같네요.
7. 당신의 어조 때문에 내 감정이 상하네요.
6. 진정제 좀 드셔야겠어요.
5. 언론의 자유는 어디 갔습니까?
4. 당신이 언어 경찰이라도 되나요?
3. 너무 예민하시군요.
2. 그 단어는 더 이상 그런 뜻으로 쓰이지 않아요.
1. 내 말은 그런 뜻이 아니었어요.

7. 장애 수업

장애 입은 몸은 독특하고 비범하고 아름답다

그가 흠칫 말을 멈추고 조용해지면 뭔가 잘못되었다는 것을 알 수 있다.

상쾌한 화요일, 내 수석 물리 치료사에게 검진을 받으러 간 나는 창밖에서 지저귀는 앵무새에게 견줄 만한 기분이 들었다. 우리는 우정을 다룬 영화(가제목: 「절름발이 십자군」)에 나올 법한 냉소적인 친밀한 관계를 유지하고 있다. 내가 치료를 하도 많이 받으러 왔으니 실질적으로 내가 그에게 BMW를 사준 것과 마찬가지라고 나는 그를 놀린다. 그가 내게 다리가 어떠냐고 물어볼 때 나는 "다리가 내 신경을 긁는다"라고 재치 있게 대답한다. (힌트: 신경학적 상태를 말한다. 내 재치가 보이는가?)

이런 전형적인 코미디 루틴의 절반 정도에 왔을 때 치료사의 얼굴에 정적이 감돌았다. 그가 나를 웃기지 않으면 무슨 일이 생겼음을 단번에 알 수 있다. "엉덩이가 빠졌어요." 그의 입꼬리가 밑으로 처지고 그는 그렇게 중얼거린다. "빠졌다니… [들숨… 들숨…] 뭐가요?" 나는 큰 소리로 묻는다.

맞다. 고관절이 빠졌다. 내 몸이 정말 잘하고 있다고 생각했다. 모든 신체 지수가 정상이었다. 다리 털 - 확인. 오른쪽과 비슷한 근육량 - 확인. 발가락 꼼지락거리기 - 확인. 체온 33도 이상 유지 - 확인. 모든 외부적인 수치상 나는 장애 입은 삶에서 최상의 나날들을 보내고 있었다. 이런, 알고 보니 앵무새가 나와 함께 노래를 부르는 것이 아니었다. 한껏 들뜬 나를 조롱하고 있었다.

진찰대를 덮고 있는 종이가 내 영혼처럼 구겨졌다. 내 속에서 내 영혼이 이건 공평하지 않다고 소리를 질렀다. 또 수개월의 PT(물리 치료)를 견디고 싶지 않다고, 내 몸 때문에 내가 정작 **해야** 할 일을 하지 못하게 되었다고, 내 나이대의 누구도 내가 해야 하는 존재론적, 윤리적 질문을 하지 않는다고 부르짖었다. 하지만 이러한 감정들을 진료실 바깥에서 다루는 법과 예후에 집중하는 법을 스스로 터득했다. 내 물리 치료사의 각진 턱이 긴장했고 이 짜증 나는 소식에 대한 나의 반응을 기다렸다. "그러니까 내가 힙팝 스타라는 말이죠?" 내가 할 수 있는 대답은 이것뿐이었다. 내 말장난으로 치료사의 어깨가 조금은 가벼워진 듯하다.

내 늘어진 몸은 여전히 진찰대 위에 누워 있고 치료사는 진 빠지게 하는 후속 조치들을 열거한다. "고관절 굴곡근", "대퇴사두근", "장요근 힘줄"과 같은 단어가 음성으로 메모지에 휘갈겨진다. 나는 내 고통의 비서 역할도 해야 한다.

나는 지팡이를 짚고 마치 물속에서 오랫동안 숨을 참았다가 내쉬듯이 절뚝거리며 차로 향했다. 물리 치료사 앞에서 기를 쓰고 참았던 폭풍 같던 감정들이 남편의 따뜻한 눈길에 터져 나온다.

나는 절망감으로 인해 폭발하고 만다. "난 그저 – 난 그저 **평범하고 싶다고요.**"

내 말이 끝나자마자 앤드루는 주저 없이 부드럽게 대답했다. "하지만 당신은 평범하지 않아요. 당신은 비범한 사람이죠."

그렇다. 장애인도 속으로는 "평범하고" 싶을 때가 있다. 특히 우리의 몸이 우리의 기대를 저버리는 느낌이 나는 날에는 더 그렇다. 우리 안에 우리의 몸이 일직선으로 기능해야 한다는 기대가 내재화되어 있어서 우리는 몸이 뜻대로 따라 주지 않을 때 좌절감을 느낀다. 이는 마치 부루마블을 하는데 다른 모든 사람이 떼돈을 벌 때 "출발점을 지나가지 말고 20만원을 받지 마시오" 카드를 뽑은 것 같은 느낌이다. 특히 어린 나이에 장애를 갖게 되면 내 친구들은 당연한 것으로 받아들이는 많은 것을 나는 할 수 없다는 것과 겨우 걸을 수 있는 삶을 약속받은 대신 많은 것을 빼앗겼다는 느낌을 받을 수 있다. 내가 원래 **살았어야 할** 축복의 해시태그와 엄청나게 비싼 라테로 가득한 삶을 빼앗긴 느낌이다.

물리 치료사 앞에서 나는 앞으로 견뎌야 할 추가적인 물리 치료를 피할 수 있는 "감옥 탈출 카드"를 가졌으면 하는 마음이 간절했다. 내가 PT를 "끊임없는 고문"(Perpetual Torture)의 줄임말이라고 하는 데에는 다 이유가 있다. 결코 유쾌한 시간이 아니다. 물리 치료는 진을 쏙 빼고 그 시간은 영원처럼 느껴진다. 마치 머릿속에 계속해서 떠오르는데 끊임없이 이어지는 후렴구를 벗어날 수 없어 짜증 나는 노래와 같다. 하루 종일 가사를 기억해 보려 애쓰지만 가장 짜증 나는 부분 외에는 구체적으로 떠오르지 않는다. 물리 치료가 딱 이렇다. 추가적으로 불에 달군 칼로 여기저기 찔리는 느낌이 가미되고 통증을 느끼는 것이 좋은 것이라는 말을 들어야 한다. 그들은 아파야 효과가 있다는 말로 나를 달래면서 타이머를 슬쩍 훔쳐본다. 그 화요일에 나는 이 모든 과정이 견딜 만한 가치가 있고 눈에 보이는 결과를 낼 것이라는 어떤 확언, 일종의 약속의 말을 듣고 싶을 뿐이었다. 최소한 특정 결과를 보장하는 규칙을 얻고 싶었다. "평범하고" 싶은 절박한 갈망에 휩싸여 나는 인생이 부루마블 게임이 아니라는 사실을 잊어버렸다. 그리고 그 누구도 나를 위해, 혹은 다른 누군가를 위해, 앞으로 더 나아질 몸을 약속해 줄 수 없다. 그런 몸은 존재하지 않기 때문이다.

이러한 순간에 우리 장애인들은 우리가 누구인지 상기시켜 줄 누군가가 필요하다. 우리는 우리가 할 수 없는 것들의 카탈로그도 아니고 실망스러운 검진 결과로 채워진 달력도 아니며 보드게임에서 감옥에 갇힌 말도 아니다. 실제로 육체로 경험하는 것이 어떤 것인지 세상에 가르쳐 줄 수 있는 비범한 경험들로 가득 찬 사람들이다. 내가 잠시 잊어버릴 때 앤드루는 내가 비범한 사람임을 상기시켜 준다. 빠진 고관절과 시퍼런 다리, 그리고 경련성 신경이 이 사실을 앗아 갈 수 없다. 내 몸은 의사들이 옳다는 것보다 틀렸다는 것을 더 많이 증명해 냈다. 내 몸은 경이롭다. 항상 그렇게 느껴지는 것은 아니고 심지어 내가 원하는 대로 움직이지도 않지만, 내 몸은 구겨진 포장지로 싸인 선물이고 나는 이에 항상 감사한다. 나는 내가 장애인인 것이 자랑스럽다.

장애인으로서 자부심을 갖고 있다고 해서 장애로 인한 어려운 측면이 없다거나 항상 그 상황을 즐긴다는 말이 아니다. 짜증 나기도 하고 낙담하기도 하며 내 장애 입은 몸의 복잡성에 의문을 갖기도 한다. 하지만 나는 단지 영감을 주는 해시태그가 아니라 온전한 인간일 권리가 있다. 장애인 자부심은 나의 장애로 인해 내가 어떤 면에서도 덜 인간적이지 않다는 것을 선언하는 것이다. 나는 부끄러움의 대상이 아니라는 것을 선포하는 것이다.

우리의 장애를 스스로 인정하게 되는 도착지에 그냥 다다르게 되는 것은 아니다. 우리가 태생적으로 하나님의 형상을 지닌 자로서 가치가 있음을 믿는 혁명적인 행위로 우리는 우리의 장애 입은 몸의 각각의 부분을 포용하는 법을 배워야 한다. 세상과 교회는 우리가 충분하지 않고, 온전해지기 위해 "고침"을 받아야 하며(다시 말해, 치료되어야 하며), 기도 응답을 받기 "전"의 모든 요소를 가지고 있다고 가르친다. 이러한 뿌리 깊은 발상에 대항하는 방법은 우리의 몸이 **으레** 어떻게 움직여야 하는지에 대한 주장에 평생 길들여지는 것을 거부하는 것이다. 이따금 내가 그들이 말하는 내가 아님을, 그리고 내 장애 입은 몸이 전혀 수치스러운 것이 아님을 상기시켜 줄 무언가가 필요할 뿐이다. 그리고 나 또한 비범하다는 사실을 말이다.

❈ ❈ ❈

"지팡이를 안 보이게 할 수 있을까요?" 학교 사진사가 물었다. "아니면 에이미가 바깥쪽으로 가면 휠체어가 보이지 않겠네요."

어때요? 전체 사진이 잘 나와야 하니까요." 통역: 내 몸은 누구나 걸어 놓고 싶은 사진에 들어가기에 너무 추하다. 보아 하니, 나는 생생한 사전 경고문이라도 되는 모양이다.

그날 오후, 진이 빠진 몸을 이끌고 또 다른 진료를 받으러 간다. 그곳에서도 마치 고기 덩어리를 손질하듯 내 몸을 쑤시고 찔러 댄다. 또 다른 의사는 내게 시선을 맞추지 않고 소리를 낮춰, 절단하는 것을 고려해 보라고 권한다. 의학적 시선은 나와 내 희귀한 몸의 잘못된 것에만 오롯이 초점을 맞춘다. 판단과 당혹감을 감추지 않고, 거의 비난조로 내 몸이 희귀하다고 말한다. 마치 아무도 사지 않는 유전적 복권에 당첨된 것처럼 희귀하다고 말한다. 확실히 나를 지젤 번천이나 비욘세, 혹은 이드리스 엘바로 만들어 줄 복권은 아니다. 나를 아름답게 만들어 줄 복권이 아니다.

"당신 다리를 절단하게 하지 마세요. **평범한** 삶을 살 기회를 갖고 싶잖아요." 만나는 사람마다 다짜고짜 내게 권한다. 마치 "평범함"이 한 사람의 인생 목표의 전부인 것처럼 말이다. 그런데 "평범하다"는 것이 무엇인가? 나의 열두 살 자아는 아직도 그것을 잘 모르지만, 사람들의 에이블리즘은 내 모공에 스며들고 내 뇌파에 들러붙는다. 스무 살이 되어서 사람들에게 "당신을 장애인으로 생각하지 않는다"라는 말을 수백 번 듣고 나서야 찝찝한 잔여물이 남아 있음을 알아차리고 왜 그 말이 칭찬인지에 대해 의구심을 갖게 된다. 그들의 에이블리즘은 내가 왜 장애를 "극복"하려고 애썼는지, 왜 사진에서 내가 본능적으로 지팡이를 숨겼는지를 처리하는 과정 중에 흡수한 시럽이다.

하지만 만약 내 몸이 기괴한 쇼나 희귀한 질병이 아니라 다른 뭔가가 될 수 있다면? 만약 내 몸이 은유나 경계의 이야기의 대상이 아니라면? 그렇다면 나는 … 아름다워질 수 있을까? 내 유쾌한 미소나 내 영감을 주는 성격 때문이 아니라 내 앙상한 다리 말이다. 털도 나지 않고 혈액 순환도 안 되는 내 다리. 진료 파일을 높이 쌓고 의사들을 당혹시킨 내 다리. 내 허락도 없이 경련을 일으키는 내 다리. 나는 아름다워지기를 원하기에는 너무 합리적인 사람이라, 이러한 생각을 떨쳐 버린다. 나는 똑똑하고 인정 많고 관대한 사람이 되고 싶다. 나는 모든 사람이 번영할 수 있게, 왕들을 무너뜨리고 제국을 약탈하고 싶다. 하지만 아주 깊은 어딘가, 내 자신도 자주 들여다보지 않는 어느 한 구석에, 나는 "멋지게" 찍힌 사진에서 내 몸이 튀는 흠이 아니라 다른 무언가로 속할 수 있는 범주가 있었으면 좋겠다고 생각한다.

어쩌면 나는 밀로의 비너스가 될 수 있다. 2m 높이에서 자신의 팬들을 내려다보는 두 팔이 없는 이 여신은 말 그대로 사랑과 아름다움의 화신이다. 의기양양한 표정, 조각 같은 복부, 흘러내리는 옷이 그녀의 매력을 더한다. 그녀는 꿈과 같고, 신비로우며, 정교하고, 위압적이다. 그녀는 아름답다. 그녀의 장애 입은 몸이 아름답다. 만약 두 팔이 있었다면, 루브르에 전시된 그저 그런 대리석상으로 전락했을 것이다. 하지만 그녀의 장애가 그녀를 아름답게 만든다. 만약 피카소가 사실적인 신고전주의의 초상화를 그렸다면 그는 또 한 명의 평범한 화가로 남았을 것이다. 그가 그린 거친 선들과 왜곡된 형상은 이상화된 작품에서 예상되는 만곡(curvature)의 다른 모습을 보여 준다. 피카소의 형태는 혁신적이고 충격적이고 역동적이고 두드러지며 아름답다. 그가 그려 낸 것이 장애 입은 몸이기에 아름답다. 프리다 칼로, 빈센트 반 고흐, 안젤라 데 라 크루즈, 폴 클레, 아다 리몬, 프란시스코 고야, 마야 안젤루, 앙리 마티스, 야요이 쿠사마, 아만다 고먼, 신스 인밸리드(Sins Invalid: 장애인, 유색인, 퀴어 작가를 중심으로 '장애 정의'에 입각해 섹슈얼리티와 미를 탐색하는 퍼포먼스를 펼치는 단체 — 옮긴이), 그리고 수많은 장애인의 몸-마음을 가지고 아름다운 예술을 만든 이들을 생각해 보라. 장애는 아름다울 수 있다. 우리가 우리에게서 드러나는 아름다움에 관심을 기울인다면 얼마나 좋을까.

두 다리로 걷는 것은 간간이 할 수 있는 일이고, 투박하고, 미처 예상하지 못한 콘크리트에 갑자기 부딪치는 경우가 많다. 나는 세상을 미끄러지듯이 지나가며 보도를 두드리면서 부드러운 멜로디로 내 전동 스쿠터 바퀴와 조화를 이룬다. 고르지 않은 땅에서 어설프게 걷다 부딪치거나 더듬거릴 일이 없다. 나는 일관되게 편안하게, 그리고 우아하게 날아오른다. 내 코발트 색 지팡이는 강렬히 선포하며 보도를 내리친다. "난 장애인이다. 내 포효 소리를 들으라"라고 세상에 선언한다.

하지만 사람들이 내 몸을 추하고 부족하며 결함이 있다고 여기는데 어떻게 내가 아름다울 수 있겠는가? 결핍의 렌즈를 통해 본다면 당신은 내 몸이 할 수 없는 것들, 요컨대 걷기, 계단 오르기, 발가락 꼼지락거리기만을 통해 나를 해석하려 할 것이다. 하지만 만약 나를 비너스라고 생각하면 어떨까? 만약 비너스에게 두 팔이 있었다면 또 다른 특성 없는 그리스 대리석상 중 하나에 지나지 않았을 것이다. 그녀의 장애가 그녀를 독특한 존재로 **만든다**. 만약 계속적으로 의사들이 틀렸음을 증명해 온 방식으로 당신이 내 몸을 해석한다면? 내 몸을 의학적 경이로움으로 인정한다면? 극단적인 치료와 비정상적인 걸음걸이 기저에 얽매일 수 없는 결연한 영혼이 있다는 것, 그리고 이러한 용기가 내 희귀한 질병보다 훨씬 더 진귀한 이야기를 말하고 있다는 것을 인정한다면 어떨까?

내가 할 수 없는 것보다 할 수 있는 것에 더 기뻐할 때마다, 수치심과 부끄러움 없이 세상에 나갈 때마다, 내 몸이 얼마나 경이로운지 기념할 때마다, 나는 진리를 선포함으로 이러한 핵심 영적 거짓말을 물리친다. 그 진리는 바로 "아름답다"고 여겨지는 사람들이나 비장애인만이 아니라 우리 모두가 세상에 하나님의 형상을 비추는 자라는 것이다. 내 장애 입은 몸은 하나님의 광채를 비춘다. 때때로 우리는 내 장치들과 관절이 빠지는 일에 정신이 팔려 그 반짝임을 놓치고 만다. 하지만 분명히 이야기하는데 내 장애 입은 몸은 비범하다.

※ ※ ※

어느 안개 낀 수요일 오후 7시에 익숙한 문자 메시지 알림음이 울린다. 내가 참석하지 못한 약혼 파티에 가 있는 친구가 보낸 문자다. 나는 조금 전에 그 친구에게 "숟가락이 다 떨어졌어"라고 내 몸이 말을 듣지 않을 때 쓰는 암호를 사용해서 문자를 보냈다. 장애 공동체와 만성질환이 있는 사람들은 숟가락을 은유로 사용하여 기복적인 한계를 보이는 몸으로 살아가는 것이 어떤 것인지 설명한다. 크리스틴 미제랑디노(Christine Miserandino)가 발표한 숟가락 이론(spoon theory)은 한 친구에게 루푸스를 앓으며 살아가는 삶에 대해 설명하다가 만들어졌다.[3] 미제랑디노는 식당에 앉아 있다가 가까이 있는 숟가락들을 이용해서 만성 질환이 있는 사람들이 각각의 일상 활동을 하는 데 필요한 에너지를 "숟가락"으로 대체하여 상징적으로 보여 줬다. 숟가락 하나는 각각의 활동을 할 때 사용되는 에너지 양을 나타낸다. 숟가락이라고 말함으로써 내 메시지에 가벼운 느낌이 실리기 때문에 그 밤을 감정적으로 장악하는 느낌을 주지 않지만, 사실 답문을 보내는 것도 매우 힘든 일이다. 숟가락이라고 표현하면 모두에게 감정적 출구 차선을 제공해서 나 없이도 파티에서 좋은 시간을 보내게 할 수 있다.

  화면을 터치하니 내 얼굴에 빛이 쏟아진다. "좀 피곤하다니 아쉽다. 푹 쉬어"라고 쓰여 있다. 내 심장이 중력 한가운데로 아주 깊이 가라앉으면서도 매운 음식을 먹고 난 후 목구멍으로 위산이 치밀어 오르는 듯한 느낌이 든다. 가볍게 떨쳐 버리고 싶지만 인내심을 발휘하기에는 나는 너무 짜증이 났다. 심지어 좋아하지도 않는 노래가 머릿속에서 계속 울리는 것 같은 느낌이다. 가사의 한 소절이 계속 반복된다. "좀 피곤하다니, 피곤하다니, 피곤하다

---

[3] Christine Miserandino, "The Spoon Theory," *But You Don't Look Sick* (blog), 2003, https://butyoudontlooksick.com/articles/written-by-christine/the-spoon-theory.

니. 푹 쉬어, 쉬어, 쉬어어어어어어어."

'좀 피곤하다니.' 나는 속으로 생각했다. 내가 숟가락이 다 떨어졌다고 말할 때는 내 다리의 힘이 풀리고 화장실에 가는 길에 내 몸이 무너지는 상황을 말한다. 남편이 잠옷으로 갈아입혀 주고 3일간 침대에서 일어나지 못했다. 통증이 너무 극심해서 내 몸이 내 의지와 상관없이 벌벌 떠는 상황이었다. 너무 오랜 시간 동안 통증이 내 쇠약한 몸에 부딪쳐 와, 뇌의 회로가 합선되면서 고등 교육을 받은 나의 뇌가 문장을 만들어 말하지 못할 지경이었다. 직감적으로 왜 이런 통증에 시달리는 사람의 70 퍼센트가 자해를 하는지 이해가 갔다. 정말 그저 "좀 피곤한 정도"였으면 좋겠다는 마음이 간절했다.

이 모든 말을 써서 친구에게 문자로 보낼까 생각했지만 나는 고통으로 인한 자기 연민의 파티가 끝날 무렵이 되면 그렇게 한 일을 분명 후회하게 될 것을 알고 있다. 내가 친구에게 너무 영어 교수 같은 태도로 단지 그 짧은 문자만 가지고 그 뉘앙스를 파악하려 했음을 인정한다. 친구는 아마 파티에 가는 길에 생각나서 내게 그 문자를 보냈을 텐데 내가 부당하게 굴고 있음을 깨닫는다. 나는 그 친구가 나를 사랑하고 그 친구의 의도가 내가 풀이한 대로가 아니었음을 안다. 나는 친구가 내 삶을 이해하고, '숟가락'은 이 모든 일시적인 마비 증상을 일일이 언급하지 않고도 이를 설명하는 방식임을 알아주길 바란다. 그리고 그 친구가 아무리 피곤하고, 혈관 속에 더블 샷 벤티 사이즈 라테를 들이붓는다 해도, 내 몸으로 살아가는 것이 어떠한지 완전히 파악할 수 없다는 것을 알았으면 좋겠다. 그리고 내가 선택하지 않은 몸 때문에 참석하지 못하는 파티에서 사람들이 내가 없음을 아쉬워했으면 좋겠다.

어떤 때는 쉬어도 여전히 숟가락이 없는 날들이 있다. 어떤 날은 숟가락이 열두 개일 때도 있고, 또 어떤 날은 다섯 개뿐일 때도 있다. 어느 날은 숟가락이 너무 없어서 숟가락이고 포크고 간에 다 때려치우고 싶다.

나는 이 모든 것을 친구에게 털어놓고 싶지만 약혼 파티가 한창인 지금은 좋은 타이밍이 아니라는 것을 안다. 하지만 언제가 좋은 타이밍인가? 나는 속으로 생각해 본다. 내 몸 상태가 어떤지 사람들에게 말해도, 아주 작은 부분이라도 그들이 이해할 수 있게 도우려 해도, 결국 그들이 장애에 대해 가지고 있는 많은 가정들이 무엇인지, 곧 그들은 우리의 삶이 우리가 할 수 없는 것들로 가득한 우울한 이야기라고 가정하고 있음을 확인하게 된다. 내가 숟가락 암호를 사용할 때도, 나도 (무의식적으로) 내가 겪고 있는 고통의 심각성을 일축하는 것이다. 내가 자초한 일인가? 숟가락 암호를 사용하는 것에 의구심이 든다. 어쩌면 암호화된 언어를 사용함으로써 무신경한 반응을 조장했을 수도 있다. 숟가락은 외로움을 덜 느끼기 위한 방식이지만 어쩐지 나는 여전히 외롭다.

이것이 장애인의 협력자들과 이야기할 때 보이는 양상이다. 우리는 그들이 이해해 주길 원하지만 그들이 전혀 이해하지 못하고 있음을, 어쩌면 아예 이해할 수 없음을 알고 있다. 우리는 우리만 아는 농담과 숟가락 암호를 사용하지만, 이러한 가면 뒤에 실제로 어떤 상황이 있는지에 대해 그들이 인식하고 있는지는 의문이다. 우리의 이야기를 전하려 할 때마다 우리는 묵살당하고, 어떨 때는 우리의 고통을 사람들이 알게 되면 우리의 삶이 절대 살 가치가 없음을 증명하는 증거로 사용될 것에 대한 우리 자신의 두려움 때문에 침묵하기도 한다. 우리를 가까이 두고 싶어 하지 않는 사회로부터, 또 어떨 때는 우리 자신이 보내는 문자로, 우리는 삭제된다. 우리의 삶이 얼마나 복잡한지 설명하기에는 좋지 않은 것투성이기 때문이다.

우리는 옴짝달싹할 수 없다.

이 책을 쓰면서도 내 장애와 나의 관계를 사람들이 오해하게 될까 봐 걱정이다. 사람들이 이 이야기만 기억하게 될까 봐, 혹은 내 삶이 "평범하지" 않다고 짜증 냈던 이야기만 기억할까 봐 걱정이다. 사람들이 나를 동정할까 봐, 불쌍하게 여길까 봐, 내 주위에서 더 어색함을 느끼게 될까 봐 두렵다. 마치 반려동물 입양 비디오에서 당신의 여린 마음을 저격하는 애절한 발라드로 당신의 감정을 갖고 노는 것처럼 말이다. 만약 세라 매클라클런의 노래가 들린다면 지금 당장 이 책을 덮어라. 또 사람들이 장애를 인정해 주는 것에 너무 몰두해서, 정작 장애로 인한 힘든 부분들을 잊게 될까 봐 걱정이다. 이렇게 되면 또 다른 형태의 기복 복음이 된다. 건강과 부를 칭송하는 대신에 우리는 장애가 고통이 낄 틈 없는 행복 그 자체인 체할 수도 있다.

사실 장애를 갖고 사는 것은 어렵지만 아름답고, 가슴 아프지만 빛이 나며, 상실로 가득하지만 생명으로 가득하기도 하다. 나는 장애를 갖게 된 것에 감사하지만 다른 사람들은 장애를 겪지 않기를 바란다. 내 몸은 위협적이지만 경이롭다. 장애인인 것이 자랑스럽지만 내 존재의 총체는 아니다. 장애인으로서 가장 힘든 부분은 통증이 아니라 사람이다. 사람들에게 설명해야 하고, 문자로 그들이 가진 가정들을 재고하기를 요청하는 일은 버겁다. 날마다 나에 대한 비방어가 폭격처럼 쏟아지지만 모두 대수롭지 않게 여긴다. 겨우 용기를 내어 내 고통을 누군가에게 나누지만 비교당하며 일축되기 일쑤다. (내 장애는 당신이 중학교 때 발목이 부러졌을 때와는 비교도 할 수 없다.) 그들과의 인간관계가 깨질 위험을 각오하고, 내가 낙심해서 하는 말에 그들이 짜증 낼 것을 알고도, 그들에게 이런 것들을 나눠야 할지 말아야 할지 재야 한다. 아니면 더 안 좋게는, 내가 너무 까다롭다고 그들이 나와 거리를 둘 수도 있다. 사람들이 숟가락 이론 따위를 믿는 나를 불편하게 생각해서 파티에서도 내 존재를 아쉬워하지 않는 것은 아닌지 하는 걱정도 든다. 가장 어려운 부분은 통증이 아니라 사람이다. 하지만 언젠가 고통이 가장 큰 문제가 되는 날이 오길 고대한다.

그리고 나는 결국 이 모든 것을 내게 문자를 보냈던 친구에게 이야기했다. 친구는 내가 몇 통의 문자만을 가지고 과잉 분석 했음에도 불구하고 자비롭고 친절하게 응답했다. 나는 위험을 감수하고 그 친구에게 속을 털어놓기를 잘했다고 생각한다. 그 친구를 보면서, 언젠가 통증이 최악의 요소가 되는 날이 멀지 않았다는 소망을 갖게 된다. 더 많은 사람들이 그 친구처럼 기꺼이 듣고 배우고 사랑한다면 얼마나 좋을까. 다른 이들이 나에 대해 잊을 때 나는 그 친구를 기억한다. 그 친구는 장애인의 협력자들이 투자할 만한 가치가 있는 좋은 본보기다. 그 친구야말로 사람들이 변할 수 있음을 보여 주는 희망이다.

✶ ✶ ✶

처음 장애를 입게 되었을 때, 나는 내 몸과 싸웠다. 나는 생산적인 삶을 살기 위해 내 자신을 몰아붙였다. 다른 사람들이 나를 게으르다고 생각하는 것을 원하지 않았다. 내가 두 배로 열심히 일하면 내 주위에 있는 모두에게 아무것도 변하지 않았다는 것을 납득시킬 수 있을 것 같았다. 물론 걸을 수는 없었지만 나는 여전히 **나**였다. 나는 에니어그램 1번 유형, 통과하지 못할 시험을 겪어 본 적이 없는 개혁가였다. 하지만 내 몸은 다른 계획을 갖고 있었다. 내 몸은 나를 억지로 쉬는 시간을 갖게 하고 속도를 늦추게 했으며 휴식을 취하게 했다. 내 몸은 내가 숟가락을 가지고 살게 만들었다.

계속해서 요동치는 숟가락 분배를 숟가락 이론을 믿지 않는 사람들에게 설명하는 것은 귀찮은 일이다. 왜 어느 날은 다른 날보다 더 많은 숟가락을 가지고 시작하는지 항상 이해하기는 쉽지 않다. 어떤 날은 남편이 양말 신는 것을 도와주는데 그때마다 나는 "진짜 감동이네요"(take my socks off: 뭔가에 긍정적으로 놀랐을 때 하는 표현으로, 양말이라는 뜻의 socks로 하는 언어유희 - 옮긴이)라고 말한다. 다른 날에는, 내가 해야 할 일들을 레슬리 높(Leslie Knope: 미국 시트콤 「팍스 앤 레크리에이션」의 이상적 여성 공무원 - 옮간이)보다 더 잽싸게 해결하고 넘어갈 수 있다.

매일이 유한한 숟가락을 어디에 사용해야 하는지에 관한 자잘한 결정들로 이어진다. 숟가락 이론 추종자들은 그날그날 무엇을 할 수 있는지에 대해 자신의 몸과 끊임없이 협상을 해야 한다. 우리는 우리 엉덩이에 숟가락 계량기를 달고 있지 않다. (그렇다면 매우 근사하지 않겠는가?) 배우고, 실패하고, 다시 배우는 과정을 거쳐, 월요일마다 몇 개의 숟가락을 쓸 수 있는지에 대한 통찰을 얻을 수 있다. 우리는 숟가락을 더 얻을 수 없기 때문에 그날의 할당량을 넘어가지 않도록 항상 숟가락의 개수를 센다. 숟가락이 떨어지면 우리는 무너진다. 우리에게 식기류 서랍 따위는 없다. 국자를 쓰기 위해 숟가락을 아껴 둘 수도 없다. 내일의 숟가락을 빌려 쓰는 것도 할 수 없다.

숟가락 이론 추종자들을 위한 신병 훈련소가 아니다. 당신이 상상한 것보다 무한한 능력이 있음을 발견하기까지 지금껏 가능하다고 생각한 한계를 넘어가도록 밀어붙일 수 없다. 우리는 게토레이 광고가 아니다. 딱 눈에 보이는 벽이 있어서, 정량의 전해질과 카페인, 혹은 동기부여 연설을 한다고 해서 다른 쪽으로 뚫고 지나갈 수 있는 것이 아니다. 당신 얼굴에 대고 문을 쾅 닫아 버리는 벽이 있다. 그리고 많은 경우, 그 벽은 보이는 것보다 훨씬 더 가까이에 있다.

가장 최근에 숟가락이 다 떨어졌을 때, 나는 3일 동안 집은 물론이고 침대 밖으로도 한 발짝도 나가지 않았다. 무덤에 계신 예수님 스타일이라고나 할까. 하루 종일 침대에 엎드려 있다가 밤을 먹거나 화장실에 가야 할 때만 겨우 몸을 일으켰다. "살아났노라!" 외치며 드디어 고치에서 나왔을 때, 내 몸은 쇠약해져 있었고 최소한의 일만 해도 몸이 부들부들 떨렸다. 내 페이스대로 너무 천천히 움직여야 했기에 나무늘보가 경주에서 날 이길 수 있을 정도였다. 숟가락이 다 떨어지면 칼로 살을 에는 듯한 느낌이 든다.

하나님은 숟가락의 팬이시다. 이스라엘 백성과 언약을 맺으실 때, 하나님은 명하셨다. "안식일을 기억하여 거룩하게 지키라 엿새 동안은 힘써 네 모든 일을 행할 것이나 일곱째 날은 네 하나님 여호와의 안식일인즉…"(출 20:8-10). 우리 중 대부분은 이 명령에 대해 "물론 그러시겠죠"라고 넘기고 각자의 삶대로 살아간다. 우리는 안식일을 피하기 위해 성경에 나오는 모든 정당한 이유를 둘러댄다. 시간 개념이 그때와는 다르죠. 이스라엘 백성에게 **내** 상사 같은 사람은 없었잖아요! 안식일이 월세를 내 주지 않죠. 휴, 예수님은 율법을 성취하러 오셨다.

우리는 휴식이 우리에게 유익하다는 것을 잊어버린다. 휴식의 리듬은 우리의 몸과 마음의 활기를 되찾게 한다. 규칙적인 휴식은 스트레스를 줄이고, 심장병 발병 위험을 감소시키며, 면역 체계를 강화하고, 우리의 창의성을 심화한다. 수많은 연구 결과는 우리가 이미 알고 있는 것, 즉 휴식이 위대한 의사이신 하나님이 정확히 처방하신 것이라는 사실을 확증한다.

안식일을 지키는 것은 장애를 입은 관행이다. 이는 우리가 해야 할 일 리스트를 완수했기 때문이 아니라 우리가 하나님의 형상을 지녔기 때문에 가치가 있다는 점을 온 천하에 공포한다. 안식일을 지키는 것은 우리로 하여금 쉬고 숨 쉬며 활기를 되찾게 한다. 우리에게 더 열심히, 더 좋게, 더 빠르게, 더 강하게(harder, better, faster, stronger) 하라고 몰아붙이는 자본주의 세계의 경쟁과는 반대되는 행위를 제안한다. (아무리 노력한다 해도 우리는 다프트 펑크[Daft Punk]의 노래가 아니다. [프랑스 전자 음악 듀오인 다프트 펑크의 노래 중에 'Harder, Better, Faster, Stronger'가 있다. - 옮긴이]) 안식일을 지키는 것은 다른 이들보다 앞서 나가기 위해 터보 엔진을 달고 달리는 것이 건강한 것도 아니고 풍성한 삶을 위해 필수적이지도 않다는 것을 선언한다. 안식일을 지키는 것은 뿌리 내리고, 거두고, 놓아주는 것에서 창조의 리듬을 따른다. 그리고 우리의 몸을 생명의 숨결, 시간의 자궁, 모든 창조의 신성함에 연결시킨다.

안식일은 믿음의 행위를 필요로 하는 형성적 관행이다. 안식일은 숟가락 이론 추종자들이 진리로 알고 있는 사실을 선포한다. 즉, 우리는 우리의 몸을 통제할 수 없으며, 모든 몸이 때마다 달라지는 필요를 가지고 있다는 사실이다. 안식일을 지키는 것은 이러한 진리를 어느 정도 인정하게 만든다. 아직 끝내지 못한 일은 내일 해야 할 걱정임을 단언하게 한다. 그리고 염려를 내려놓고 활기를 되찾기 위해 당신의 믿음이 충분한지, 아니면 그냥 너무 지친 것인지 확인하게 한다. 안식일은 장애 정의 원칙의 핵심이다. 우리가 하나님의 형상으로 지음받았다는 이유만으로 모두가 가치 있다고 단언하기 때문이다. 우리의 신성한 가치는 노력해서 얻거나 잃을 수 있는 것이 아니다.

비장애인들은 규칙적인 휴식의 리듬을 개발함으로써 숟가락 이론 추종자에게 배울 수 있다. 나는 어느 날은 쉬고 나서도 숟가락이 없을 때가 있다. 숟가락 이론 추종자들은 아무리 카페인을 많이 섭취해도 액체 숟가락을 자기 몸에 주입시킬 수 없다. 하지만 우리는 우리의 달력, 시계, 경력이 아니라 우리의 몸이 우리의 에너지를 어디에다 써야 하는지 지시하게 할 수 있다. 숟가락은 우리에게 소중한 자원이기에 지혜롭게 사용해야 한다. 안식일을 지키는 것이 숟가락 부족 상태를 해결해 주지는 않지만, 숟가락에 의지해서 살아가기 위해 필요한 휴식이 어떤 것인지 비장애인들이 살짝은 엿볼 수 있게 한다.

안식일 그리고 숟가락 이론은 모두 사람들에게 휴식을 그들의 일상에 포함시킬 것을 요구하는 실체적인 관행이다. 아무리 SF 영화가 그렇다고 설득하려 해도, 몸은 기계가 아니다. 적절한 부품으로 대체하고 조립한다고 해서 항상 회복될 수 있는 것이 아니다. 차가 고장 났다고? 그럼 수리공에게 맡겨라. 시간과 돈을 쓰고 나면, 수리되어 더 이상 믹서기에 포크가 끼인 것 같은 소리가 나지 않는 차를 몰고 집에 갈 수 있다. 또 고장이 나면 카뷰레터를 교체하듯 간단하게 고칠 수 있다. 하지만 몸은 그렇지 않다. 의학과 생명 자본주의는 몸도 교체 가능한 부품에 불과할 수 있다고 믿도록 우리를 현혹한다. 하지만 몸은 그렇게 작동하지 않는다.

몸은 마치 정원과 같다. 우리는 땅에 딱 맞는 작물을 심을 수 있다. 그 작물이 성장하도록 잘 보살피고 다양한 방식으로 재배할 수 있다. 하지만 작물의 궁극적 성공은 우리에게 달려 있지 않다. 우리가 통제할 수 없는 온도, 물, 습도, 일광에 의존한다. 우리의 손상된 장기 혹은 사지는 자동차의 부러진 팬벨트처럼 교체할 수 있는 것이 아니다. 때로 우리는 모든 "적절한" 일들, 예를 들어 영양가 있는 음식을 먹고 운동을 하고 스트레스를 줄이는 일 등을 행하지만 우리의 몸에는 규범적이지 않은 부분들이 있다. 케일을 아무리 많이 섭취하고 적외선 램프를 사용해도 내가 장애를 가지고 있음을 바꿀 수 없다.

우리는 우리의 몸을 기계가 아니라 정원으로 재구성해야 한다. 그렇게 하면 숟가락 이론 추종자들의 관행을 배울 수 있다. 우리는 정원이 계절에 따라 변하고 땅을 회복하기 위해 규칙적인 휴식을 필요로 함을 알고 있다. 우리의 몸도 이와 마찬가지로 간단한 수리나 부품 교체가 아니라 숨 고르기와 충전이 필요하다. 우리의 몸은 휴식을 취할 만한 가치가 있다.

※ ※ ※

내 옷장에는 표백한 스티로폼 상자 한 면에 붙여 놓은 거울이 놓여 있고 오후에 나는 그 앞에 앉는다. 내 왼쪽 다리를 상자 안에 넣고, 밖에 붙여 놓은 거울에 비춰지는 내 오른쪽 다리의 이미지를 뇌에 반영한다. 그렇게 하면 뇌가 양쪽 다리 모두 터치와 움직임, 그리고 자극을 견딜 수 있다고 믿게 한다. 나는 왼쪽 다리가 오른쪽 다리처럼 변화하는 것을 지켜본다. 다양한 감촉을 가진 물체들로 내 발목을 만질 때 내 시선은 거울에 꽂혀 있다. 사포의 거친 알갱이들, 전동 브러시의 꺼끌꺼끌한 털, 목욕용 수세미의 매끄러운 오이 같은 그물망, 깃털의 간지러운 애무, 창틀 접합제의 차가운 젤 외에 여러 가지 감촉을 느낄 수 있다.

나는 거울 상자를 신경외과에 가져가고 의사는 이렇게 지도한다. "비결은 뇌의 생각하는 부분을 꺼 버리는 거예요." "잠깐만요. 내 뇌에 생각하지 않는 부분이 있다고요?" 나는 속으로 걱정한다. 불안감이 엄습한다. 내 마음 한 켠에 생긴 혼란으로 두 볼이 빨개진다. "어떻게 … 생각하는 것을 어떻게 끄라고 하시는 건가요?" 내 목소리가 떨리고 반신반의하는 나의 마음이 드러난다. "내가 모르는 '끄기' 스위치가 있나요?" 우리는 아재 개그를 들었을 때처럼 깔깔 웃음을 터뜨렸다. (그 답은 아직까지 모른다.)

신경가소성(neuroplasticity: 성장과 재조직을 통해 뇌가 스스로 신경회로를 바꾸는 능력 – 옮긴이) 훈련을 시작한지 3주째지만 나는 이 모든 노력에 대해 회의적이다. 팸플릿을 정독하고 모든 조사도 마쳤다. 나는 우리의 뇌를 젤리에 비교하는 영상을 봤는데 그 영상은 우리의 순응적인 뇌가 두개골 안에서 찰랑거리면서 재형성될 새로운 틀을 기다리는 것으로 설명했다. 마치 우리의 유연한 뇌를 위한 무드 링(mood ring: 끼고 있는 사람의 마음의 움직임에 따라 색이 변한다는 반지 – 옮긴이) 같은 틀 말이다. 저녁 식사에서는 언제나 젤리를 먹지 않는데, 아쉽네. 나는 물렁물렁하지 않은 음식을 선호한다.

신경가소성 훈련의 기본 전제는 경기 스포츠에서 선수들이 근육량을 늘리는 것과 매우 흡사하게 의도적인 코칭을 통해 우리 뇌의 회로를 새로 바꿀 수 있다는 것이다. 두개골 안에 있는 우리의 젤리 하드 드라이브는 페타바이트의 데이터를 담고 있다. 이는 넷플릭스의 모든 저장 용량보다 큰 수준이다. 알고 보니, 넷플릭스가 제공하는 콘텐츠를 다 몰아 봐도 당신의 뇌를 다 채우지는 못한다. 우리 뇌의 하드 드라이브 용량은 엄청나다.

사실 우리의 뇌는 너무 엄청나서 우리가 일상적으로 하는 활동에는 뇌의 능력을 낭비하지 않는다. 경험과 기억, 그리고 행동, 이 모든 것이 뇌 안에서 길을 닦는데 이 길들은 반복을 통해 강화된다. 우리의 뇌는 이러한 길을 우리가 항상 취하는 행동을 위한 지름길로 인식한다. 뇌파는 자신만의 길을 구축하기보다는 이미 확립된 통로를 따라 흘러간다. 우리는 자동 조종 장치로 움직인다. 보통 이것을 "근육 기억"이라고 부르는데, 더 정확히 말하자면 우리를 에너지 효율적으로 만들기 위해 우리의 뇌에 새겨진 잠재의식이라고 할 수 있다. 그렇기 때문에 노래를 부르지 않고도 신발끈을 묶을 수 있고, 말로 내뱉지 않아도 핸드폰의 비밀번호를 입력할 수 있으며, 집에서 회사까지 가 본 것을 기억해 내지 않고도 차를 몰 수 있다. 습관은 도움이 된다. 이렇게 뇌는 에너지를 보존한다. 뇌야, 고맙다.

하지만 해로워지는 상황에서도 계속해서 그 통로를 따라 흘러가면 어떻게 될까? 습관 또한 해로워질 수 있다. 우리는 여전히 넷플릭스를 보고 있다. 그만 보기가 쉽지 않다. 의식적으로 생각하지 않고 계속 본다. 몰아서 보는 늪에 빠지고 만다. 뇌는 가장 저항이 적은 길을 선택하는데, 새로운 길을 내는 것에는 에너지가 필요하기 때문이다. 주로 쓰는 손이 아닌 다른 손으로 양치질을 해 보거나 다른 사람의 서명을 위조해 보면 알 수 있다. 당신의 뇌가 새로운 길을 내기 위해 바뀌는 것은 혼란을 가중한다. 젤리가 질척질척해지는 느낌이다.

나에게 신경가소성은 나의 뇌에게 모든 자극이 고통스러운 것은 아니라는 사실을 가르치는 것을 의미한다. 나의 뇌는 매우 똑똑하다. 어떤 것으로도, 심지어 아주 가벼운 이불로도 내 왼쪽을 건드리면 고통스럽다는 것을 학습했기 때문에 기를 쓰고 피하려 한다. "아야!" 뇌는 비명을 지르고 모든 감각에 반응하며 위축된다. 이불, 미끄럼 방지용 운동화, 양말, 돌. 내 다리는 어떤 날씨에는 깃털로도 건드리지 못하게 한다. 고통 그 자체다.

신경가소성 훈련의 기반이 되는 발상은 나의 뇌를 재교육해서 감각과 질감을 통증이 아니라 **다른 것으로** 해석하게 하는 것이다. 내 왼쪽 다리에 고문을 가하는 대신에 내 오른쪽 다리에 여러 가지 물체를 대 보면서 거울 상자를 관찰하라고 코치를 받는다. 이 마술 거울은 나의 뇌가 왼쪽 다리를 보고 있다고 믿게끔 속여 내 젤리 회로판을 재설계한다. 어느새 나에게는 오른쪽 다리 두 개와 새로운 뇌가 생길 것이다. 어쩌면 내 신경계가 적이 아니라 동지가 될 수도 있다는 바로 그런 발상이다.

부상병들에게 효과가 있었다는 것을 듣고 난 후, 나는 썩 내키지 않지만 한번 시도해 보는 것에 동의한다. 위험 부담은 적고 잠재적으로 이득은 높은 것이라고 내 자신을 설득한다. 최악의 경우라고 해도, 거울을 가지고 발을 간질이는 장난 정도로 끝날 것이다. 그리고 최상의 경우, 나의 뇌 전체 회로를 갈아 치울 수 있을 것이다. 아빠는 거울 속 환영이 "진짜"라고 믿을 수 있는 가능성을 높일 수 있게 내 다리의 치수에 맞춰 거울 상자를 만들어 주셨다. 그리고 엄마는 내가 가장 좋아하는 청록색 천으로 여러 가지 독특한 질감들을 만들어, 내 마음이 뒤집어지는 와중에도 내가 미소 짓게 만들었다.

그렇게 작업이 시작된다. 뇌를 새로 구성하는 일은 이상하다. 마치 마취에 취한 상태로 상처가 꿰매지고 있는 자신을 관찰하거나, 너무 어릴 때 일이라서 기억도 나지 않는, 캥거루를 쓰다듬고 있는 자신의 영상을 보는 느낌이다. 진짜임을 알지만 허구처럼 **느껴진다**. '섬뜩하다'라는 단어를 쓰고 싶다. 내 눈에 보이는 대로 믿는 훈련을 하지만 내 뇌가 나를 믿고 있는지는 확실하지 않다. 연구 기간 동안 나는 변하지 않았으면 하는 내 기억 같은 것도 교체될 가능성이 있는지 신경과 전문의에게 상세히 물어봤다. "아닐 걸요." 그는 별로 믿음직스럽지 않은 고음의 목소리로 대답했다. "그럼 그럴 가능성이 있긴 있다는 말씀이네요!" 내 머릿속에 영화 「덤 앤 더머」의 장면이 떠오른다.

나는 내 안에 느껴지는 좋은 기운을 놓치고 싶지 않아서 북극곰 슬리퍼를 벗고 내 발목을 조심조심 상자 안에 넣고는 거울을 응시한다. 아무 일도 일어나지 않는다. 내 얼룩덜룩한 피부의 차디찬 색깔을 상쇄하기 위해 발톱을 강렬한 코랄 색깔로 바를 시간이 있었으면 하는 소망 외에는 달라지는 것이 없다. 내 마음은 "어떻게 하면 뉴욕시에 어떻게 기린을 숨길 수 있을까?" 혹은

"코알라의 적수는 뭘까?"와 같은 긴급한 주제들에 대한 생각들에 빠지고 만다.

혼란스럽고 묘한 감정에 머뭇거리며 나는 집중하라고 스스로를 꾸짖는다. 눈도 깜박이지 않고 오랫동안 내 발목을 이렇게 강렬하게 보고 있자니 혼란스럽다. 아무리 마법봉 툴을 눌러도 억지로 웃은 미소를 필터링 할 수 없는 적나라한 셀카 사진을 보는 것과 같다. 모든 세부적인 부분과 티에 초점을 맞춘다. 갑자기 수술 자국들과 내 혈관의 얽힌 근류가 눈에 들어온다. 몸이 흐물거리는 느낌이다. 하지만 끈질김이 이 게임의 이름이기 때문에 나는 계속한다.

효과가 있는가? 잘 모르겠다. 어떤 날은 플라시보 효과에 내 시간을 허비하고 있다는 느낌이 강하게 들 때도 있다. "맞아, 효과가 있어!"라고 스스로를 안심시키다가도 내가 신경가소성 에이드를 너무 많이 마신 건 아닌가 조바심이 생긴다. 또 어떤 날에는 아래를 내려다보고, 이 훈련을 내재화하기 시작한 건 아닌지 생각해 본다. 효과가 있든 없든, 신경가소성 훈련 기간은 내가 이제껏 받아 왔던 것 중 가장 덜 고문스러운 치료법이다. 그리고 나도 모르게 우리의 영적 형성도 이와 비슷한 것은 아닌지 생각해 본다.

신경가소성은 당신이 싸움에서 내뱉은 최악의 대답이나 여전히 당신을 민망하게 하는 20년 전의 경솔했던 금전적 실수가 당신을 정의하지 않는다는 것을 믿게 한다. 우리의 뇌는 다른 형태로 완전히 변했다. 젤리 틀을 기억하는가? 우리는 끊임없이 변화하고 있다. 생리학적으로 우리는 예전의 우리가 아니다. 사실 우리는 두 살 때 자신의 모습보다 지금 동료들과의 공통점이 훨씬 더 많다. 그저 조숙하고 캥거루를 쓰다듬던 어린 나와는 기원 이야기(origin story: 어떻게 한 인물이 주인공이나 그 상대자가 되는가 하는 이야기 - 옮긴이)를 공유할 뿐이다. 신경가소성 훈련은 우리에게 일어난 일 그 자체가 아니라 우리에게 일어난 일에 대해서 어떻게 생각하기로 선택하는지가 우리를 정의한다는 것을 깨닫게 한다. 우리의 통제를 벗어나는 일은 너무나 많지만 우리에게 일어난 일을 어떻게 생각하는지는 바꿀 수 있다. 내 신경계가 건드림을 고문으로 인식한다는 사실은 통제할 수 없지만 그 감각에 대해 내가 생각하는 방식은 바꿀 수 있다. 신경가소성 훈련은 우리 이야기의 가장 고통스러운 부분조차도 만회할 수 있음을 선언한다. 우리가 우리 수치심에 휩쓸리며 살지 않아도 된다고 믿게 한다.

  우리는 어른이 된다는 것은 새로운 것을 시도하지 않거나 바보같아 보이지 않는 것을 의미한다고 믿고 싶어한다. 마치 그런 느낌은 어린 시절에 두고 온 것처럼 말이다. 우리는 나이가 들면서 더 이상 취약해지지 않을 수 있다고 생각한다. 우리의 경력과 취미와 사역과 삶이 우리가 잘하는 것, 성공한 것, 은사로 받은 것들을 기반으로 세워진다. 이는 마치 그 어떤 실패나 어리석은 짓으로 인해 느끼게 될 잠재적 수치심을 위한 예방 주사를 놓는 것 같다. 하지만 신경가소성 훈련은, 시도하고 실패하고 또 시도하는 것을 의미한다. 당신의 뇌를 재구축하는 것은 바보 같아 보이는 것을 의미한다. 이는 거울 속에 비친 다리를 보면서 이런저런

무작위의 물체들로 다리를 건드려서 당신의 뇌신경전달통로가 바뀌기 기대하는 것을 의미한다. 결과가 보이지 않을 때에라도, 나타나서 참여하고 작업하는 것을 의미한다. 그리고 당신이 변할 수 있음을 믿는 것을 의미한다.

우리는 새로운 피조물이고, 우리의 뇌를 재훈련함으로 우리의 예전 모습을 벗어 버리고 이제 더 이상 예전의 모습으로 살아가지 않아도 된다(고후 5:17). 우리는 "그리스도의 마음을" 가졌다(고전 2:16). 우리는 "오직 마음을 새롭게 함으로 변화를" 받았다(롬 12:2). 우리는 "위의 것을 생각하고 땅의 것을 생각하지" 말라고 부르심을 받았다(골 3:2). 우리는 "무엇에든지 참되며 무엇에든지 경건하며 무엇에든지 옳으며 무엇에든지 정결하며 무엇에든지 사랑받을 만하며 무엇에든지 칭찬받을 만하며 무슨 덕이 있든지 무슨 기림이 있든지 이것들을" 생각해야 한다(빌 4:8). 이것이 신경가소성 훈련이 말하고자 하는 바이지 않은가? 몸-마음을 이 세상 것이 아닌 것으로 변화시키는 것에 초점을 다시 맞추는 것이다. 이는 우리 자신에 **대하여** 우리 자신에게 말하는 장면이 되면, 대본을 넘기기로 선택하는 것이다.

이것은 긍정적 사고방식의 힘이 아니다. 우리 자신의 등을 두드리며 예수님께 핸들을 넘기거나, 병적인 긍정성이 넘치는 동기부여 연설을 듣는 것과는 다르다. 내 태도가 나쁜 것이 아니라 실제로 장애가 있고 어떤 날은 확실히 나쁜 기운을 느끼기도 한다. 지나친 자신감도 아니고 척하다가 그렇게 되는 것도 아니다. 그리고 우울증, 불안, 중독, 트라우마를 경험하는 사람들의 실제 고통을 폄하하는 것도 아니다. 신경가소성은 내가 장애인이라는 사실을 변화시키지 않는다. 단순히 다른 무언가를 생각한다고 우리의 몸이 기록한 점수를 지울 수 없다. 이것은 과정이다. 신경가소성은 수치스러운 거짓말에 새로운 피조물의 진리로 대응하게 한다. 이 진리를 아직 온전히 경험하지 않았어도, 우리가 영원한 가치를 얻었다는 진리를 선포한다. 우리의 오래된 길이 파괴적일 때 새로운 길을 내는 것에 참여할 수 있음을 믿는 믿음이다. 현재이면서 미래다. 머리로는 알지만 아직 실감하지는 못한, 새 창조에 대한 약속이다. 죽음이 부활의 사람들을 해할 수 없다는 선포이지만 우리는 아직도 그 슬픔에 앉아 있다.

    때때로, 영성 형성을 이야기할 때 우리는 우리의 고민들이 다 녹아 없어지는 뜨거운 교회 캠프를 원한다. 그런 교회 캠프가 물론 위로가 되긴 하겠지만 지속 가능하지 않다. 영성 형성은 골든 리트리버 강아지나 보송보송한 양말 같지 않다. 영성 형성은 우리의 몸-마음이 견뎌 온 트라우마를 최소화하려고 하지 말아야 한다. 전체론적이면서 우리의 쓰라린 삶 그대로를 포함해야 한다. 우리의 믿음은 우리의 뇌와 같다. 다시 말해, 살아 있고, 역동적이며, 탄력 있고, 가단성(잘 펴서 늘릴 수 있음)이 있다. 우리는 우리 자신에게서 해로운 관행을 떨쳐 내려고 씨름하듯이 "모든 생각을 사로잡아 그리스도에게 복종"하라는 지시를 받았다(고후 10:5). 모든 생각을 사로잡으라는 말은 당신 자신에 대해 믿도록 배운 것이 아니라 당신이 진짜라고 알고 있는 것들에 대고 당신의 독자적인 생각들을 가늠해 보는 것을 의미할 수 있다. 어쩌면 당신은 창조주의 광채 나는 형상으로 만들어졌기 때문에 당신의 있는 모습 그대로 신성하다는 사실을 다시 깨닫는 것을 의미할 수도 있다. 그리고 어쩌면 신경가소성 훈련을 하라는 뜻일 수도 있다.

거울을 보면서 나는 내가 진짜라고 알고 있는 것에 대해 내 발이 보이는 반응을 비교해 본다. 수세미는 그리 끔찍하지 않다. 깃털은 두려워할 대상이 아니다. 내 다리를 건드리는 것이 항상 고문 같은 것은 아니다. 언젠가 내 왼쪽 다리와 내 신경계가 날 불쌍히 여겨 이렇게 믿어 줄지 모른다. 일단 그동안 나는 앉아서 기다리면서 이 일이 거울로 하는 장난 이상의 뭔가가 되리라는 소망을 버리지 않는다. 만약 그렇게 되지 않는다 해도, 적어도 나는 기꺼이 위의 것을 생각하는 위험을 감수할 준비가 되어 있다. 적어도 내 몸-마음을 투자할 가치가 있는 것으로 소중히 여길 용의가 있다. 적어도 부활을 연습할 마음의 준비가 되어 있다.

우리는 부활의 사람들이다. 우리는 우리 삶에서 죽은 길이 활기를 되찾아 새로운 생명을 가져올 것을 믿는다. 어떤 날은 부활을 연습하고 새로운 피조물이 되는 것이 그 (거울) 상자를 벗어나 새로운 사고를 하는 것처럼 보이기도 한다.

묵상과 적용

▶▶ 역사를 통해 장애인들에 대해 배워 보라. 장애인 한 명을 선택하여(프리다 칼로, 해리엇 터브먼, 주디 휴먼, 패니 루 해머 등) 장애와 함께한 그들의 일생과 경험에 대해 찾아보라.

▶▶ 오늘날 세계에 대한 장애인들의 견해를 읽고, 듣고, 배우라. 앨리스 웡(Alice Wong)의 팟캐스트 Disability Visibility(장애 가시성)나, 편집본 *Disability Visibility: First-Person Stories from the Twenty-First Century* (New York: Vintage, 2020)으로 시작해 보라. 당신이 배운 내용을 친구들, 소그룹, 혹은 교회 공동체와 함께 토론해 보라.

▶▶ 묵상해 보라. 신경가소성 훈련이 당신의 (헛된) 습관을 재설정하는 데 도움이 될 수 있겠는가? 한 가지 과제를 선택하고 이번 주에 새로 배워 보려는 노력을 해 보라. 익숙하지 않은 손으로 양치질을 한다든지 항상 가던 길 대신 다른 길로 가 보는 등 작은 것부터 시작하라. 이렇게 다시 배우면서 어떤 느낌을 받았는가? 그 전에는 당신이 배우려는 마음이 없었던 공동체 내 장애인들에게서 무엇을 배울 수 있는가?

장애 아이스브레이커
상위 10가지

사람들은 내가 전동 스쿠터를 타고 접근할 때 다음과 같이 말한다. 보통 이들은 낯선 이들이다. 그리고 항상 그들은 어색해한다. 아이스브레이커나 꼬시는 말, 혹은 비장애인들의 웃음을 유발하기 위한 말로 장애를 이용해서는 안 된다.

10. "모두 길을 비키시오. 길을 내시오. 옆으로 비켜 서시오. 조심하시오. 달리기 선수가 지나갑니다!"
9. 내가 서거나 휠체어에서 일어나려고 하면 이렇게 말한다. "기적이 일어났다!" 12월에는 "크리스마스의 기적이다!"라고 말한다.
8. "날 치고 지나가지 마세요."
7. "그 휠체어 면허 있습니까?"
6. "하지만 당신은 휠체어가 필요한 것처럼 보이지 않는데요?"
5. "와, 당신은 휠체어를 타는군요."
4. "프로페서 X 납시오." (Professor X: 엑스맨 시리즈의 캐릭터. 극중 다리를 다쳐 휠체어를 타고 다닌다. – 옮긴이)
3. "밖에 나와서 돌아다니다니 장하군요!"
2. "하루 종일 앉아 있으니 좋겠어요."
1. "당신은 뭐가 문제인 건가요?"

8. 장애 정의의 토대

몸의 위계질서를 버리고 다양한 몸을 환대하는 나라

모닥불을 피워 놓은 곳으로 올라가는 길은 혼잡했다. 당시 십대였던 나의 몸은 그의 넓은 어깨에 매달려 있고, 그는 나를 업고 세쿼이아 나무 아래 열린 철야 예배 장소로 가려고 구불구불하고 먼지투성이인 계단을 오른다. 어쿠스틱 기타 소리가 나는 곳을 향해 0.8km 정도 올라가는데 그의 미식축구 수비수 같은 목에 땀방울이 맺히고 거기에 먼지가 들러붙는다. 연기 내음이 코를 간지럽히는 와중에 나는 위아래로 흔들린다. 우리가 점점 더 높이 올라갈수록 그의 숨소리가 거칠어진다. 내 첫 번째 목표는 미끄러져 떨어지지 않는 것이지만 갑자기 내 축 늘어진 몸의 무게에 과하게 신경 쓰이기 시작한다. '어젯밤에 민트 칩 아이스크림 한 숟갈을 더 먹지 말 걸 그랬나.' 혼자 이렇게 생각하며 그의 긴장된 등에 파묻힌다.

내가 이 산상 수련회에 참석할 수 있도록 우리 교회 사람들은 번갈아 가며 나를 등에 업는다. 나는 차마 버리지 못하는 애물단지처럼 이리저리 옮겨진다. 여러 사람이 "우리가 서로의 짐을 진다"라고 농담을 던진다. 다만 이 상황에서 그들이 말하는 '짐'은 나의 몸이다. 나는 모든 이들에게 영감(inspiration)을 주지만 아무에게도 친구는 되지 못한다.

그들은 자신들이 포용하기로 깊이 헌신했음을 나에게 약속한다. 그들은 내가 휠체어에 탄 채 남겨지지 않도록 최선을 다하고자 한다. 시대에 뒤떨어진 종말론 책들과 크리스천 수련회에서 황홀경을 경험하지 못하는 것에 대해 농담까지 할 정도다. 아무도 이 수련회가 포함하고 있는 모든 것, 곧 집라인부터 장애물 경기, 화덕, 원형극장, 그리고 사람들을 호수 위로 띄워 올리는 "불랍"(the blob)이라는 애칭으로 알려진 공기 주입식 기구까지 다 만들어진 것임을 생각하지 못한다. 심지어 호수까지도 인간이 만든 것이다. 하지만 나를 위해서까지 만들어진 것은 아니다.

"하나님은 너를 장애인으로 보시지 않아." 그들은 나를 안심시킨다.

"새 기도실을 사용하려면 신청하세요." 어느 쌀쌀한 주일 아침 다른 교회에서 우리에게 권한다. 그 공간이 ADA를 준수하고 있는지는 아무도 언급하지 않는다. 당연히 그렇지 않다. 그곳으로 가기 위해 우리는 장애인 공동체가 피할 수 없는 악명 높은 자갈길을 지나가야 하고 그런 다음 14개의 가파른 나무 계단을 올라가야 한다. 남편이 나를 안고 계단을 올라가고, 나는 가는 내내 더 빨리 가라고 농담을 한다. 남편은 웃으며 매끈한 경사로에서 미끄러질 뻔한다. 다 올라가면 아치형의 방이 나오는데 보송보송한 베개와 안락한 양탄자, 따뜻하게 빛나는 줄조명으로 꾸며져 있다. 안락함이 방 전체에서 뿜어져 나온다. 기도실의 한 뼘 한 뼘이 편안함을 위한 애정 어린 터치로 가득해서 사람들이 자신의 가장 깊은 비밀을 누설하기에 안전하다고 느낄 것 같다. 기도실은 부인할 수 없을 만큼 친밀하게 느껴진다. 따뜻한 느낌을 주는 분위기, 양털 담요, 그리고 깜박이는 촛불이 당신이 버터플라이 체어에 앉아 벽에 쓰여 있는 성경 구절을 읽을 때 당신을 따뜻하게 감싸 안아 준다. 정말 아름답다.

남편이 나를 위층으로 끌어 올려 주지 않으면 나는 참여할 수 없었다. 이는 고의가 아니고, 사람들이 그냥 잊은 것일 수도 있다는 걸, 나는 안다. 아무도 나를 배제하려고 한 것이 아니다. 하지만 바로 이것이 문제다. 아무도 의도적으로 생각하려 하지 않는다. 이 아늑한 공간을 만들기 위해 충분한 시간과 돈과 창의성을 사용하면서 아무도 이 공간이 실제로 모든 몸에게 열려 있는지에 대해서는 고려하지 않은 것이다. 빈티지 소나무 가구를 사거나 통나무 장식품을 진열해 놓는 대신에 사람들, 그러니까 나와 같은 사람들이 참여할 수 있도록 하는 데 초점을 맞췄어야 한다. 내가 기도실을 사용하기 위해 남편의 체력을 필요로 해서는 안 된다.

"하나님은 너를 장애인으로 보시지 않아." 그들은 나를 안심시킨다.

우리가 만나기로 한 건물에는 경사로가 없다. 고작 세 칸의 콘크리트 계단이 내 진입을 가로막는다. 대부분의 주일마다 사람들이 가까스로 내 몸을 들어 올려 우리가 모이는 눅눅하고 허물어져 가는 극장의 문턱에 들어선다. 많은 경우, 이 과정에서 나는 너무 많은 숟가락을 사용해서 다른 것을 할 기력이 남지 않는다. 나는 문제를 일으키고 싶지 않지만, 제자도의 대가가 예배를 드리기 위해 숟가락을 사용하게 하는 것이어서는 안 된다.

우리 교회가 시내를 가로질러 새로운 건물로 옮길 때, 나는 경사로가 있다는 것을 알고 안도의 한숨을 내쉰다. 그리고 **단순한 경사로**가 아니다. 전동 4륜 오토바이가 지날 수 있을 만큼 넓은 데다가 위에서는 자동문이 나를 반긴다. 내가 교회에 쉽게 접근하고 싶다는 꿈이 실현되고 있었다. 하지만 그것도 교회가 고딕 양식으로 재건축된 건물로 이어지는 둘로 나눠진 계단 양 끝 입구, 그것도 열 계단을 올라가야 하는 통로 끝에 정문이 있을 것이라고 공지했을 때 산산이 부서졌다.

뭐가 그리 대수냐고? 그래도 나는 건물 안으로 들어갔고 이번에는 경사로를 이용했다. 교회 생활, 즉, 공지, 다과, 소모임, 이 모든 것들은 그 계단을 올라가야 하는 장소에서 나를 빼고 진행되었다. 그 와중에 나는 정문에서 인사를 나누기에는 너무 부끄러운 추잡한 비밀처럼 측면 경사로로 좌천되었다. 왜 우리 모두 접근 가능한 정문을 통해 들어갈 수 없는 것인가? 경사로는 장애인만을 위한 설비가 아니다. 휠체어를 타는 사람이 이용할 뿐 아니라 유모차를 끌기에도, 어르신들이 출입하기에도, 그리고 음향

장비를 옮기기에도 용이하다. 우리는 모든 이들이 접근 가능한 공간을 만들어 내는 것에 이르게 하는 통로다.

"하나님은 너를 장애인으로 보시지 않아." 그들은 나를 안심시킨다.

모든 사람이 하나님을 대변해서 속히 말한다. 하나님은 나를 장애인으로 보시지 않지만, 하나님의 이름으로 모인 공동체는 내가 온전히 참여하지 못하게 해서 나를 불구로 만든다. 비장애인들로 이루어진 한 그룹이 공동체를 위한 결정을 내릴 때, 그들은 자신도 모르게 장애인들을 제외하는 관행들을 영구화한다. 이는 고의적이지도, 앙심을 품은 것도 아니다. 우리는 차단되기보다 대부분의 경우 방치된다. 대부분의 비장애인들은 장애인들의 접근 가능성에 대해 많은 생각을 하지 않는다. 하지만 그것은 물리적 공간에서의 모임 에티켓, 예배 의식에서의 찬송가 선정, 신학에서 성경 해설까지의 모든 것, 그리고 공동체적 돌봄의 모든 측면에 영향을 미친다.

어떻게, 언제, 어디서 교회 공동체로 모일 것인지 결정할 때 누군가를 거절할 의도가 없다 하더라도 배타적일 수 있다. 이번 장 초입에 들었던 모든 예시들 중에 나는 나에게 해를 끼치려는 의도를 가진 사람은 아무도 없었다는 것을 알고 있다. 아무도 일부러 나를 배제하려고 하지는 않지만 그렇다고 해도 내가 물리적으로 배제되는 것을 막지 못한다. 건축물은 의미를 전달한다. 아무도 알려 주지 않아도 어떤 영화가 뉴욕시를 배경으로 하고 있다는 것을 직감적으로 알 수 있다. 어렴풋이 보이는 맨해튼 마천루, 크라이슬러 빌딩의 아르 데코식 벽면, 자유의 여신상을 감싸고 있는 초록빛 가운. 뉴욕시의 건축물은 상징적이고, 이 잠들지 않는 도시에 방문한 적이 있든 없든, 당신은 이 도시를 즉시 알아볼 수 있다. 건축물은 기억을 떠올리게 하고 다른 시공간으로 우리를 이동시키며 우리에게 위안을 준다.

물리적 공간은 이 세상이 누구를 위해 만들어졌는지, 또 누가 사용할 것으로 예상하는지를 드러낸다. 설교단이 높고 흉물스럽고 위압적인 데다가 아주 높은 계단을 올라가야만 접근 가능하다면 키가 작은 사람이나 휠체어 사용자는 설교를 할 수 없다는 것을 암시한다. 우리는 그저 **받기만** 할 뿐이다. 당신에게는 사소한 것처럼 보일 수 있지만, 이것은 우리가 누구를 인도자로 세우는지, 또 누구를 그저 따르는 자로만 여기는지 드러낸다.

장애인 공동체에서, 우리는 장애인 포용 문제를 시작점에서부터 통합적으로 봐야 할 필요가 있다고 목소리를 낸다. 왜냐하면 선의로 행하는 비장애인들이 너무나 자주 이를 간과하기 때문이다. 그것은 블루베리 머핀 속 블루베리라고 우리는 종종 말한다. 나중에 추가할 문제가 아니라는 말이다.[1] 처음부터 그 문제를 고려하지 않으면, 비용과 편의성 문제가 섞일 때마다 장애인들은 블

---

1 Cordelia McGee-Tubb, "Baking Accessibility In," Clarity Conference, San Francisco, California, April 1, 2016, http://www.clarityconf.com/session/baking-accessibility-in.

루베리처럼 쉽게 버려진다. 장애인들의 필요를 충족시킬 만한 돈이 채워지기를 기다려야 한다면, 우리는 절대 포함되지 못할 것이다. 죄책감이나 동정심만으로 장애인들을 포용할 수 있을 것이라 우리 스스로를 속이면, 우리는 힘든 시기가 오거나 좀 더 "받을 만한 자격이 있는" 가치가 있는 대의가 등장했을 때 쉽게 그 관행을 버리게 될 것이다.² 그렇기에 우리는 장애인 포용을 자선 사역이 아니라 예수님의 길을 따르는 신실함으로 여겨야 한다.

접근 가능성은 하나의 체크리스트가 아니라 한 사회의 정신이다. 정확히 말하면 1.5m 지름의 장애인용 화장실과 자막 방송이 구비되어 있어야 하지만 이는 그저 장애인들이 당신의 교회 모임에 참석할 수 있도록 해 주는 것일 뿐이다. 우리는 최소한의 것을 했다고 스스로 자신의 등을 두드리고 만족해하며 체크리스트 정신으로 끝내지 말고, 어떻게 하면 접근 가능성을 최대치로 올릴 수 있을지 생각해 봐야 한다.

우리 교회의 4분의 1을 구성하는 하나님의 형상을 지닌 이들의 권리를 박탈하거나 무시하기 위한 변명은 이제 그만둬야 한다. 비용과 편의성, 그리고 무지가 이들을 배제하는 이유가 될 수 없다. 우리는 갯가재, 털북숭이 맘모스, 대양해파리, 껑충껑충 뛰는 캥거루, 스파클머핀 공작 거미, 그리고 부채머리 산적 딱새 속에 생명을 불어넣으신 창조주의 형상으로 지음받았다. 확실히 이

---

2   Bethany McKinny Fox는 *Disability and the Way of Jesus: Holistic Healing in the Gospels and the Church* (Downers Grove, IL: IVP Academic, 2019), 186에서 이와 비슷한 주장을 펼친다.

런 창조주의 형상으로 지음받은 우리는 좁은 화장실과 계단으로만 갈 수 있는 입구에 대한 혁신적인 해결책을 제시할 수 있을 것이다. 이런 다채롭고 익살스러운 야생 동물들을 보면서 어떻게 우리 교회 공간의 접근 가능성을 구축할 수 있을지에 대한 상상력에 불을 지필 수 있다. 지금까지 그랬던 것보다 더 창의적이 될 수 있다.

접근 가능성은 도착지가 아니라 출발점이다. 우리는 우리 공동체에 속한 장애인들의 접근 가능성을 평가하고 또 재평가하고, 그에 따라 변화를 이루어 내야 한다. 이를 위한 시간과 헌신, 그리고 창의성이 필요하다. 접근 가능성에 획일적으로 적용되는 모델은 없거니와 하룻밤 사이에 이룩할 수도 없다. 힘들고 인내하는 작업이 필요하다. 어떤 이들은 이에 대해 싸움을 걸 수도 있다. 어떤 이들은 묵살할 것이다. 당신의 우정과 시간, 그리고 돈을 지불해야 할 것이다. 힘겹고 짜증도 날 것이다. 당신이 상상도 하지 못한 방식으로 조롱받을 수도 있다. 어느 날에는 과연 이 일이 할 만한 가치가 있는 일인지 의문을 품게 될 수도 있다. 하지만 저 깊은 곳에서, 당신의 뼈가 시큰거리는 저 안 깊은 곳에서 당신은 진리가 무엇인지 알고 있다. 회의론자들과 줄어드는 십일조 혹은 헐뜯는 여론이 얼마나 되든, 당신이 이미 진리로 알고 있는 것을 부인할 수 없다. 장애인들은 하나님의 형상으로 지음받았고, 그들을 포용하기 위한 대가는 지불할 만한 가치가 있다는 진리를 말이다.

우리 교회의 공간과 관행에 장애인 정의 관점을 적용해야 한다. 장애인 공동체에서 우리는 우리의 신체적 차이를 조롱하기 위해 만들어진 경멸적인 단어를 되돌리기 위해 공간에 대한 장애인 정의 관점을 적용해야 한다고 이야기한다. 우리는 "노 에이블리즘"(no ableism) 혹은 포용으로 그치지 않고 소속감을 갖고 싶다. 우리는 단순히 장애인들이 식탁으로 초대받는 것으로 그치지 않고, 우리의 부재가 티가 날 정도로 그 그룹의 핵심 인력이 되고 싶다. 우리는 장애라는 딱지로 축소되지 않고 우리 자신으로 온전히 설 수 있게 되길 바란다. 뭔가에 장애 정의를 적용한다(crip; '불구로 만들다'라는 부정적인 뜻의 crip을 여기에서는 장애 정의 렌즈를 '적용한다'는 뜻으로 쓰고 있다. - 옮긴이)는 것은 장애로 하여금 무엇이 정상인지에 대한 우리의 잣대를 무너뜨리도록 곁을 내주는 것이고, 위계질서 없이 공동의 장소에 모이고 참여하는 방식을 장애가 주도하도록 허용하는 것이다.[3] 크립 공간(crip space)은 장애인들의 필요에 의해, 그 필요를 위해 만들어진다. 이 공간은 장애인의 필요를 그 중심축으로 두고, 장애인을 염두에 두고 환경과 그 규범을 구축한다. 크립 공간은 우리를 나중에 덧붙여야 하는 존재로 여기는 대신에 시작할 때부터 우리의 필요를 고려한다. 머핀이 다 구워진 다음에 그 위에 블루베리를 던져 올리지 않고 아예 처음부터 그 반죽에 넣어서 머핀을 만드는 것과 같다.

크립 공간(crip space)은 목발 짚는 사람, 화학물질과민증 환자

---

[3] s.e. smith, "The Beauty of Spaces Created for and by Disabled People," *Catapult Magazine*, October 22, 2018, https://catapult.co/stories/the-beauty-of-spaces-created-for-and-by-disabled-people.

들, 그리고 모든 사람들을 그들 자신 모습 그대로 소중히 여긴다. 인간을 생산성이나 헌신도로 가치를 매기지 않고 하나님 형상을 지닌 각각의 신성한 존재로 기뻐한다. 공동체의 다양한 은사들에 의지하여 접근 가능하고 포용적인 공간을 만드는 데 창의성을 발휘한다. 크립 공간은 모든 사람이 접근 가능한 공간을 만드는 것은 노력을 기울일 만한 가치가 있다는 점을 이해한다. 경사로를 추가하거나 수어 통역사를 고용할 때 드는 비용을 깐깐하게 기록하지 않고, 장애인들을 선천적으로 가치 있는 존재로 보호한다. 다른 교회들보다 얼마나 더 접근 가능하게 만들었는지 자랑하지 않고 얼마나 더 포용적인지 자화자찬하지도 않는다. 장애인들이 용기를 내어 자신들에게 필요한 것을 요구할 때 이들을 믿는다. 그리고 모든 공간이 훨씬 더 많은 하나님의 형상 지닌 사람들을 초청하는 곳으로 변화하기를 소망한다. 이를 이루기 위해 많은 시간이 걸리고 혹은 이 일이 불가능해 보여도 포용성을 추구하기 위해 인내한다. 크립 공간은 우리의 장애 입은 이웃들을 사랑하는 것이다. 크립 공간은 두 번째 지상 명령을 행하는 일이다. 크립 공간은 사랑이다.

크립 공간은 단순히 물리적인 공간 이상의 것이다. 이것은 크리스천 공동체가 구현할 수 있는 장애 정의의 정신이다. 숟가락이 부족하거나 신체적 부담감 때문에 계획이 틀어지고 목표에 도달하지 못한다고 판단하거나 조롱하지 않는다. 우리끼리만 아는 농담에 안심하며 웃고, 규범 밖의 몸-마음으로 살아가는 것이 어떤지 이해한다. 이유를 설명하지 않아도 되고 그저 다 안다는 듯한 침묵 속에 당신과 함께 앉아 있는 것이다. 아무리 어색하고 지저분하고 불편해도 고치려 하지 않고 그저 함께 있는다. 고통으로부터 숨으려 하지 않고 괜찮지 않아도 괜찮다는 것을 인정한다. 답이나 어떤 말을 찾으려 하지 않고 형언할 수 없는 깊은 탄식을 통해 소통하고, 이 탄식은 장애 입은 몸이 갖는 생생한 경험을 가치 있게 여긴다.

데프스페이스(DeafSpace: 시각과 촉각이 공간 인식의 주요 수단인 농인들의 생활 방식에 최적화된 공간 - 옮긴이)에 가 본 적이 있다면 크립 공간이 어떻게 기능할 수 있는지 경험했을 것이다. 데프스페이스는 농인(d/Deaf: 병리학적 관점의 'deaf'[귀먹은]가 아니라 농인 고유의 정체성 문화를 강조하는 뜻으로 대문자 D를 사용해 'Deaf'로 표기한다. 한국에서는 농인으로 통칭한다. - 옮긴이) 문화와 그들의 소통 형식을 중심으로 만들어지고, 사람들로 하여금 유연하고 움직이는 공간에서 다양한 양식(format)으로 서로 소통하게 한다. 많은 농인들이 농인 됨은 장애가 아니라 문화라고 이야기한다. 형편없는 조명, 좁은 인도, 날카로운 각도가 시선을 제한해서 수어로 소통하는 것을 어렵게 한다. 데프스페이스는 눈의 피로도를 최소화할 수 있도록 설계되었다. 데프스페이스는 농인들이 용이하게 소통할 수 있는 분위기를 조성하기 위해 근접, 감각적 범위, 조명, 색채, 그리고 이동 가능성을 원칙으로 삼아 설계되었다.[4] 넓은 출입구는 수어 대화를 가능하게 한다. 원형 테이블과 의자는 사람들

---

[4] "DeafSpace," Gallaudet University, https://www.gallaudet.edu/campus-design-and-planning/deafspace. 2021년 5월 18일 접속.

이 서로를 볼 수 있게 (재)배치되어 있다. 역광과 눈부심을 줄여 가시성을 높인다. 데프스페이스는 농인에 의해, 농인을 위하여 고안되었다.

비장애인이 중심이 되는 공간을 만드는 대신, 교회는 장애인들과 함께 그들을 위한 공간을 만들 수 있다. 어떻게 이런 공간이 기능할 수 있는지 데프스페이스가 본을 보여 주기도 하지만 교회가 크립 공간을 구축할 수 있는 방법은 많다. 당신 공동체에 있는 장애인들은 교회 공간에 필요한 시설이 무엇인지에 대해 이미 전문가들이다. 만약 이들이 공동체가 장애인들을 좀 더 포용하기 위해 필요한 변화가 무엇인지 공유할 때, 논쟁을 하거나 그들이 틀렸음을 증명하는 일에 시간을 낭비하지 말라. 그들의 경험이 "옳은지" 의심하지 말라. 장애인의 접근 필요성을 비장애인들에게 이야기하며 느끼는 무거운 감정 노동을 기꺼이 자처하는 장애인들의 인도를 열심히 따르라. 크립 공간은 장애를 단순한 신체적 결함이 아니라 문화적 정체성으로 인정한다. 또한 장애에 대한 지식을 포용하고 그것으로부터 배우려 노력한다. 크립 공간은 건축물을 이용해서 장애인들에게 불안정하고 미미한 시설로 만족할 것을 종용하지 않고 포용성을 확대한다. 장애인들이 공간에 굴복하게 하는 대신에 사람들의 필요를 충족시킬 수 있게 물리적인 공간을 변화시킨다. 또한 우리는 건축물과 공간의 정신을 변화시킬 수 있는 도구를 가지고 있기 때문에, 모든 몸이 각각 갖고 있는 이동 능력에 상관없이 모두가 번영할 수 있는 공동체를 만드는 데 장애가 기여할 수 있음을 인정한다. 장애는 우리의 가치가 우리의 일이나 탁월함, 혹은 아름다움에서 비롯되지 않고 우리가 하나님의 형상을 지닌 자라는 겸손한 사실에서 기인함을 가르쳐 준다.

우리는 사람들이 온전히 소속되도록 그들을 초청할 수 있을 때, 그들을 포함시킨 것만으로 안주하려 하지 말고 그리스도의 몸에 장애 정의를 적용해야 한다. 또한 장애인과 비장애인 할 것 없이 상호간 번영해 나갈 수 있도록 장애인들과 함께, 또 그들을 위해 이를 세워 나가야 한다.

✿ ✿ ✿

하나님은 장애인을 중심으로 새 창조를 세우심으로 장애 정의를 적용하실 것을 약속하신다. 스가랴가 묘사한 예루살렘의 경이로운 미래는 이러한 이미지를 포함한다. "예루살렘 길거리에 늙은 남자들과 늙은 여자들이 다시 앉을 것이라 다 나이가 많으므로 저마다 손에 지팡이를 잡을 것이요 그 성읍 거리에 소년과 소녀들이 가득하여 거기에서 뛰놀리라"(슥 8:4-5). 여기에서 장애는 마치 시트콤에 나오는 가족의 몽타주처럼 길거리에 뛰어노는 아이들과 같이 자연스러운 것으로 나타난다. 늙은 여자들과 남자들이 지팡이를 잡고 있는 모습이 긍정적인 것으로 그려지고, 예루살렘이 회복되기 위해 그들이 신체적으로 교정되어야 한다는 느낌은 없다. 예루살렘 회복에 대해 예레미야가 본 환상에서 하나님은 소외된 사람들, 다시 말해, "맹인과 다리 저는 사람과 잉태한 여인과 해산하는 여인"을 회복된 도시에 모으시고 "그들을 넘어지지 아니하고 물 있는 계곡의 곧은길로 가게 하리라"라고 말씀하신다(렘 31:8-9). 다리 저는 자, 맹인, 잉태한 여인과 해산하는 여인, 늙은이, 아이들 모두 공통적으로 미래의 회복에 대한 소망을 상징한다. 이들이 항상 포로와 버림받은 자로 남지 않을 것을 독자에게 상기시킨다.

나는 이 넘어지지 않는 길을 접근 가능성을 높인 시설의 신성한 유형으로 본다. 다니기 힘든 지역을 가로질러 그곳에 접근 가능한 경사로를 세우는 상상을 한다. 예레미야는 "다리 저는 사람"을 임산부와 함께, 스가랴는 아이들과 함께 묶어 언급했고, 이 둘은 고대에서 바람직하고 긍정적인 것을 연상시킨다. 하나님이 맹인이나 저는 자를 고치실 것이라는 언급은 없다. 그 대신, 하나님은 그들의 접근성에 대한 필요를 충족시키심으로 그들을 사람들을 사랑하는 공동체에 통합시키신다. 이러한 미래는 우리를 있는 모습 그대로 받아들이고, 천국에 입성하기 전에 우리를 고치려 들지 않으며, 우리의 신체적 필요를 채워 주는 길로 인도한다. 이는 우리 사이에 있는 생동하는 선함이 회복될 수 있음을 상기시킨다.

회복된 예루살렘에 대한 이 이미지는 히브리서에서 예수님을 어떻게 따라야 하는지에 대해 지시하는 내용과 비슷하다. "그리고 여러분이 걸어가기에 똑바르고 평평한 길을 열어 나가십시오. 그러면 여러분을 뒤따라가는 이들이 비록 약하고 절름거리는 사람들일지라도 넘어지거나 부상당하지 않고 오히려 튼튼하게 될 것입니다."(히 12:13, 현대어성경). 하나님은 "절름거리는 사람"의

무시당하는 가치를 구원하시기 위해 그들을 중심으로 공동체를 세우시고 우리에게도 이와 같이 행하라고 독려하신다. 내가 다리 저는 자인 것과 상관없이, 나는 교회의 접근 불가능한 건물, 관행 혹은 기도 때문에 무언가를 할 수 없어서는 안 된다.

우리는 종종 치유를 탄탄한 몸으로 마라톤을 뛰는 것으로 생각하는데, 이스라엘의 이야기를 보면 다리를 저는 것은 관계적 상호 의존성의 표식으로 나타난다. 야곱이 새 이름을 받았을 때 그는 씨름하여 받은 축복으로 다리를 절면서 걷는 법을 배웠다. 그렇게 함으로써 야곱은 장애의 상호 의존성을 끊임없이 배우는 이스라엘을 상징한다. 다리를 저는 것은 독립적 번영을 통해 자아 존중감을 정의하려는 자급자족의 투쟁을 넘어, 우리가 우리 인간의 한계를 받아들인다면 우리 모두가 서로의 번영을 가능하게 할 수 있는 현실로 들어서게 한다. 오늘날 비장애인들과 같이 이스라엘은 끊임없이 자신들을 하나님을 필요로 하지 않는 민족으로 정의하려고 애썼다. 그들은 세상에서 자신만의 길을 만들어 내고 싶었고 하나님을 필요로 하는 환경을 넘어서고 싶어했다. 하지만 하나님은 우리의 자기 계발 프로젝트나 독립성에는 관심이 없으신 듯하다. 하나님은 창조 공동체 전체의 상호적인 번영을 위한 우리의 변화에 더 많이 관심을 쏟으신다. 관계적 상호 의존성이 언제나 마지막 목표다. 그렇다고 우리가 하나님이나 사랑하는 공동체가 필요 없을 정도의 안정감을 얻고자 하는 것이 아니다. 장애인들은 이 진리를 이미 너무나 잘 알고 있다. 우리의 삶 자체가 상호 의존적 번영의 아름다운 초상화이기 때문이다.

성경은 앞으로 도래할 날의 회복을 묘사할 때 다리 저는 이스라엘의 이미지를 '남은 백성'으로 반복해서 사용한다. 미가서에서 하나님은 다음과 같이 주장하신다. "그날에는 내가 저는 자를 모으며 쫓겨난 자와 내가 환난받게 한 자를 모아 발을 저는 자는 남은 백성이 되게 하며 멀리 쫓겨났던 자들이 강한 나라가 되게 하고 나 여호와가 시온 산에서 이제부터 영원까지 그들을 다스리리라"(미 4:6-7). 이와 비슷하게, 스바냐에서도 하나님이 약속하신다. "그때에 내가 너를 괴롭게 하는 자를 다 벌하고 저는 자를 구원하며 쫓겨난 자를 모으며 온 세상에서 수욕받는 자에게 칭찬과 명성을 얻게 하리라"(습 3:19).

이 두 말씀을 보면 '저는 자'가 남은 백성, 순수한 자 중에 가장 순수한 자, 소수의 신실한 자, 포로 생활 중에도 충성을 지킨 자들로 묘사된다. 오직 이렇게 남은 야곱의 자손들만이 돌아올 것이다. 이와 대조적으로 바빌론은 남은 백성이 없다. 다리 저는 포로들은 민족 전체가 다 멸망하지 않을 것이라는 하나님의 확언이다. 그들은 현재 겪고 있는 억압의 상황을 벗어나 미래에는 번성하게 될 것이라는 약속을 받는다. 월터 브루그먼(Walter Brueggemann)은 "남은 공동체의 일원들은 현세에는 투자하지 않는다. 그 시스템 안에서 이익을 받지 않을 뿐 아니라 여호와가 더 나은 미래를 가져다주실 것이라는 깊은 확신으로 오히려 이익을 포기하기까지 한다"라고 주목한다.[5] 그들은 포로 생활 중에도 그들의 충성심

---

5   Walter Brueggemann, *An Introduction to the Old Testament: The Canon and Christian Imagination* (Louisville: Westminster John Knox, 1989).

이 하나님께로 향하고 있음을 깨닫는다. 현재 세상에서 그들은 고국에 있지 않기 때문이다. 장애인들은 그들의 포로 생활에서도 하나님의 영광을 위해 구원받을 것이라는 예언자적 증인이다.

어떤 이들은 다리 저는 포로들이 끝도 없는 에너지로 단거리 경주를 할 수 있게 될 때 그들의 가치가 입증되는 것이라 생각할지 모르지만, 더 정확하게 말하자면, 남은 백성들은 다리를 저는 가운데, 살아 계신 하나님께 여전히 의존하는 사람들의 계파가 된다고 할 수 있다. 그렇다면 다리 저는 것은 당신 자신의 독립적 힘이 아니라 하나님과 사랑하는 공동체에 대한 신뢰와 믿음을 요구하기 때문에 그것은 믿음에 이르는 길이라고 할 수 있다.

어쩌면 우리 중 이미 다리를 저는 자들은 이러한 상호 의존성을 배워 왔기에 계속해서 남은 백성으로 행하고 있는지 모른다. 우리는 우리의 몸이 생산해 낼 수 있는 것 이상의 존재인 것을 알고, 그리고 우리는 기쁨과 성취감을 누리기 위해 우리의 몸에 의존해야 한다는 거짓말로부터 벗어났다. 우리는 믿음의 상호 의존성이 어떤 것인지, 곧 그것은 마치 다리를 저는 것과 같은 느낌이라는 것을 알고 있는, 믿음을 가진 소수의 사람들이다.

"나를 장애인으로 보지 않는" 그분은 확실히 다리 저는 자에게 집중하시고 우리에게 새 창조와 회복을 살짝 보여 주신다. 하나님은 세상의 틀에 꼭 맞는 몸으로 다시 만들지 않으시고 우리의 다양한 몸을 환영할 수 있도록 세상을 회복시키신다. 천국은 장애인들을 중심으로 세워졌고 그렇기 때문에 천국 잔치의 맛보기로 세우신 우리의 교회도 그렇게 해야 한다. 이 천국은 우리의 계급 구조와는 달리 상호 의존성과 관계적 유대감이 모든 위계질서를 대체하는 "킨덤"(kin-dom: king-dom[왕국]에서 'king'을 친족이라는 의미인 'kin'으로 바꿔 '하나님의 가족'이라는 의미로 사용함 — 옮긴이)이다.[6] 장애인들은 이 세상에 육체화된 방식으로 존재하면서 확실성과 정상에 대한 환상에 구멍을 낸다. 우리는 현재와 아직 오지 않은 날들 사이의 틈 속에 살고 있다. 우리의 삶에서 확실한 건 아무것도 없다. 그리고 믿을 만한 반복되는 일상이나 확실한 미래도 없다. 우리는 우리 자신의 가치를 끊임없이 증명해 내려 하는 결박에서 자유로워졌으며 우리의 몸-마음이 우리에게 가르쳐 준 소중한 교훈을 교회에 전하는 데 도움을 줄 수 있다. 우리가 공동체 안에서 장애가 가진 축복을 재해석하고 그로부터 배우기로 자처하면 "다리 저는 자"가 새로운 왕국의 토대 역할을 할 수 있다.

내가 상상하는 크립 공간은 남은 백성으로서의 "다리 저는 자"와 함께하는 것이다. 우리와 **함께** 세우자. 우리와 나란히 서서 세우자. 우리가 번영할 수 있는 공간을 만들어 달라. 그러면 새 창조의 회복은 모두에게 접근 가능하게 될 것이다. 우리는 새 창조의 누룩이다. 우리가 없으면 새 창조는 부풀어 오르지 않을 것이다.

---

[6] Ada María Isasi-Díaz, "Kin-dom of God: A Mujerista Proposal," in *In Our Own Voices: Latino/a Renditions of Theology*, ed. Benjamin Valentin (Maryknoll, NY: Orbis Books, 2010), 171–90.

※ ※ ※

자전거를 타 본 적이 있는가? 아이폰을 사용해 봤는가? 친구에게 문자를 보낸 적은? 위문품을 보내 봤는가? 감자 껍질을 까 본 적은 있는가? 그렇다면 당신은 보조 공학 기기를 사용한 것이다. "보조 공학 기기"라는 말을 들으면 대부분은 전동 휠체어, 인공와우(달팽이관 이식), 탄소 섬유 인공 신체 부위를 떠올리겠지만, 보조 공학 기기의 역사를 살펴보면 대부분의 비장애인들이 매일 사용하는 제품들도 상당수 있다.

휠체어는 자전거의 효시였다. 슈테판 파플러(Stephan Farffler)는 하반신 마비 환자이자 시계 기술자였는데 1655년에 자신이 직접 움직일 수 있는 휠체어를 고안했다. 그가 만든 수동 삼륜 휠체어는 우리가 현재 타는 자전거와 세발자전거 발명으로 이어졌다. 그가 설계한 모델은 어느 해변에 가도 찾아볼 수 있는 리컴번트 삼륜 자전거(누워서 타는 자전거 - 옮긴이)와 비슷하다. 타자기는 시각 장애인 캐롤리나 판토니 백작 부인(Countess Carolina Fantoni da Fivizzano)이 필경사 없이 애인에게 편지를 쓸 수 있도록 그녀의 애인 펠레그리노 투리가 발명한 것이다. 1800년대 버전의 왓츠앱(WhatsApp: 2009년 초반 출시됐던 메신저 애플리케이션 - 옮긴이)이라고 할 수 있다. 1874년에 알렉산더 그레이엄 벨은 농인 학생들이 소리의 진동을 볼 수 있도록 포노토그래프(phonautograph: 음파 기록 장치 - 옮긴이)를 고안했고, 이것은 전화기 발명으로 이어졌다. 따르릉 따르릉, 장애 정의 전화입니다.

우체국에서 쓰는 스캐너는 RCA 연구소가 1949년에 개발한 광학식 문자 판독 장치(OCR)를 시초로 하는데, 이는 플로리(L. E. Flory)와 파이크(W. S. Pike)가 처음에 시각 장애인들에게 문자를 읽어 주기 위해 설계한 것이었다. 현재 OCR은 스캐너, 컴퓨터, 스마트폰 등 전 세계적으로 사용되고 있다. 한 번이라도 PDF를 워드 문서로 전환해 본 적이 있다면 OCR 기술을 사용한 것이다. 핸드폰 문자 역시 본래 농인들을 위해 고안되었다. 20세기는 전화가 오면 수화기를 드는 대신 "미안, 지금 통화 못함"이라고 문자를 보내는 문화가 되었다. 친구들이나 가족 간의 대화가 모두 이 매체를 통해 이루어진다. 문자를 보내는 것이 너무 흔한 일이 되어서 누군가 당신에게 전화를 걸어 오면 당신은 걱정이(솔직히 말하면, 짜증이) 앞선다. 당신은 당신 목소리에 놀라 어색하게 대답한다. "무슨 일 있어?"

옥소(OXO) 감자칼. 전동 칫솔. 숙면을 돕는 무거운 이불. 트위스트 병따개. 피젯 스피너(fidget spinner: 손가락으로 돌리는 장난감 ― 옮긴이). 연필 교정기. 입는 담요. 오디오북. 자막 방송. 터치 스크린 인터페이스. 그렇다. 당신이 아이폰을 터치할 때마다 보조공학을 이용하는 것이다. 이 모든 기구들은 장애인들을 위해, 그들과 함께 만들어졌다. 이 제품들이 모두에게 유익할 것이라는 사실을 사람들이 깨달은 후 대세가 된 것이다. 장애와 함께 살다 보면 획기적인 것들을 생각하게 된다. 우리 몸-마음이 현 세상에 속하지 않기 때문이다. 장애는 우리로 하여금 새로운 세상을 상상할 수 있게 하는 창조적인 힘이다.

이것이 남은 백성의 모습이다. 만약 당신이 장애인과 함께, 그들을 위한 세상을 설계한다면 전 세계가 유익을 얻게 된다. 장애인의 번영을 위해 설계하는 것에는 혁신적인 전략이 필요하다. 장애인의 몸-마음이 규범에 맞지 않기 때문이다. 장애인들의 생생한 경험으로 터치 스크린과 감자칼이 왜 필요한지 설명해 주지 않으면, 남은 인류는 유익을 얻을 수 없다. 장애인을 위해 설계하라. 세상이 따를 것이다.

이것이 새 창조의 모습이다. 하나님이 모든 것을 새롭게 하신다. 우리는 종말의 때에 폐기되는 안드로이드 부스러기처럼 다른 새롭고 향상된 인간 모델로 대체되거나 쓰레기 더미에 버려지지 않는다. 우리가 제대로 할 때까지 기억을 삭제당한 채 리부트되지도 않는다. (당신 말이에요, 「굿 플레이스」. [The Good Place: 사후 세계가 배경인 시트콤으로, 주인공이 자신이 착한 사람이 아니라는 것을 알게 된 후 자기개발 프로그램에 참여하며 새사람이 되어 가는 과정을 그린다. - 옮긴이]) 하나님은 다리 저는 자를 남은 백성으로 두시고 이미 이 곳에 있는 것들을 회복시키신다.

내가 알기에 대부분의 사람들은 장애인들은 남은 음식과 빵 부스러기를 얻고 옷도 물려받는다고 생각한다. 우리는 일단 다른 모두가 보살핌을 받은 후에 나중에 생각해도 되는 존재로 여겨질 수 있다. 그것도 물론 예산에 돈이 충분히 남아 있다면 말이다. 하지만 보조 공학 디자인의 역사는 다르게 이야기한다. 즉, 우리가 이런 배타적인 이야기를 수정해야 함을 강력히 요구한다. 당신의 번영이 나의 번영과 연결되어 있음을 보여 주는 그런 이야기로 말이다. 우리가 주류를 위한 보편적인 설계에만 초점을 맞추면, 우리는 그만큼 혁신을 꾀할 수 없다. 우리는 터치스크린과 문자 전송이 없다는 것을 깨닫지도 못하고 있었는데, 그 이전에 비장애인들은 이것들이 필요하다고 생각하지 않았기 때문이다.

장애 입은 몸으로 들어오라. 우리의 필요는 특별하지 않다. 우리는 인간이고, 당신은 우리의 매우 인간적인 필요를 충족시키기 위해 고안된 기술로 유익을 얻을 수 있다. 아마도 이미 그러고 있을 것이다! 장애인들이 포용할 만한 가치가 없다는 핑계는 이제 그만하자. 아이폰으로 얻는 애플의 수익은 다르게 주장한다. 디자인이 부족한 이유를 장애인들이 비장애인들보다 더 적다는 사실로 돌리지 말자. 우리가 번영하면, 모두가 번영한다. 다음에 문자를 보내거나, 자전거를 타거나, 감자를 깎거나, 터치스크린을 사용할 때, 이 모든 것이 장애인이 보조 공학 기기를 필요로 했기에 가능했고, 포용적 디자인을 혁신하는 데 일조했다는 사실을 기억하라. 우리가 장애인의 필요에 귀 기울이고 우리의 세상을 재건축하며 재발명하기 시작한다면 우리가 무엇을 창조해 낼 수 있을지 상상해 보라. "building"(건물, 세우다)이라는 단어의 묘미는 명사이기도 하고 동사이기도 하다는 점이다. 우리는 공동체 안에 있는 장애인들의 인도함에 따라 원래 이곳에 있었던 것을 새롭게 세울 수 있다. 장애 입은 남은 백성 위에 어떻게 새로운 세상을 세울 수 있을지 다시 상상할 수 있다. 그렇게 할 때 우리가 함께 창조해 낼 수 있는 것을 상상해 보라.

※ ※ ※

TV나 영화를 두 번째로 보다가 그전에는 눈치채지 못했던 오류들을 발견했던 경험이 있는가? 내 말은 아주 먼 옛날 은하계 저편에 아이스크림 메이커가 등장하는 것 같은 상황 말이다. 「제국의 역습」(The Empire Strikes Back: 스타워즈 에피소드 5 – 옮긴이) 중 지금은 상징이 되어 버린 한 장면에서, 윌로우 후드는 클라우드 시티에서 은하계 제국의 공격을 피해 정신없이 도망가다가 복도에서 랜도와 레아를 지나가는데 … 그 손에 해밀턴비치 아이스크림 메이커를 들고 있다? 그 어떤 포스도 이 오류를 설명할 수는 없을 것이다.

이 생뚱맞은 엑스트라가 디저트 기구를 들고 뛰는 것은 긴급성과 혼돈의 느낌을 전달하기 위한 연출이었다고 한다. 제국이 도시를 침공한다! 달아나자! 모든 걸 걸고 자신의 아이스크림을 구하겠다는 절박한 일념은 추종자들, 캐릭터 인형, 「만달로리안」(스타워즈 실사 TV 시리즈 – 옮긴이)을 통해 보완된 배경 이야기로 이어졌다. 심지어 "후드의 달리기"라는 이름 아래 팬들이 주황색 점프 수트를 입고 바로 그 유명한 해밀턴 비치 자동 아이스크림 메이커를 들고 달리기를 한다. 구글에 검색해 보라. 정말 웃긴다.

당신은 아이스크림 메이커 사내의 명예의 달리기로 알려진 윌로우 후드를 기억하지 못할 가능성이 크다. 전체 방영 시간에 단 2초도 등장하지 않기 때문이다. 하지만 한번 알아차리면 모르고 넘어갈 수 없다. 소품은 얼마 되지 않는 예산으로 만들어진다. 무심코 한 실수는 편집 과정에서 빠져나간다. 오류 없는 영화는 없다. 우리가 제일 좋아하는 영화를 다시 볼 때 콘티의 실수나 이스터 에그(Easter egg: 제작자가 몰래 숨겨 놓은 메시지나 기능 – 옮긴이)을 찾는 재미도 쏠쏠하다. 이런 것들을 통해 우리가 얼마나 주변의 세부적인 것들을 온전히 다 담을 수 없는지 알게 된다. 영화 전체를 받아들이기 위해 우리는 보고 또 봐야 한다. 한 번에 모든 것을 담을 수는 없다.

「스타워즈」 팬들은 결함까지도 다 포함해서 그 영화를 사랑하기에 고작 2초간 등장해서 지나가 버리는 이 불명확한 캐릭터를 위한 집단 문화를 만들기까지 한다. 이 무계획적인 아이스크림 메이커가 사실은 사전에 계획된 것이었을 가능성이 얼마나 될까? 아니면 엑스트라의 싸구려 소품으로서의 의미 이상일 확률은? 한 솔로(Han Solo: 스타워즈 오리지널 트릴로지의 등장인물 – 옮긴이)는 말한다. "확률 따위는 얘기하지 마!" 스타워즈 공동체의 아름다운 점은 이것이 오류든 아니든 별로 크게 신경 쓰지 않는다는 것이다. 그들은 애초의 목적이 무엇이었든지 간에 윌로우와 그의 아이스크림 메이커를 포용했다.

교회여, 우리도 스타워즈 팬들을 닮아야 한다. 그렇다. 제대로 읽은 것 맞다. 모든 사람이 '장애 포용'(Disability Inclusion)을 바르게 인식하지는 못하겠지만, 당신은 이제 알았으니 모든 가능한 방식으로 크립 공간을 포용해야 한다. 우리를 중심으로 행사를 만들어라. 우리의 다방면에 걸친 본질을 기념하라. 우리와 나란히 서서 기뻐하라. 우리의 역할 혹은 몸의 기원에 대해 걱정하지 말고 당신 자신과 같은 사람으로 우리를 포용하라. 아이스크림 메이커까지도 말이다.

묵상과 적용

▶ 킨츠기(Kintsugi)는 깨진 도자기를 금으로 보수하는 일본 예술이다.[7] 깨진 접시를 마이카 파우더나 액상 금박을 사용하여 보수하는 킨츠기를 함께 체험하는 시간을 가져 보라. 이것은 고치는 행위가 아니라 깨어진 것을 회복시키는 활동이다. 깨어진 것을 구원하는 이 활동이 새 창조에 대한 체화된 이해를 얻는 데 어떻게 도움이 될 수 있겠는가? 또 어떻게 다리 저는 자로 남은 백성 되게 하시는 하나님의 회복 역사의 예시가 될 수 있겠는가?

▶ 만약 비용이 변수가 아니라고 한다면, 더 많은 포용과 접근 가능성이 있는 환경을 어떻게 새롭게 상상해 볼 수 있겠는가? 당신이 있는 모든 공간에서 이러한 요소들을 실행하기 위해 어떻게 창의력을 발휘하겠는가? 보조 공학과 스타워즈는 어떤 방식으로 우리가 장애인들을 남은 백성으로 여겨 그들과 함

---

[7] 킨츠기에 대해 더 알고 싶다면, Julie Polter, "The Art of Redeeming Our Battered Era: Artist Makoto Fujimura on Loving What Is Broken and the Holy Work of Repair," *Sojourners*, February 2021, https://sojo.net/magazine/february-2021/art-redeeming-our-battered-era를 참고하라.

께, 그들을 중심으로 세워 가는 방법의 모델이 될 수 있는가?

▶▶ 당신의 공동체 안에서 정기적으로 장애인들을 인도자로 세워라. 성경 낭독이든, 음악 연주든, 미술 프로젝트든, 침묵 기도 모임이든, 혹은 설교든, 정기적으로 장애인을 인도자로 초청하라. 장애인들이 일으키는 거룩한 붕괴와 증인을 통해 성령님께서 일하시기를 간구하라.

장애에 대한 칭찬
상위 10가지

사람들은 장애인으로 존재한다는 것만으로 내가 슈퍼히어로라며 다음과 같이 추켜세운다.

10. 하나님은 당신을 장애인으로 보지 않으세요.
9. 당신은 참 용감하시군요.
8. 하나님이 또 다른 천사가 필요하셨나 봐요.
7. 상황이 언제나 더 안 좋아질 수도 있다는 것을 당신을 통해 알게 돼요.
6. 나에게도 집에 머물 수 있는 핑곗거리가 있었으면 좋겠어요. 당신은 참 좋겠어요.
5. 당신은 전혀 장애인 같아 보이지 않아요!
4. 당신을 보니 **내** 고난은 그리 나쁘지 않다는 것을 깨닫게 되는군요.
3. 당신이 어떻게 이겨 내는지 모르겠어요. 내가 당신이라면 벌써 자살했을 거예요.
2. 나는 심지어 당신이 장애인이라는 생각조차 안 해요.
1. 당신은 정말 영감을 주는 존재예요.

9. 장애 입은 하나님

하나님은 불타는 휠체어를 타고 다니신다

내 옆에 있는 여자가 울고 있다. 반짝이는 눈물이 우아하게 뺨을 타고 내려오는 것이 아니라 얕은 숨을 헐떡이게 되는 흐느낌이다. 복도 건너편에 있는 남자는 찢어진 스키니 진을 입고도 복싱 링에 올라가 몇 라운드 게임을 뛰려는 듯이 위아래로 뛰고 있다. 아무도 감히 나와 눈을 맞추려 하지 않지만 모든 교인이 내 쪽을 곁눈질하며 찬송가 가사가 나에게 건네는 약속을 내가 듣고 있는지 확인한다.

예수님의 임재 안에서 우리는 마침내 "치유되고 온전케" 될 것이기 때문에 천국에는 더 이상 "다리 저는 자"가 없을 것이라 선포하는 노래의 부분에 왔다. 비장애인들은 크게 기뻐한다. 떠다니는 희뿌연 안개 속에서 조명이 흩어지며 빛을 비추고 있는 공간에서 사람들이 손을 높이 들고 있다. 내가 상처받지 않는다거나 불완전하다고 느끼지 않는다고 생각하지 말라. 다른 모든 사람들은 내 존재를 지워 낸 나머지, 그런 사실을 눈치채지 못한다.

"천국에서는 예수님의 몸만이 유일하게 완벽하지 않은 몸일 것이라는 사실을 알고 계신가요?" 목사님이 이렇게 설교를 시작한다. 나는 목사님이 무슨 자격으로 이렇게 선포하는지 의구심이 든다. 천국에 가 본 것일까? 도대체 어떤 성경을 읽고 있는 거야? 그나저나 "완벽한" 몸이란 건 어떤 거지? 하지만 그 누구도 이를 의심하지 않는 듯하다. 사실, 붉은색 등받이의 교회 좌석에 앉아 있는 대부분의 사람들은 이러한 주장에 열렬히 환호한다. 마치 누군가 우리 각 사람이 최신 벤츠를 몰고 집에 가게 될 것이라고 공표한 것같이 말이다. 오프라 윈프리가 "당신은 상품으로 자동차를 받게 되었습니다!"라고 외치는 것이 아니라, 목사님이 소리를 높여 우리 각자를 가리키며 말한다. "당신은 완벽한 몸을 받게 되었습니다. **당신도**, 그리고 **당신도** 완벽한 몸을 받을 것입니다." 마치 "완벽한" 몸이 부족한 것이 우리 현 세상에서 주된 문제인 양 말이다.

새로 창조된 세계에서는 아무도 굶주리거나 목마르지 않을 것이라고 한다면, 나는 더 흥분할 것이다. 특히 이 부강한 나라에서 여섯 명 중 한 명꼴로 아이들이 어디에서 다음 끼니를 얻을 수 있을지 모르는 상황이기 때문이다.[1] 하지만 당신이 빈곤에 대해 행동을 취하는 것으로부터 관심을 딴 곳으로 돌리기 위해 당신의 찬양의 초점을 내 장애 입은 몸에 맞추는 것일 수도 있다. 내 휠체어가 없는 낙원을 상상하는 것은 유니콘이 무지개를 토해 내는 기적의 땅만큼 천국이 멀리 있고 우리가 아무리 노력해도 닿을

---

1 "Facts about Child Hunger in America," Feeding America, 2017, https://www.feedingamerica.org/hunger-in-america/child-hunger-facts.

수 없는 곳이라고 역설하는 것과 같다. 사람들이 굶주림으로 죽어 가지 않게 할 수 있을 만큼의 풍성한 식량을 우리가 가지고 있음은 상관없다. 우리는 그저 나누고 싶지 않은 것뿐이다.

새로 창조된 세계에서는 장애가 존재하지 않는다는 믿음으로 스스로 위안 삼으려 하는 사람들은 그들의 에이블리즘적인 불편함을 다른 누군가의 이야기, 즉 나의 이야기에 집중시킨다. 나의 장애는 다른 사람이 쓸 수 있는 이야기가 아니다. 내 몸은 비장애인들이 와서 자기네들이 새 창조에 대해 가지고 있는 판타지를 그려 내는 빈 캔버스가 아니다. 우리의 몸이 새 창조에서 장애를 입지 않는다 한들, 왜 그것이 누군가를 열광하게 하는가? 하나님을 예배할 때, 우리는 하나님의 형상을 지닌 사람들에게 해를 끼쳐서는 안 된다. 분명히 장애인을 지워 버리는 것 말고 온 우주의 창조주이신 주님을 찬송할 만한 다른 제목을 찾을 수 있을 것이다. 예배는 누구는 끼고 누구는 빠지는 위계질서를 조성해서는 안 된다. 또한 예배는 당신의 장애 입은 이웃을 배제한 유토피아를 추구해서도 안 된다.

품종을 개량해서 장애를 제거해야 한다는 판타지는 제쳐 두고라도, 나는 이 목사님이 하는 말이 사실인지 확신이 가지 않는다. 한 가지 옳은 건, 예수님이 십자가형의 흉터를 지니고 계신다는 점이다. 하지만 누가 우리는 다를 것이라 할 수 있겠는가?

다니엘은 환상을 보는 중에 "그의 보좌는 불꽃이요 그 바퀴는 타오르는 불"이라고 묘사한다(단 7:9). 바퀴가 있는 의자라니 나에게는 휠체어와 같다고 들리는데 이는 불타는 고무바퀴에 새로운

9. 장애 입은 하나님 **237**

의미를 부여한다. 어쩌면 그것이 우리가 찬송해야 할 것일지도 모른다. 점점 커지는 어쿠스틱 기타 소리 큐.

생기발랄한 합창단은 천국에 대해 윙윙대지만 편의상 하나님의 보좌가 불타는 휠체어라는 것은 잊어버린다. 나에게 사람들은 이것이 문자 그대로 받아들일 게 아니라 은유일 뿐이라고 말한다. 하지만 누군가 굳이 나에게 물어본다면 내가 목가적인 세상을 상상할 때 경사로를 떠올린다는 것을 알게 될 것이다. 그렇지 않으면, 내 업그레이드된 불타는 휠체어가 어떻게 드나들 수 있겠는가?

예배 후 집으로 가는 길에 나는 나에게만 충격을 준 듯한 이러한 가정들에 대해 다시 생각해 본다. 야자나무 잎이 눈 깜짝할 사이 지나가고, 나는 속으로 여러 번 생각해 왔던 것을 다시 생각한다. 만약 목사들이 내가 하나님을 장애 입은 하나님으로 이해하듯이 이해한다면 교회는 어떤 모습일까? 만약 우리가 몸에 대해 생각하는 모든 것, 어떤 몸이 다른 몸보다 더 낫다는 이 모든 발상이 틀린 것이라면? 우리가 새 창조에 대해 상상해 온 모든 것이 이 제한적 가정 위에 세워진 것이라면? 우리가 이동용 기구들을 하나님이 좌정하시기 위해 사용하는 보좌와 비슷한 것으로 상상해 볼 수 있다면?

알고 보니, 나와 다니엘뿐만이 아니었다. 에스겔도 융합된 다리와 거대한 바퀴가 달린 네 생물이 들어 올리는 엄청난 이동용 기구와 함께 하나님을 묘사한다. 그 바퀴의 모양과 구조는 황옥이고 바퀴 안에 바퀴가 있는 것 같았다(겔 1:15-21). 하나님이 불타

오르고 빛이 나는 황옥 휠체어를 사용하여 다니신다면 나도 그렇게 해야 한다.²

하나님이 장애를 갖고 계신다고 생각한 것은 확실히 내가 처음이 아니다. 장애 신학의 선구자 낸시 아이슬랜드(Nancy Eiesland)는 호흡기를 단 휠체어에 타고 계신 하나님을 상상했다. 한 친구가 그녀의 장애가 천국에 가면 사라질 것이라고 선언했을 때, 아이슬랜드는 충격에 휩싸였다. 그렇게 되면 그녀 자신의 존재와 하나님에 대해 그녀가 이해한 것들의 한 부분이 지워질 것 같은 느낌이 들었기 때문이다.³ 비장애인은 이런 부분을 특히나 더 이해하기 어려울 것이다. 왜냐하면 그들은 장애는 언제나 나쁘고 타락의 결과이며, 새 창조에서 구원을 받아 없어져야 하는 것으로 가정하기 때문이다. 하나님을 장애 입은 분으로 상상하는 것은 그분의 능력과 존재를 약화시키는 것처럼 보인다. 그들은 나에게 말한다. "하나님이 장애를 갖고 계실 리 없어." 또 다른 이는 쏘아붙인다. "온 우주의 창조주이신 분의 본질에 대한 모욕이야." 진짜 하나님께 대한 모욕은, 우리가 장애인들을 하나님의 형상을 지닌 자들로 여기지 않는 것이다. 그리고 인류의 4분의 1을 지워버린 파라다이스를 상상하는 것이다. 혹은 우리가 충분히 할 수

---

2   나는 여기서 성경 본문을 주해하거나 이것이 성경 저자의 의도라고 주장하는 것이 아니다. 이 본문을 통해 하나님이 나를 만나 주신 한 가지 방법을 보여 주고 싶었다. 이것으로 교리를 구축하고자 하는 것이 아니다. 나는 눈여겨보시는 하나님과 만나고 있을 뿐이다.

3   Nancy Eiesland, *The Disabled God: Toward a Liberatory Theology of Disability* (Nashville: Abingdon, 1994), 174-76.

있는 능력이 있음에도 지극히 작은 자들을 먹이지 않는 것이다.

우리가 천국에서 장애인일지 아닐지에 대한 대화에 뭔가를 더 얹고 싶은 마음은 없다. 어느 정도는 천국에서의 우리 몸이 장애일지 아닐지는 그리 중요하지 않다. 아무도 그 답을 갖고 있지 않다. 이것은 내 통제 밖의 일이고 내가 지금 받고 있는 대우를 회복시키는 데 아무런 영향을 미치지 않는다. 하지만 아주 최소한으로, 교회에 갈 때마다 사람들이 자신의 검증되지 않은 신학을 나에게 강요하는 소리를 듣지 않기를 바란다. "언젠가는", "최소한", "천국에서 넌 달리고/ 킥복싱을 하고/ 날아다니고/ 고침받고/ 온전한/ 인간이 될 거야"라는 말의 폭격을 맞고 싶지 않다. 우리가 종말 신학을 어떻게 받아들이는지에 따라 오늘날 우리가 사람들을 대하는 태도가 달라진다. 단순히 종말 신학을 우리 뇌 속의 또 다른 상자에 넣어 둘 수는 없다. 만약 우리가 장애인들이 사후 세계의 마법 같은 문지방을 넘어설 때까지 온전하지 않다고 믿는다면, 지금 여기에서 그들과 관계를 맺는 방식에 분명히 영향을 미치게 될 것이다. 우리는 하나님의 나라를 현재에도 있고, 아직 오지 않은 것으로도 이야기한다. 그 사이 공간을 우리는 살짝 맛보기도 하지만 아직 완전한 부분은 아니다. 장애인들을 아직 오지 않은 때가 도래해야만 하나님의 형상을 지닌 자로 대하겠다는 것은 현재에 영향을 미친다. 새 창조가 우리에게 어떻게 이뤄질지 상상하는 일에 장애인들의 인도함을 받으라. 어떤 이들에게는 휠체어를 사용하는 것일 수도 있고, 또 다른 이들에게는 아닐 수도 있다. 어떤 이들에게는 수어를 사용하시는 하나님을 포함하는 것일 수 있고, 또 다른 이들에게는 보는 것일 수 있다. 누가 이것이 우리 모두에게 똑같이 주어질 것이라 말할 수 있겠는가? 장애인 공동체는 가지가지의 신체적 특징과 사고방식, 그리고 신념을 가진 다양한 집단이다. 우리가 회복을 어떤 식으로 상상하는지 당신에게 말할 때, 우리에게서 배우라. 회복에 대한 우리의 상상력이 빛을 밝히게 하라.

또 내가 하나님의 사랑하는 자녀이기 때문에 내 몸이 어떻게 생겼든, 어떻게 기능하든 중요하지 않다고 반박하는 사람들도 있다. 좋은 의도로 한 말이겠지만 그것은 내 정체성의 핵심 측면을 꿰뚫지 못한다. 나는 장애인이다. 동정심을 유발하거나 내 장애를 지나치게 강조하기 위해 하는 말이 아니다. 나는 이것이 내 정체성의 전부가 아닌 것 또한 완전히 인식하고 있다. 하지만 사실, 장애인인 것은 내가 세상과, 그리고 하나님과 상호 작용하는 방식의 핵심 부분이다. 친절한 지인들은 많은 경우 장애인인 것이 중요하지 않다고 주장하면서 장애를 지우는 행위를 정당화하고 싶어 한다. "하나님은 너를 장애인으로 보시지 않아"라고 약속한다. 우리가 천국에는 더 이상 장애인이 없을 것이라고 찬양하고, 너의 핵심 정체성이 그리스도 안에 있는데 장애인인 것이 왜 문제가 되어야 하느냐고 묻는다. 왜 문제가 되는지 여기서 분명히 이야기하고자 한다. 사람들이 "천국에 더 이상 갈색 눈동자는 없다네"라는 노래에 환호한다고 상상해 보라. 이것은 당신이 선택한 것도, 바꿀 수 있는 특성도 아니다. 어쩌면 어떤 날에 당신은 자신의 갈색 눈이 마음에 들지 않을 수 있다. 우리 중 누구도 새 창조의 현실에 우리의 눈 색깔이 남아 있게 될지 알지 못한다. 하지만 온 무리가 당신의 눈이 더 이상 갈색이 아닐 것이라고 노래하고, 환호하며, 찬양한다면 왠지 모르게 찝찝한 느낌이 들 것이다. 그들이 "더 이상 갈색 눈을 한 소녀는 없으리. 마침내 우리 모두 치유되고 온전하게 되리라"라고 큰 소리로 노래 부른다면 어떤 느낌일지 상상해 보라. 하나님은 밴 모리슨(Van Morrison: 영국 북아일랜드 싱어송라이터. 첫 솔로 싱글 Brown Eyed Girl[갈색 눈 소녀]을 히트시켰다. - 옮긴이)의 팬은 아니신가 보다.

하나님이 나를 어떻게 이해하시는지 받아들이라는 미명 아래 나의 장애를 지워 내고 싶어하는 사람들은 여전히 나의 장애를 지워 가고 있다. 우리의 몸이 하나님께 중요하지 않다는 생각은 포근한 담요가 있는 따뜻한 장소에서 나오는 깜찍한 발상이지만, 사실이 아니다. 확실히 말하자면, 나는 하나님이 사랑하시는 자녀이지만 내 몸에 어떤 일이 일어나는지는 **분명히** 중요하다. 우리의 몸은 중요하다. 만약 그렇지 않았다면 왜 예수님이 괜히 성육신하셨겠는가? 그저 영혼만을 위한 것이었다면 그 침 뱉음과 땀과 고통을 견디는 것은 번거로워 보인다. 예수님도 타노스(Thanos: 마블 영화의 슈퍼 빌런 - 옮긴이) 스타일로 손가락 한 번 튕기고 어둠의 세력에 작별을 고할 수 있으셨다. 그랬다면 확실히 훨씬 더 깔끔하게 (그리고 덜 고통스럽게) 해결되었을 것이다.

하지만 예수님은 몸을 입으시고 인간이 되는 것의 의미 안으로 들어오셔서 우리의 얼굴을 붉히게 하는 모습들까지 취하셨다. 말씀이 육신이 되었고, 우리는 이를 다시 말씀으로 되돌리려고 한다. 우리의 신학은 몸이 중요하기 때문에 성육신적이다. 내가 장애인인지가 중요하지 않다고 말하는 것은 성육신을 묵살하는 것과 같다. 아마 우리가 그 사실을 인정하기 시작한다면 우리는 기도를 지니에게 소원을 비는 것쯤으로 여기지 않게 될 것이다. 그렇게 된다면 서둘러 화제를 돌리지 않고 다른 누군가의 고통을 알아줄 수 있으리라. 그리고 장애 입은 몸을 인간의 타락 탓으로 돌리지 않게 될 것이다. 그렇게 되면 우리는 장애인과 비장애인 모두 하나님의 형상으로 지음받았음을 이해하게 될 것이다.

장애가 새 창조에 존재하는가의 여부는 중요하지 않다. 장애는 지금 존재한다. 이 나라 인구의 25퍼센트와 전 세계 15퍼센트나 되는 사람들을 제거하지 않고는 회복된 세상을 상상할 수 없다면 당신의 상상력은 어딘가 삐뚤어진 게 틀림없다. 그런 상상력은 우리의 크신 하나님에게 너무 초라하다. 새 창조에 갈색 눈이나 휠체어가 있든 없든, 지금 이곳에서 그러한 특성들을 지우는 것을 찬양해서는 안 된다. 대부분의 사람들은 자신이 그렇게 행하고 있다는 것조차 깨닫지 못한다. 그들은 장애를 고통과 합쳐 놓고 이 둘을 다 지워 버리는 것이 최선이라고 가정한다. 문제는 모든 장애인이 그들의 장애로 인해 고통받지 않는다는 것이다. 모든 장애인이 자신이 가진 장애를 바꾸고 싶어 하는 것은 아니다. 하지만 우리 **모두는** 사람의 몸에 대한 에이블리즘적 가정으로 인해 고통받는다. 우리 모두는 하나님의 창조를 인류를 바비 인형처럼 복제하는 것으로 국한시키는 제한적인 상상력으로 인해 고통받는다.

만약 휠체어가 안경처럼 여겨진다면 어떨까? 확실히 안경은 교정용이다. 우리는 안경이 사람들이 더 선명하게 볼 수 있도록 보조하는 안구용 보철 역할을 한다는 것을 알고 있다. 하지만 안경을 쓴 그 어떤 사람도 치유 기도를 받거나 회개하라고 수치스럽게 촉구받았다는 이야기를 들어 본 적이 없다. 안경은 패션 감각이고 누군가의 미적 감각에 맞춰 특수하게 재단된 것이기에 어떤 사람은 세련되면서 괴짜 같은 느낌을 주기 위해 안경을 쓰기도 한다. 캣아이, 비행사, 실드, 무테, 뿔테 등 모양과 스타일이 무궁무진하다. 만약 이동용 기구를 이와 같이 여긴다면 어떨까? 휠체어, 전동 스쿠터, 지팡이에 낙인을 찍는 대신에 장애인들을 위한 패션 도구로 생각한다면 어떨까?

이동용 기구는 기능적이고 효과적이어야 하지만 그렇다고 우리가 아름답고 톡톡 튀는 안경을 디자인할 수 없는 것은 아니다. 내 지팡이는 감청색인데 만약 원더 우먼의 마법 검 모양으로 만들어졌다면 어떨까? 진짜 그렇게 만들어 줄 사람 없는가? 내 전동 스쿠터의 바퀴 안에 불타는 이미지 사진들이 있어서 도로를 내달릴 때 플립 북(flip book: 여러 장으로 이어지는 그림을 한 권의 책으로 만들어 빠르게 넘기면 그 그림이 움직이는 것처럼 보인다. - 옮긴이) 효과를 만들어 낸다면 어떨까?

내 바퀴는 나의 전동 스쿠터 다이애나와 협력하여 나를 자유롭게 하고 작동하게 해 준다. 다이애나의 타이어는 도로에 미끄러지지 않고, 충격파를 흡수하여 내 다리에 전달되지 않도록 한다. 커브를 돌 때는, 마치 물이 흘러가며 부드럽게 강둑을 어루만지듯이, 나는 다이애나에게 살짝 기댄다. 나는 땅의 질감과 시멘트의 리듬을 느낀다. 콘크리트 바닥에서 자갈길로 바뀔 때 진동의 심포니를 듣는다. 내 신체적 특징은 내 발끝 혹은 내 머리 정수리에서 끝나지 않고 나를 새로운 세상으로 데리고 갈 수 있는 내 코발트색 휠체어의 틀로 이어진다. 에스겔의 환상처럼, 나는 나의 자유를 위한 티켓인 이 바퀴들에 융합된다. 나는 몸이고 바퀴이며 불이다.

사람들이 내 휠체어를 안경 보듯이 할 수 있다면 얼마나 좋을까. 내 조카들은 확실히 그렇게 본다. 그들은 그들의 생기 있는 마음으로 전동 스쿠터에 탄 나를 근사하다고 생각한다. 조카들은 내 이동용 기구의 어떤 것도 비극으로 해석하지 않는다. 비극으로 보는 건 우리가 장애를 중심으로 구축하는 죽이거나 완치하거나 하는 이야기의 파급력을 보여 준다고 할 수 있다. 조카들은 내가 전동 스쿠터를 타고 돌아다닐 수 있는 것이 신나는 일이라고 생각한다. 어쩌면 우리가 이렇게 모든 몸이 가진 아름다움의 증인이 되는 어린아이와 같은 믿음을 회복할 수 있다면 우리 모두를 포함하는 방식으로 새 창조를 찬양할 수 있게 될 것이다. 새 창조 안에서 내가 여전히 장애인일지는 모르지만 고통이 없을 것이라는 건 안다. 그리고 사람들이 내 부분을 지우는 것을 찬양하는 것은 고통스러운 일이다. 어쩌면 치유가 필요한 것은 내 몸이 아니라 사회일지 모른다. 어쩌면 내 조카들처럼 사람들이 장애를 슬픈 것이 아니라 나름의 교훈적 부요함을 가진 문화적 정체성이라는 사실을 인정하게 될 날이 올 것이다.

아마도 치유될 것은 에이블리즘일 것이다.

※ ※ ※

우리 중 많은 사람이 장애를 손실 모델로 이해하도록 배워 왔다. 우리는 장애 입은 몸이 뭔가를 할 능력, 예컨대 걷고, 뛰고, 말하고, 자전거를 타는 등의 능력을 손실했다고 믿는다. 내가 이해하기로 많은 비장애인들이 보기에 나는 "정상적으로" 걷지 못한다. 사실이긴 하지만, 이것이 전부가 아니다. 이들은 내가 **미끄러지듯** 움직일 수 있다는 사실을 부인하고 있다. 많은 휠체어 사용자들이 말하듯, 휠체어는 자유다. 우리로 하여금 전세계를 자유롭게 다닐 수 있게 한다. 내가 휠체어에 타고 있으면, 같이 걷고 있는 사람들은 나를 따라잡아야 한다. 사람들이 내가 어디로 날아갔는지도 모르게, 나는 노을 빛을 향해 날아간다. 장애가 정체된 현재 상황을 흔드는 데 필수적인 혁신임을 깨닫게 된다면 어떨까? 우리가 장애를 잠재적 손실을 통해서 이해하지 않고 장애가 주는 아주 많은 이익을 통해서 본다면 어떨까? 만약 우리가 생물의 다양성을 좀 더 받아들인다면 장애인들이 우리 공동체에 가져오는 그들만의 문화적 내러티브와 육체로 경험한 지혜를 온전히 포용할 수 있게 될 것이다. 어쩌면 장애 입으신 하나님까지도 포용할 수 있을지 모른다.

어쩐지 사람들은 장애를 가진 하나님보다 무생물체나 동물로서의 하나님을 더 편하게 받아들이는 것 같다. 성경에 보면, 하나

님은 다양한 방식으로 표현되는데, 암탉(눅 13:34), 새끼 잃은 곰
(호 13:8), 자기의 보금자리를 맴도는 독수리(신 32:11-12), 어린양
(계 19:7), 바위, 요새, 건지시는 이(시 18:2), 토기장이(사 64:8), 해산
하는 여인(사 42:14), 그리고 위로하는 어머니(사 66:13)로 나타나
신다. 이것은 모두 거대한 신비 되시는 하나님의 한 측면을 이해
할 수 있게 돕는 은유들이다. 하지만 대부분의 사람들이 바위를
향해 찬양하는 것을 하나님이 장애를 갖고 계신다는 발상보다 더
편하게 생각한다.

의사들은 '삐뚤어졌다'고 말한다. 내 다리는 삐뚤어졌다. 정렬
이 어긋나 있다. 하지만 자연에서 똑바르기만 한 것은 별로 없다.
피조물은 삐뚤빼뚤이다. 예를 들면, 삼나무의 울퉁불퉁한 기둥,
느릅나무의 구불구불한 가지, 단풍잎의 들쑥날쑥한 가장자리 등
자연은 매우 아름답게 삐뚤어져 있다. 인간이 만든 것들만 똑바
르고, 정돈되어 있으며, 논리적이다. 그러나 하나님의 창조 캔버
스는 거칠고, 제멋대로이며, 절묘하게 엉망이다. 혹은 바울이 한
말을 인용하자면, 하나님의 "보이지 아니하는 것들"이 "만드신
만물에" "분명히 보여 알려"졌다(롬 1:20). 모든 오물과 모래알 하
나까지 창조물은 하나님의 "영원한 능력과 신성"을 우리에게 나
타낸다. 그리고 그것은 기분 좋게 삐뚤어졌다.

펭귄을 한번 생각해 보라. 턱시도 입은 우리의 펭귄 친구들은
뒤뚱뒤뚱 걷고, 발은 바깥쪽을 향해 있고, 좌우로 이리저리 움직
인다. 인간이 수직으로 걷는 것과 비교해 봐도 이들의 걸음걸이
는 둔하고 우스꽝스럽다고 생각하기 쉽다. 펭귄은 그들의 짤막

한 다리를 굴려 짧은 걸음으로 힘겹게 앞으로 나아간다. 하지만 펭귄의 걸음은 인간의 걸음걸이보다 훨씬 더 효율적이다. 펭귄은 이 지구상 동물 중 에너지 회복률이 가장 높다. 이 말은 펭귄이 한 걸음에서 다음 걸음을 뗄 때 에너지를 유지한다는 것을 의미한다.[4] 인간은 한 발짝씩 걸을 때마다 앞으로 넘어지며 중력이 우리를 진창에 빠지게 한다. 하지만 이 대단히 효율적인 펭귄은 옆으로 왔다 갔다 흔들면서 에너지를 훨씬 더 길게 보존한다. 거기에다가, 얼음 위에서 가장 안전하게 움직이는 방법은 바로 펭귄을 모방하는 것이다. 무게 중심을 낮춰 미끄러운 표면에서 안정성을 높이기 때문이다. 알고 보니, 얼음으로 덮인 지형을 건너갈 때는 우리 모두 펭귄 셔플(좌우로 왔다 갔다 함)을 해야 하는 것이었다. 턱시도는 입을 필요 없다.

우리가 펭귄을 떠올렸을 때, 펑키한 셔플 댄스 말고 더 안전하고 전략적인 움직임을 생각했다면 어땠을까? 이 멋쟁이 새들을 조롱하는 대신, 우리는 그들에게서 배워야 한다. 그들의 불규칙적인 걸음걸이가 우리의 삶을 향상시킬 수 있는 방법을 생각해 봐야 한다. 우리는 비장애인들은 완벽하고 온전하다고 가정하지 말고 장애를 초청하여 다른 뭔가에 대한 가르침을 받아야 한다. 우리는 자연의 나머지 것들에 대해서는 이런 식으로 느끼지 않는다. 인간의 몸에 대해서만 가치의 위계질서를 세운다. 아무도 칼라의 처진 꽃잎을 보고 꽃잎결핍증후군이 있다고 주장하지 않는

---

[4] Kate Wong, "Why Penguins Waddle," *Scientific American*, December 21, 2020, https://www.scientificamerican.com/article/why-penguins-waddle.

다. 사자들이 하루 종일 느긋하게 드러누워 있다고 해서 만성 피로에 절어 있다고 말하지 않는다. 에뮤가 날지 못한다고 해서 참새보다 더 약하다고 할 수 없다. 우리는 문어가 듣지 못한다고 깔보지 않고, 두더지나 동굴어가 보지 못한다고 얕보지 않는다. 이렇듯, 장애는 개념적 범주, 방법론, 생물의 다양성을 통해 세상을 해석하는 방식이 된다. 장애는 휠체어와 점자 이상의 것이다. 장애는 정상의 범주를 무너뜨림으로 세상을 이해하는 방식이다. 이는 하나님이 창조의 태피스트리에 엮어 짜신 아름다운 생물 다양성을 발견하는 통로다.

우리가 장애를 이렇게 생각했다면, 성경 전반에 걸쳐 하나님이 장애 입은 모습으로 묘사된다는 사실이 우리를 언짢게 하지 않을 것이다. 하나님은 많은 시편 말씀에서 농(聾, d/Deaf)으로 그려진다. 하나님께서 귀에 들리는 응답을 주시지 않자 좌절한 시편 기자들은 종종 하나님을 그들의 비통한 간청을 듣지 못하시는, 혹은 듣지 않으시는 분으로 등장시킨다. 이것이 왜 그렇게 나쁜가? 많은 농인들이 자신들의 능력을 "청력 상실"로 보지 않고 "데프 게인"(Deaf gain: 농인 됨이 생물학적 손실이 아니라 단일 문화가 갖는 취약성이나 그로 인한 위험에 대처할 수 있는 개인적, 사회적 이득이 된다는 개념 – 옮긴이)으로 특징짓는다.[5] 어쩌면 우리가 단순히 듣는 것에 그치지 않고 주의를 기울이는 법을 배운다면 하나님이 우리와

---

[5] 물론 많은 농인들이 자신을 장애인으로 인식한다. 더 많은 정보를 원한다면, Danny Ko, "D/deafness," in *Skin, Tooth, and Bone: The Basis of Our Movement Is Our People; A Disability Justice Primer*, by Sins Invalid, 2nd ed. (Berkeley: Sins Invalid, 2019), 88-93를 참고하라.

소통하시는 다양한 방식을 깨닫게 될 것이다. 아마 하나님은 우리를 성장시키시기 위해 데프 게인을 사용하시는지도 모른다. 침묵은 하나님이 우리를 들으시는 공간이자 우리가 우리 삶의 신비와 불쾌한 것들과 함께 잠잠히 앉아 있어야 하는 공간이다. 어쩌면 하나님이 우리가 기대하는 방식으로 말씀하시지 않는 것은 우리 안에 깊이 있게 경청하는 능력을 발달시키고 우리 자신을 이해하는 공간을 제공하기 위함일지도 모른다. 데프 게인은 이른바 하나님의 침묵이 계시적이고, 우리가 처리할 수 있게 도와주며, 우리를 발전시킨다는 것이다.

로마서에서 바울은 성령님이 소통하시는 방법을 묘사하면서 우리가 마땅히 기도할 바를 알지 못할 때 성령님이 "말할 수 없는 탄식으로 우리를 위하여 친히 간구"하신다고 확언한다(롬 8:26). 이 말할 수 없는 탄식은 지적 혹은 발달 장애를 가진 사람들과 의사소통했을 때의 경험을 떠올리게 한다. 이들에게는 '벙어리, 비언어적, 말을 못하는' 등의 가혹한 꼬리표가 붙는다. 보통의 경우, 이들의 말할 수 없는 탄식과 다양한 범위의 소통 방식에 관심을 기울이지 않는 것은 우리다. 사회는 틀과 알파벳 기호를 벗어나서 소통하는 방식에 대한 상상력이 부족하기 때문에 이들의 리듬을 불규칙한 것이라고 일축한다. 그러나 성령님은 우리의 정형화된 시스템으로 담을 수 없는 탄식과 알아들을 수 없는 언어를 통해 상호 작용하신다.

신음 소리와 탄식, 그리고 한숨은 성령님의 언어를 빌리고, 모든 호흡은 살아 계신 하나님의 말씀이 된다. 영혼의 언어는 꼭 말로 표현해야 할 필요가 없다. 단지 퀸의 노래의 멜로디만으로도 당신에게 그 느낌을 전달할 수 있는 것과 흡사하다. 때로는 가사를 잘 몰라도 당신도 모르게 그 노래를 흥얼거리기도 한다. 말은 감정이라는 케이크의 겉에 입히는 설탕일 뿐이다. 설탕은 맛있지만 너무 많이 먹으면 배탈이 나기 마련이다. 만약 우리가 탄식에 귀 기울인다면 성령님의 메시지를 이해할 수 있다. 어쩌면 우리가 인내를 연마하고 다양한 의사소통 방식에 주의를 기울이는 연습을 한다면 우리 공동체의 지적 장애인, 발달 장애인들로부터 배울 수 있을 것이다.

하나님은 단순한 농인이나 "비언어적" 존재가 아니시지만 성경에서는 때때로 보지 못하시는 분으로 나타난다. 시편 139편에서 다윗은 "흑암이 숨기지 못하며 밤이 낮과 같이 비추이나니 주에게는 흑암과 빛이 같음"이라는 사실에 경이로움을 느낀다. 장애 신학 관점에서 읽어 보면 이 시편은 우리의 시각적 상호 작용의 많은 부분을 이끄는 감각적 경험에 국한되지 않으시는 하나님께 어떻게 빛과 흑암이 구분되지 않는지에 대한 새로운 의미를 부여한다. 어떤 시각 장애인들은 빛과 어둠이 서로 유사하게 인식되는 비슷한 현상을 경험한 적이 있다고 보고한다.[6] 어둠은 더 이상 두려움과 공포의 대상이 되지 않는다. 존재의 중립적 상태가 되는 것이다. 이러한 방식으로, 시각 장애인들이나 저시력증을 가진 이들은 앞을 보는 우리가 경험할 수 없는 하나님의 항상

---

6   John M. Hull, *In the Beginning There Was Darkness* (Harrisburg, PA: Trinity Press International, 2002), 159-60.

성(constancy)을 경험한다.

이러한 일들은 장애 이득(disability gains: 장애를 이익의 원천으로 보는 관점 - 옮긴이) 개념으로 전환하는 것이 어떻게 하나님에 대한 우리의 이해를 넓히는 데 도움이 되는지를 보여 주는 몇 가지 예시에 불과하다. 실명한 것을 무지함과 동격으로 보는 대신, 그것을 통해 나타나는 하나님의 변함없으심을 배울 수 있다. "비언어적"인 사람들은 지적이지 않다고 묵살하는 대신, 그들의 말할 수 없는 탄식을 통해 배울 수 있다. 청력을 잃은 농인들을 동정하는 대신, 데프 게인의 계시적인 공간으로부터 배울 수 있다. 휠체어를 조롱하는 대신, 휠체어를 하나님의 불타는 보좌처럼 눈부시게 빛나는 것으로 여길 수 있다. 우리는 장애인의 다양한 관점으로부터, 그리고 그들이 그리스도의 몸과 공유할 수 있는 독특한 문화적 부요함으로부터 배워야 한다. 나는 농인이나 시각장애인이 겪는 경험에 대해서는 비장애인들이 휠체어를 타는 것에 대해 쓸 수 없듯이 잘 표현해 낼 수 없다. 장애는 수많은 경험의 복합체이고 나는 장애 공동체 전체를 대표하지 않는다. 나는 그저 교회 앞에 앉아 우리를 사랑해 달라고 간청하는 한 명의 장애인 소녀일 뿐이다. 하나님, 성경, 그리고 믿음으로 구현된 삶에 대해 심도 있게 이해하기 위해 우리는 다른 유형의 장애를 가진 이들의 실질적인 경험에서 배울 필요가 있다. 우리가 인간이 하는 경험에 대한 이해를 넓혀 갈수록 서로에 대해 더 배울 수 있고, 어떻게 각각의 장애가 하나님을 세상에 그려 내는지 상상해 볼 수 있다. 결국 우리 모두는 하나님의 형상으로 지음받았다. 우리가 신체적 차이를 결함이나 손실로 보지 않고 거대한 창조주이신 하나님이 만드신 다양성을 경험할 수 있는 특별한 기회로 느낄 때 얻는 가능성들을 상상해 보라. 그리스도의 몸이 치유되고 온전해질 것이다.

✳ ✳ ✳

똑딱 똑딱.

"얼마나 오래 걸리는지, 의사가 당신에게 말했나요?" 그녀는 진심 어린 목소리로 물으며 내 상태가 얼마나 심각한지 가늠하려 했다. 내가 아무도 모른다고 대답하자 그녀는 어깨를 움츠린다. 걸을 수 있게 되는 날을 달력에 적어 놓을 수도 없는 노릇이다.

똑딱 똑.

내 다리가 나를 지탱해 줄지 알지 못하는 상태로 몸을 좌우로 움직이니 흠뻑 젖은 밀도 높은 모래가 내 마비된 발가락에 엉긴다. 보라색과 핑크색의 부드러운 빛깔이 넘실거리는 물에 비친 하늘을 찌그러뜨린다. 나는 탈감각화 훈련(desensitization: 자극에 대한 신체적 반응을 제거하거나 최소화하는 것 – 옮긴이)이라는 이름으로, 내 발목을 꿰뚫는 듯한 불덩이를 밀어낸다. 바람이 소금과 선크림 향기를 실어 나른다. 나는 넘어졌다, 다시 일어나고, 또 넘어진다. 모래가 내 몸이 근육 위축증에 대응할 수 있도록 훈련을 시킨다고 한다. 나는 모래알이 내 안쪽 발목을 긁어 내는 것을 바라보며 사실은 불이 붙은 것 같았지만 괜찮다고 스스로에게 말해 본다. 이것이 시간 낭비가 될지 알지 못한 채 나는 내 몸을 미는 데 쓴 시간을 기록한다.

똑딱 똑.

물리 치료사의 열의가 치료실 안에서 고동친다. 그녀는 오늘이 야말로 내가 지팡이 없이 서는 날이 될 것이라는 달콤한 기대감을 감추지 않지만, 나는 그녀의 앙 다문 치아에 관심을 두지 않으려 애쓴다. 만약 내가 서지 못한다면 그 기대감은 금세 실망으로 바뀔 테니 말이다. 나는 팔을 저어 보지만 내 몸은 내가 왼쪽으로 무게를 실을 틈도 없이 의자에 털썩 쓰러지고 만다. 다시 한 번 치료사의 얼굴이 내 성미 고약한 몸의 거울 이미지와 같다. 마치 8월에 밖에 내놓은 민트 칩 아이스크림처럼 실망감으로 녹아 버린다.

똑딱 똑딱.

이제 그만할 시간이다. 친구들과 고기를 먹으러 가기로 약속되어 있지만 내 몸은 다른 계획을 세운다. 해가 떠 있는 위치를 보면 오후 5시 30분이지만 내 몸은 타임아웃을 선언한다. 더 많은 계획이 크립 타임에 의해 중단된다. "숟가락이 다 떨어졌음. 내가 없어도 좋은 시간 보내." 나는 친구에게 문자를 보낸다. 띵동. 익숙한 문자의 어조가 우리 사이 전파를 타고 전달된다. "숟가락 생기면 같이 가자." 휴대폰의 말풍선이 말한다. 마음은 따뜻해졌지만 녹초가 된 채 아무것도 할 수가 없어 침대로 기어 들어간다.

똑딱 똑.

역한 소독약 냄새가 후텁지근한 공기에 진동한다. 걸음마다 내 예민한 몸에 닿는 따뜻한 물의 힘에 짓눌린다. 부력은 먼 나라 이야기고 나는 다른 쪽으로 가기 위해, 내 근육 위축증을 정복하기 위해 물살과 싸운다. 수영장에 있는 사람들은 모두 내 할머니, 할아버지뻘 되는 분들이었다. 그들은 입을 딱 벌리고 날 쳐다봤고 그들의 주름진 시선은 나에 대한 호기심을 드러냈다. 그들에게 나는 수중 물리 치료의 밀레니얼(millennial: 1982~2000년에 태어난 신세대 – 옮긴이)이다. 그들은 몸이 "쇠하는" 것이 어떤 느낌인지 안다며 나를 안심시킨다. 나는 겉으로는 미소 짓지만 안으로는 위축된다. 나는 그들에게 칠십 대에 몸이 쇠하는 것과 열한 살에 그렇게 되는 것은 다르다고 말할 기운조차 없다. 내 청소년기는 한 번도 빨랐던 적이 없다.

똑딱 똑.

벌떡. 나는 갑자기 잠에서 깼다. 통증이 화재경보기처럼 내 몸속을 파고들며 "일어나!"라고 명령한다. 어둠이 조여 오고 빛이라고는 내 휴대폰에서 비치는 푸른 빛뿐이다. 시간을 보니 2시 36분이다. 나는 숨을 내쉬면서 명상을 하고 기도도 해 보지만 발작은 수면의 어떤 꿈도 압도한다. 결국 나는 내가 깼다는 것을 받아들이기로 결심한다. 축 처지는 몸을 끌고 주전자가 있는 곳으로 가면서 내 몸에게 시계 역할을 강요하지 말고 내 몸이 하는 말을 존중하자고 스스로 다짐한다.

똑딱 똑딱.

"도대체 **언제** 낫는 건가요?" 공립 도서관에서 마주친 한 동정심 많은 낯선 사람이 내게 캐묻는다. 내가 그 말에 위로를 받기에는 그가 내 전동 스쿠터에 너무 바짝 붙어 있다. 나는 매우 지친 상황이었으므로 알지도 못하는 사람에게 이런 질문을 받는 것이 얼마나 거슬리는지 보여 주기 위해 그가 물어보지도 않는 사생활을 과하게 드러낸다. 왠지 탐폰 이야기는 겁주기에 언제나 직방이다. **언제**라는 건 없다. 내 몸은 크립 타임에 따라 작동한다.

똑딱 똑.

크립 타임. 시간이 직선으로 진행하지 않는다는 발상은 장애인들이 계획된 결과가 이루어진 예측 가능한 미래를 경험할 수 있게 하는 개념이다. 장애는 시계나 달력에서 쓰이는 시간에 대한 규범적 개념을 붕괴시킨다. 기대되는 수명과 각각 주어진 일생의 단계에 따라오는 활동들을 뒤흔든다. 과거, 현재, 그리고 잠재적 미래는 일관성이 없고 한번 꼬이면 절대 풀 수 없는 전선들처럼 엉켜 있다. 예후(prognosis: 병의 경과 및 결말을 미리 아는 것 - 옮긴이)라는 개념 조차도 미래의 시간, 당신이 더 이상 아프지 않게 되는 상태를 가정한다. 마치 장애가 우유처럼 유통 기한이 있는 것처럼 말이다.

슬픔은 우리 대부분이 이러한 유동적인 시간에 익숙해지는 방식이다. 당신은 괜찮다. 그러다가 어느 화요일, 직장에서 당신은 할머니가 쓰시던 비누 향을 맡게 되고 할머니가 돌아가시던 날로 이동한다. 당신은 할머니에 대한 기억의 살아 있는 기념비가 되고, 당신의 슬픔은 할머니가 남긴 유일한 향기로운 조각을 보존함으로 위안을 받는다.

크립 타임은 이와 유사한 방법으로 기능한다. 나는 살아 있는 예후다. 내 몸을 억지로 시계에 맞추는 대신, 크립 타임은 "장애인의 몸과 마음의 요구에 맞게 시계를 구부리는 것"이다.[7] 살바도르 달리의 그림처럼 나는 녹고 있는 시계다. 마치 발 밑에 으스러지는 유리 조각같이 시간은 폭발하여 신체적 경험의 백만 가지 조각들로 깨어진다. 내 몸이 개선되리라는 예상은 없다. 미래 그 자체는 불안정하다. 나는 크립 타임이 주는 경계의 시간성 안에 존재한다.

그런데 한편으로, 하나님도 그러실 수 있다. 이사야는 하나님이 "영원히 거하신다"고 말한다(사 57:15). 시편 기자는 "주의 목전에는 천 년이 지나간 어제 같으며 밤의 한 순간 같을 뿐"이라고 쓴다(시 90:4). 베드로도 이 생각을 재차 확인한다. "주께는 하루가 천 년 같고 천 년이 하루 같다"(벧후 3:8). 하나님은 무소부재하시고 영원하시며 우리 시계의 직선적 한계 바깥에 계시는 분이다. 하나님이 펼쳐 있고 순환적이며 비선형적인 시간에 영원히 거하시는 방식은 크립 타임과 장애 입은 몸을 경험하는 것을 통해 이해될 수 있다.

시간 안에서 내 몸은 거꾸로 움직인다. 내 몸은 내 왼쪽 다리를 수없이 살려 냈다. 내가 이렇게 말하는 것은 교회스러운 방식, 즉 "우리의 메마른 영혼에 물을 대시고" 혹은 우리의 믿음을 "부활시켜" 달라고 하나님께 기도하면 다른 이들이 극적으로 '으흠' 하며 맞장구치는 그런 방식을 의미하지 않는다. 내 말은, 근육이 있어야 할 자리에 시들어 버린 몸이 있는 것을 내려다보는 것이 어

---

[7] Ellen Samuels, "Six Ways of Looking at Crip Time," *Disability Studies 37*, no. 3 (2017), https://dsq-sds.org/article/view/5824/4684.

떤 것인지 안다는 뜻이다. 내 인대를 이용해서 박자에 맞춰 내 발을 움직이고 싶은 느낌은 알지만 내 발목은 고집스럽게 미동도 하지 않는다. 내 왼쪽 다리는 오른쪽 다리보다 20도가량 더 차갑다. 혈액 순환이 잘 되지 않아 내 몸이 퍼렇게 되고 털이 다 빠지는 것이 어떤 것인지 알고 있다. 의사들은 땅에 시선을 고정한 채 "절단"이라는 말을 조심스럽게 속삭인다.

나는 내 앙상하고 차가운 사파이어 색깔의 다리가 뼈에 근육이 붙었다가 다시 뼈만 남는 것을 목격했다. 심지어 내 다리 털을 미는 기적도 예전에는 꿈도 꾸지 못했던 일이었고 또다시 제자리로 돌아갈 가능성이 크다. 내 몸은 계속해서 똑딱거리는 시계지만 항상 앞으로 나아가는 것도 아니고 일관성 있게 움직이지도 않는다. 반대로 갔다가, 속도를 내기도 하고, 슬로우 모션으로 움직이기도 한다. 어떤 이들에게 이는 무섭고 이상하게 보일 수 있지만 우리에게는 자유를 준다. 우리는 융통성 없는 시계에 국한되지 않고, 내일 다시 초기 상태로 되돌아가기 전에 점진적으로 나아갈 수 있을 뿐이다. 우리는 자유롭고 유동적으로 움직인다. 장애는 다른 능력을 가지신 하나님을 이해하는 데 도움이 된다. 우리의 진보나 퇴행에 대한 정당한 이유를 댈 필요 없이 시간 속에서 왔다 갔다 움직이는 것이 어떤 의미인지 우리는 알고 있기 때문이다. 우리가 뭔가를 "성취"하지 않고 몇 분, 몇 시간, 몇 년이 지나도, 우리는 우리가 가치 있고 소중하다는 것을 알고 있다. 우리는 시간 밖에서 사는 것을 배워야 했기 때문이다.

우리의 업무 일정, 부모로서의 의무, 혹은 사회적 달력이 문화적 명령과 경제적 요구가 아니라 우리의 독특한 필요와 일상적 능력을 중심으로 정해진다면 어떨지 상상해 보라. 답은 '오래 지속되는 것'이다. 우리는 인생, 관계, 경력이 지속되기를 바란다. 우리는 몇 십 년 동안 일한 후 은퇴하는 사람을 축하한다. 50번째 결혼기념일을 맞은 부부를 경이롭게 바라본다. 하지만 우리의 삶을 지속 가능하게 하려는 노력을 거의 아무것도 하지 않는다. 사람들에게 칭찬을 받고 개인적인 기량을 발휘하려고만 할 뿐이다. 우리는 우리의 복지를 고려하지 않는 혹독한 시스템 내에서 살인적인 일정을 설정한다. 우리는 시계를 따라가느라 스스로를 죽인다. 우리 삶의 방식은 빨리 진행되고 즉각적인 만족감을 주는 일 중독으로 설정되어 있다.

우리처럼 장애를 가진 이들은 이를 따라잡을 수가 없다. 아무리 더 기를 쓰고 노력해 봐도 내가 장애인이라는 사실은 변하지 않는다(정말이지, 고등학생 때는 나도 노력해 봤다). 나는 시계가 아니라 숟가락으로 산다. 크립 타임은 시간과 하나님의 관계에 대해 더 풍성하게 이해할 수 있게 한다. 나는 하나님을 영원하시기도 하지만 현세적이신 분으로 상상한다. 하나님은 시간 속 우리의 특정한 순간에 우리와 함께하시지만 그 한계에 국한되지 않으신다. 시편 90:2은 "산이 생기기 전, 땅과 세계도 주께서 조성하시기 전 곧 영원부터 영원까지 주는 하나님이시니이다"라고 말한다. 하나님은 아브라함 전에 계셨고, 산이 조성되기 전에도 계셨으며, 지금 여전히 우리와 함께하신다. 하나님은 시간이라는 개념 그 자체보다 앞서 계신다.

우리는 정확히 하나님이 시간을 어떻게 경험하시는지 알지 못한다. 하나님은 영원하신가, 아니면 현세적이신가? 하나님은 영화 「컨택트」(Arrival, 역행 인과관계와 감정이 시간의 순환 경험에 영향을 미치는), 「백 투 더 퓨처」(하나의 타임라인이 시간이 진행되어 가면서 다시 쓰일 수 있는), 「워치맨」(Watchmen, 닥터 맨하탄이 타임 루프로 미래를 보고 개인에게 초래할 결과와 상관없이 그대로 실행하는)처럼 시간을 다루시는가? 아니면 이 셋 다 해당되는가? 우리는 절대 알 수 없다. "영원 팀" 혹은 "현세 팀" 어느 쪽이든 간에(혹은 중재인이 하는 것처럼 "영원 팀 다음에 현세 팀") 철학자들과 신학자들이 모두 동의하는 것은 하나님이 경험하시는 시간은 인간이 시계를 맞출 때 쓰는 직선적이고 단일 방향적인 흐름과 다르다는 점이다.

우리는 하나님이 시간을 경험하시고 다루시는 방법을 절대 온전히 이해하지 못할 것이다. 하지만 확실한 건 크립 타임이 비선형의 시간을 이해하는 한 가지 방식을 제시한다는 점이다. 어떤 날에는 양말을 신을 때 도움이 필요하다. 소심한 내 발가락은 내 온몸으로 느낄 수 있는 가시방석을 지나가는 듯하다. 통증은 내 종아리를 타고 엉덩이로 퍼져 간다. 마치 샤워를 끝내고 나왔을 때 스팀이 자욱하게 피어오르듯이 말이다. 찌릿. 내 신경은 나의 의지와 상관없이 내 발가락을 뒤틀리게 한다. 내 발목은 돌같이 된다. 멘톨과 계피 향 연고가 내 코를 찌른다. 나는 바다 밀물에 흠뻑 젖은 청바지를 입은 듯 힘겹게 걷는다. 그다음 날 나는 좀 더 민첩하게 활보한다. 크립 타임에는 아무 근거나 이유가 없다.

사실 이런 방식은 나를 성가시게 했다. 나는 내 삶이 내가 해야 할 일의 유형마다 다른 색깔로 표시해 가며 세우는 일정표에 딱 맞아떨어지기를 원했다. 회사일은 파란색, 의사 진료는 빨간색, 놀기는 초록색. 모든 활동을 깔끔하고 통제되고 색깔로 칠해진 시간 단위로 정리하려고 노력해 봤지만 내 몸이 일정을 정해 놓은 수첩의 규칙을 따르지 않는다는 것을 깨달았다. 내 삶은 연속으로 취소되는 계획과 실망스러운 철회로 가득했다.

크립 타임으로 살아가는 것은 색다른 방식으로 하나님의 충만하심을 경험하게 한다. 나는 비장애인들과 똑같은 계획표대로 발전하지 않는다. 내일 내 몸이 어떨지 계획할 수 없다. 크립 타임은 내 자신이 아닌 다른 무언가에 의존하게 한다. 나를 억지로 현재에 머무르게 한다. 모든 계획은 연필로 해야 한다. 시간은 내가 있는 곳에서 나를 만나기 위해 속도를 늦춘다. 어떤 순간에는 속도가 빨라져 마치 이미 오후 4시에 저녁 먹을 준비가 다 된 85세가 된 것같이 느껴지고 그다음은 곧바로 침대행이다. 내 몸이 시간을 경험하는 방식에는 패턴이 없다. 정말이지, 나는 내 인생의 다양한 상황에서 내 컨디션이 좋은 지점과 나빠지는 지점을 추적해 보았지만 그 어떤 리듬도 찾을 수 없었다. 유일하게 일관적인 것은 일관성이 없다는 점이다. 하루하루가 각각 얼마간의 시간을 담고 있는지가 내게는 미스터리다.

나는 일정을 잡을 수 있는 시간이 없다는 것에 짜증이 날 때마다, 예수님은 절대 서두르지 않으셨다는 사실을 스스로에게 상기시킨다. 어쩌면 예수님도 나처럼 크립 타임으로 움직이셨는지 모른다. 다음 일정으로 급하게 달려가거나 따라잡으려 애쓰는 대신, 예수님은 속도를 늦추시고 우리가 있는 자리에서 우리를 만나 주신다. 예수님은 고립공포감(FOMO, fear of missing out: 소셜 미디어 이용자들이 다른 사람들과 네트워킹을 하지 못하는 경우에 심리적으로 불안해하는 증상 - 옮긴이)이나 약속을 원동력으로 삼지 않으시고 인내하시며 사랑의 속도로 그분과 여정을 함께하자고 초청하신다. 느리고 산발적이지만 그럴 만한 가치가 있다. 시속 4.8킬로미터의 하나님은 사랑의 속도로 움직이신다.[8] 하나님의 시간은 헤매고, 위축되고, 뒤뚱거리며 걸을 수 있는 공간을 남겨 둔다. 그것이 우리에게 사랑이 시간보다 오래된 것임을 상기시킨다. 사랑은 시계로 통제될 수 없다.

크립 타임은 우리 안에 더 깊은 존재감을 발달시킨다. 생산성과 자본주의의 틀 밖에서 우리 스스로를 가치 있게 여기라고 청한다. 어떻게 살았든 혹은 무엇을 성취하든, 우리의 삶은 소중하다고 주장한다. 하루하루가 중요하다고 선포한다. 그날 할 일을 다 했다고 그 목록에 체크를 해서가 아니라, 당신은 살아 계신 하나님의 임재 안에 존재하기 때문이다. 크립 타임은 성공의 표식을 넘어 인내를 위한 근육 기억을 발달시킨다. 기대치나 미래의 목표 없이 우리로 하여금 서로 함께 존재하게 해 준다. 거짓말에 직면하여 진리를 선포한다. 즉, 모든 몸-마음이 하나님의 영원하신 형상을 세상에 비춘다는 것과 그것으로 충분하다는 것이다.

---

8   Kosuke Koyama, *Three Mile an Hour God* (Maryknoll, NY: Orbis Books, 1980). 시간과 치매에 대해 더 알고 싶다면, John Swinton, *Becoming Friends of Time* (Waco: Baylor University Press, 2018)을 참고하라.

우리는 충분하다.

당신이 장애인이든 아니든 우리와 함께 크립 타임을 경험해 볼 수 있다. 당신의 삶이 시작되기도 전에 미리 결정된 "해야 할 일" 목록에 따라 기능할 필요가 없다. 열여덟 살이 되면 당신은 졸업을 할 것이다. 서른다섯 살에 결혼하고, 마흔 살 되기 전에 2.5 명의 자녀를 위한 방이 있는 집을 장만할 것이다(그보다는, 빛나는 주택이 더 낫겠다). 그래야 한다고 누가 말하는가? 믿음의 삶을 사는데 "정해진 시간" 혹은 "정상 궤도"란 없다. 광야를 떠돌 때 지도는 없다. 구름 기둥을 따라가는 것도 미리 계획할 수 없다. 이제 우리는 억지로 우리의 몸을 시계에 맞추려고 하는 노력을 멈춰야 한다. 당신도 다른 이들이 어떻게 볼까 걱정하지 않고 유동적이고 순환적인 크립 타임을 경험하는 것을 포용할 수 있다. 당신이 성취한 것들로 스스로에게 부담을 지우지 않고 당신이 사랑받고 있다는 진리 안에서 안식할 수 있다. 어쩌면 우리 모두가 크립 타임을 포용하면, "너무 바빠서" 참여할 수 없다고 계속 핑계를 대는 대신에 우리의 이웃이 우리와 함께 번영할 수 있도록 시간을 투자할 수 있을 것이다. 그렇게 된다면 비로소 우리는 그리스도의 모습에 더 가까운 무언가로 변화할 수 있을 것이다. 우리 또한 사랑의 속도로 움직일 수 있다.

✤ ✤ ✤

나는 언제나 성금요일을 좋아했다. 부활절 아침 백합으로 꾸며

진 예배 중에 회중이 모여 다같이 큰 소리로 문답을 하고("예수가 부활하셨네." **"정말로 예수가 부활하셨네!"**) 모두 한껏 차려입고 모인 모습은 전혀 내 스타일이 아니다. 십자가에 달리신 장애 입으신 하나님이 내가 가장 공감하는 모습이다. 부활하지 않으셨어도 나는 여전히 그런 예수님을 따랐을 것이다.

특히 개신교 교회에서는 십자가에 달리신 예수님을 이야기하지 않는다. 부활 주일의 승리와 북적거리는 브런치 가게에 가고 낮잠이 필요할 만큼 마쉬멜로우 과자를 먹는 흥분감, 이 모든 것이 승리주의에 초점을 맞춘다. 가는 곳마다 색깔 입힌 달걀이 널려 있다. 그런데 달걀들을 왜 숨기는 거지? 부활절을 축하하는 이런 방식이 나에게는 납득이 되지 않는다. 모든 사람이 갑자기 예배를 일출 시간에 맞춰 드리는 것이 적절하다고 동의하다니. 1년에 이날 딱 한 번 우리는 햄 요리를 좋아하는 척해야 한다.

하지만 성금요일은 중요하다. 예수님의 슬픔과 죽음은 중요하다. 고통받는 종을 따른다고 해서 우리가 수치심을 가질 일은 아니다. 우리는 십자가의 변화시키는 능력을 인정하지 않고 부활 주일로 넘어갈 수 없다. 성금요일은 예배용 달력에 있는 딱 하루, 골고다 언덕에서 무슨 일이 일어났는지 기념할 수 있는 날이고, 그 한 해의 나머지 기간에는 그럴 수 있는 기회가 없다.

모두들 성금요일의 절망을 부끄럽게 여기는 듯하다. 예수님을 죽인 일 전부를 묵상하고 회개하고 후회하는 날이다. "당신 손에 박힌 못"이라는 찬양이 침울한 톤으로 연주된다. 교인들의 시선은 바닥에 고정되어 있고 그들은 앞뒤로 몸을 흔들면서 안절부 잘못하고 자신들의 더러움에만 집중하고 있다. 확실히 성금요일에 나타나는 집단 증오는 가히 압도적이다. 우리 자신이 어지럽혀 놓은 상황에 맞닥뜨리면, 우리는 우리가 어둠의 지배에 빠지게 된 방식에 대한 우리의 찔림을 바탕으로 십자가 사건에 초점을 맞추게 된다. 십자가 사건은 어떻게 인류가 집단적으로 예수님을 거부했는지를 보여 준다. 우리 최악의 모습을 드러낸다. 파괴와 지배, 그리고 통치의 모든 우주적 죄악이 십자가 사건으로 명백히 드러난다. 그 사건은 수치스럽고 터무니없고 그 중대성을 느낄 만한 가치가 있다. 예수님은 확실히 느끼셨다.

하지만 십자가는 수치스럽지 않다. 우리가 예수님께 행한 일인 십자가 처형과 예수님이 우리를 위해 하신 일인 십자가 사이에는 큰 차이가 있다.[9] 십자가는 **자랑할** 만한 가치가 있다. 바울도 갈라디아서에서 우리에게 말한다. "내게는 우리 주 예수 그리스도의 십자가 외에 결코 자랑할 것이 없으니 그리스도로 말미암아 세상이 나를 대하여 십자가에 못 박히고 내가 또한 세상을 대하여 그러하니라"(갈 6:14). 바울은 십자가 처형을 자랑하고 있는 것이 아니다. 그랬다면 아무리 바울이라도 병적이고 이상할 것이다. 그는 고난받는 종의 구원의 능력인 십자가를 자랑한다. 십자가의 신비는 예수님이 십자가 처형의 파멸 속에서 어떻게 승리하셨는지에 있다. 다양한 속죄 이론이 구원의 신비한 사건이 어떻게 작용하는지 설명하려 애쓰지만 십자가의 능력은 우리의 제한

---

[9] 이에 대한 더 많은 정보를 원하면 Bradley Jersak, *A More Christlike God: A More Beautiful Gospel* (Pasadena, CA: Plain Truth Ministries, 2016).

된 지식으로는 온전히 설명될 수 없다. 우리는 근접하게 가기 위해 업무적인 것에 비유하거나 법적인 것과 비교도 해 보지만 이 모든 것의 경이로움은 완벽하게 이해할 수 없다.

십자가가 어떻게 작용하는지 완전히 이해할 수 없다 해도 그 능력은 느낄 수 있다. 십자가 위에 계신 예수님을 바라보는 것은 우리를 위해 사랑을 모두 쏟아 내시고 어둠의 세력을 대적하시고 우리 모두에게 하나님의 은혜를 드러내기 위해 전신적(全身的) 압제의 무게에 짓눌려 고통받으신 하나님을 가장 정확하게 묘사한 일의 증인이 되는 것이다.

사망이 쏘는 것이 없다고 이야기할 때, 우리는 단순히 사망률을 부인하는 것이 아니라 예수님이 십자가에서 승리하셨기 때문에 더 이상 죽음에 대한 두려움에 매여 살 필요가 없다는 개념을 확증하는 것이다. 우리 중 많은 수가 "무찌르다" 혹은 "승리하다"라는 단어를 읽을 때 슈퍼히어로의 "퍽" 하는 강한 펀치를 상상한다. 예수님이 죽음에게 분명히 보여 주셨다. 만세! 오늘 슈퍼히어로 기어를 장착하라. 하지만 죽음을 이기신 것은 십자가 위에서 일어났다. 예수님은 적극적으로 죽음과 죄의 권세를 무너뜨리시고 그것을 십자가에 못 박으시며 그 과정 중에 우리를 회복시키신다(골 2:13-14). 예수님은 슈퍼히어로 망토나 "쿵", "퍽"과 같은 의성어가 난무하는 극적인 전투 장면을 필요로 하지 않으신다. 예수님의 능력은 십자가형(形)이다. 예수님의 능력은 장애 안에 있다.[10]

10   Martin Albl은 "바울은 그리스도를 '장애를 갖고 계신' 동시에 '강력한' 분으로 묘사한다. 그는 '십자가에 달리신 그리스도,' '장애를 입은 그리스도'만을 가르치지 않고

십자가 위의 예수님은 나무에 못 박히실 때 흘리신 피땀으로 신체적인 장애를 입으셨다. 예수님은 또한 사회적인 측면에서도 장애인이시다. 고대에서 십자가에 달리는 사람은 사회적 오명의 무게를 감당해야 했고 이는 장애의 사회적 모델을 부각한다. 예수님은 우리의 모든 수치와, 능력이 어떤 모습으로 나타나는지에 대한 기존의 개념들을 십자가로 뒤바꿔 놓으신다. 예수님은 우리를 대신하여 스스로 장애를 입으셨다. 이는 하나님의 능력이 어떻게 스스로를 비우고, 철저히 용서하시며, 장애를 통해 나타나는지 보여 줌으로, 자기 보호와 승리에 대한 우리의 생각에 정반대로 대항하는 관념이다. 장애 입은 그리스도는 인류에게 드러나는 하나님의 최종적인 계시다. 장애 입은 몸은 우리가 얻은 구원의 원천이다.

기독교인 모임에서 우리는 종종 그리스도를 닮아 가려면 우리의 십자가를 메고 예수님을 따라가야 한다고 말한다. 이에 대한 노래도 부르고 물병에 붙이는 스티커도 만들지만 그렇게 살아 내지는 못한다. 하나님의 능력을 경험하기 위해 우리는 기복적인 기도를 하거나 군대식의 주문을 외워야 할 필요가 없다. 우리는 지극히 작은 자들을 위해 자신을 비워 내는 십자가형 능력을 행동으로 옮기는 사람들이 필요하다. 능력을 비축해 놓고 책임을

('약하심으로 십자가에 못 박히셨으나', 고후 13:4), 영광 받으시고 강하신 그리스도, 곧 죽음 그 자체의 한계를 포함한(롬 6:9) 모든 장애를 넘으신 그리스도를 가르친다. 이 둘의 역설적인 연결이야말로 바울이 주는 메시지의 핵심이다"라고 주장한다. Albl, "'For Whenever I Am Weak, Then I Am Strong': Disability in Paul's Epistles," in *This Able Body*, ed. Hector Avalos, Sarah J. Melcher, and Jeremy Schipper (Atlanta: Society of Biblical Literature, 2007), 148.

전가하는 것을 그만해야 한다. 또한 자원을 쌓아 두지만 말고 서로 공유해야 한다. 우리는 우리가 이해할 수 있는 방식, 즉, 우리에게 부와 건강과 행복을 가져다주는 형태로 하나님이 영광과 권능으로 오시기를 고대한다. 기본적으로 우리는 예수님이 유행하는 해시태그를 선도할 만한 완벽한 인스타그램 인플루언서가 되기를 바란다. 하지만 하나님은 우리가 기대하는 방식으로 일하지 않으신다. 그 대신, 하나님의 능력은 십자가 모습으로 나타난다. 하나님이 누구신지에 대한, 그리고 어둠의 세력을 파하신 결정적인 승리에 대한 가장 진실된 계시는 수치스러운 십자가에서 우리를 위해 모든 것을 쏟아 내신 장애 입은 예수님이다(요일 4:8; 요 14:9; 히 1:3).

예수님은 우리에게 한 번의 이벤트로 끝내지 않고 어떻게 매일 우리의 십자가를 지고 계속되는 씨름을 해 나갈 수 있는지 보여 주신다. 이 사실은 너무도 빈번하게 고통을 미화하면서, 소외된 집단에게 불리한 쪽으로 무기화된다. 우리가 다른 사람들도 고통을 인내해야 한다고 요구하는 것이 아니다. 그저 우리의 능력과 권리를 비축해 놓고 있지 말고 창조물의 전 공동체가 번영하는 것에 투자하자고 권하는 것이다. 십자가를 지는 것은 다른 누군가를 위해 스스로를 비워 내고, 철저히 용서하며 사랑하신 예수님의 본을 따르는 것을 의미한다. 이것이 우리의 장애 입은 하나님의 심오한 능력이다.

예수님은 우리 인간이 화려한 복수극의 환상 속에서 꿈꾸는 거대한 권력 행사에는 관심이 없으시다. 쾅! "로마 관정"이 폭발하고 예수님은 상처 하나 없이 유유히 걸어 나오신다(요 18:28). "빌라도야, 이제 너의 손이 더러워졌지!" 예수님이 불에 그슬린 기폭장치를 들고 나오시며 나지막이 말씀하신다. 예수님은 CG 없이 서사적 전투 장면에 나올 법한 군사적 힘으로 어둠의 세력을 물리칠 수 있으셨다. 하지만 예수님의 능력은 십자가다. 누군가에게 어리석어 보이기도 하겠지만 하나님은 우리의 복수 환상극에 등장하는 두목처럼 폭발물을 사용하지 않으신다. 그 대신 십자가를 지신다. 하나님은 여전히 조용하고 작은 목소리로 속삭이신다. 하나님은 능력이 어떤 모양인지에 대한 우리의 생각을 뒤집으신다. 그리고 그 모양은 장애와 같이 생겼다.

나는 어리석은 삶을 사는 것을 받아들인다. 나에게서 리도카인(국부 마취제로 쓰이는 물질 – 옮긴이) 파스 냄새가 난다. 호스가 내 몸에 주렁주렁 달려 있다. 나는 "내게 확률 따위는 이야기하지 마"라는 밀레니엄 팔콘(스타워즈에 나오는 우주선. 둥글넓적하게 생겼다. – 옮긴이) 슬리퍼를 자주 신고 직장을 돌아다닌다. 내 발에 맞는 유일한 신발이기 때문이다. 나는 "전문성", "생산성", "독립성"이라는 개념은 포기해야 했다. 남편이 종종 내가 옷 입는 것을 도와주는데, 혼전 순결 문화가 나에게 경고해 주지 않은 재밌는 반전이다.

내 몸은 크립 타임에 따라 움직이기 때문에 나이와 기대치에 저항한다. 이것이야말로 복음, 성육신, 그리고 십자가를 부끄러워하지 않는다는 것의 의미일 수 있다. 내 몸은 십자가에 달리신 그리스도를 나타내기 때문에 나는 내 장애 입은 몸을 부끄러워하지 않는다. 비틀리고 경련이 일고 피곤해도 내 몸은 승리한다.

장애인들은 말씀이 육신이 된다는 것의 의미를 알고 있다. 우리의 몸이 그 현실을 선포하기 때문이다. 우리의 몸은 의사들이 수년을 연구해도 여전히 이해하지 못하는 의학적 진단의 숨쉬는 화신이다. 우리는 삶을 잃는 것과 세상이 우리의 몸을 경멸하는 것의 의미를 알고 있다. 그들은 나를 "절름발이, 불구, 퇴화"라고 부른다. "넌 엉덩이에 막대기를 꽂고 있는 것처럼 걸어." 그들은 소리친다. 우리는 우리를 죽여 없애 버리려 했던 이전 세대의 수치심을 물려받는다. 하지만 우리는 살아남았다. "장애인으로 사느니 죽는 게 낫지." 그들은 말한다. 그들은 우리를 살인한 자들을 "자비롭다"고 외친다. 우리는 권력자들이 거부하는, 다른 얼굴을 가진 사람들이다.

자신에게 물어보라: 십자가 위에 계신 하나님이 누구신지에 대한 가장 진실된 계시를 바라볼 수 있는가? 당신의 장애인 이웃을 이와 같은 경외감으로 대할 수 있는가? 다음에 장애를 가진 사람을 만나면 그들의 얼굴에서 장애 입은 예수님을 찾아볼 수 있겠는가?

우리는 다른 사람들을 대신하여 우리의 십자가를 짊어짐으로 그리스도의 고난과 죽음에 동참하라는 부르심을 받았다. 또한 모든 이들이 번영할 수 있도록 우리가 가진 그 어떤 능력과 특권이라도 나누라고 부르신다. 우리는 장애를 입으라고 부르심을 받았다.

묵상 및 적용

▶ 아무 매체나 스타일을 사용하여 이 장에서 다룬 장애 입은 하나님을 새롭게 상상하여 예술 작품을 창조해 보라. 예술을 통해 하나님의 임재를 경험하는 것이 어떻게 당신이 장애에 대해 가지고 있는 개념을 새롭게 하는가? 만든 작품을 장애 정의 본부 사이트 myBodyIsNotAPrayerRequest.com에 올리고, #DisabledGod, #MyBodyIsNotAPrayerRequest 해시태그를 해서 소셜 미디어에 올리라.

이해를 돕기 위한 메모: 해시태그에 다는 모든 단어 첫 글자를 대문자로 표기하고 화면 낭독 프로그램을 사용하는 이들도 당신의 포스트에 접근할 수 있도록 이미지에 대한 설명을 제공하라.

▶ 장애 입은 몸과 마음을 묵살하는 예배 찬양의 가사와 예배용 기도문을 개사해 보라. 노래 전체를 없애지 않아도 된다. 우리의 장애인 이웃들을 반기지 않는 가사들을 바꾸는 것만으로도 만회할 수 있다.

힐송 유나이티드의 찬양 "날 붙드시네"(You Hold Me Now)에서 "아픈 자도 저는 자도 없는"이라는 가사는 "두려움도 수치심도 없는"으로 바꿀 수 있다.[11] 힐송의 또 다른 찬양 "영원

---

11 Matt Crocker and Reuben Morgan, "You Hold Me Now," on *Across the Earth: Tear Down the Walls*, Capitol Christian Music, Hillsong Music, 2009.

히 다스리시네"(Forever Reign)에서 "내 두려움이 절뚝거리며 다가올 때"라는 가사는 "내 두려움이 위협할 때"로 바꿀 수 있고, 후렴구의 "나는 당신의 품으로 달려갑니다"는 "나는 당신의 품으로 서둘러 갑니다"로 바꿀 수 있다.[12] 존 뉴튼의 유명한 "나 같은 죄인 살리신"에서도 "눈이 멀었지만 이제 광명을 얻었네"라는 가사를 "매여 있었지만 이제 자유를 얻었네"로 바꿀 수 있다.[13] 매우 작고 쉬운 변화지만 엄청난 파급력이 있다. 교인들이 찬양에 담긴 에이블리즘적 언어를 바꾸려고 노력하는 예배에 내가 참석하게 된다면, 나는 확실히 환영받고 귀중하게 여김받는다고 느낄 것이다.

---

[12] Reuben Morgan and Jason Ingram, "Forever Reign," on *A Beautiful Exchange*, Hillsong LIVE, 2010.

[13] Stephanie Tait (@StephTaitWrites)이 제안한 내용, "Amazing Grace. Whenever I sing it, I change the ableist lyrics," Twitter, October 19, 2020, 12:46 p.m., https://twitter.com/StephTaitWrites/status/1318232031898185728.

장애 신학
상위 10가지

사람들은 내 허락도 구하지 않고 나에게 이런 말들을 한다.

10. 예수님은 당신이 달리는 모습을 보고 싶어 하세요.
9. 당신이 믿기만 하면 하나님이 치유해 주실 거예요.
8. 당신 삶에 어떤 죄를 지었길래 일어나서 걷지 못하는 건가요?
7. 아담과 하와가 장애인이 아니었으니 장애는 인간을 위한 하나님의 계획이 아니에요.
6. 삶에서 장애보다 더 많은 것을 소망할 필요가 있어요.
5. 천국에 휠체어는 없어요.
4. 모든 일이 일어나는 데에는 다 이유가 있어요.
3. 예수님은 당신이 휠체어에 앉아 있으라고 돌아가신 것이 아니에요.
2. 하나님은 우리가 감당할 수 없는 시련은 주지 않으시니까 당신도 이 문제를 감당할 수 있어야 해요.
1. 하나님은 당신을 장애인으로 보지 않으십니다.

10. 장애 입은 교회

모두를 예수님께 데려가려고 예배당 지붕을 뜯는 교회

"그럼 어디까지 받아 줘야 하나요?" 이렇게 질문하며, 그의 인내심은 점점 더 한계에 다다르고 있었다.

그의 간결한 말은 짜증과 뒤섞인다. "만약 … 만약 … 우리가 당신이 말한 대로 한다 칩시다. … 우리가 사람들에게 찬양할 때 일어서라고 말하지 않고, '한심한'이라는 뜻으로 '다리를 저는'(lame)이라는 단어를 사용하지 말라고 이야기할 수는 있습니다. 그런데 그런 요구 사항들이 언제나 끝나는 겁니까? 그다음엔 장애인들이 요청했다는 이유만으로 예배당 한가운데에 장애인 주차 공간을 만들게 되겠네요!"

그가 이렇게 씩씩대는 것은 이것이 지금껏 들은 말 중에서 가장 터무니없는 제안이라고 생각한다는 것을 시사한다. 마가복음 2장 가버나움에서는 다섯 명이 예수님께 가기 위에 지붕을 뜯기까지 했는데 말이다. 나는 장애인 주차 시설을 제공하는 것이 교회에 좀 더 장애를 포용하는 정책을 적용해 달라고 요청할 때 **최악의** 요구 사항인지 잘 모르겠다. 우리가 **모두를** 예수님께 데려

가기 위해 예배당 지붕을 뜯기 시작한다고 상상해 보라. 교회의 모습이 얼마나 달라지겠는가?

하지만 이 사람에게 이러한 성경적 적용이 아무런 의미가 없음을 안다. 그는 감히 "교회 안의 에이블리즘"이라는 회의에 뻔뻔하게 참석해서는 자기는 에이블리즘에 대해 생전 들어 본 적이 없다는 이유만으로 이를 사소한 것이라 일축한다. 그는 확실하게 공표한다. "이것은 복음이 아닙니다. 그러니 우리가 한눈팔면 안 됩니다. 성경 어디에 우리더러 장애인들을 신경 써야 한다고 나와 있습니까?"

"누가복음 14장예요." 이렇게 응수하고 싶지만 그의 질문이 건방짐을 곁들인 수사학적 질문이라는 것을 알고 있다. 사람들은 종종 그들 자신의 견해와 다른 관점에서 고려해 보라고 하면 미끄러운 경사길 논증(slippery slope argument: 어떤 사소한 행위나 제도를 허용하게 되면 연쇄적인 인과 작용이 발생하여 결과적으로 의도하지 않았던 부정적 결과에 이르게 된다고 주장하는 논리 - 옮긴이) 뒤에 숨는 경향이 있다. 이러한 주장 아래 도사리고 있는 두려움은 공적 공간을 지배한다. 이번에 이거 해 주면, 다음에는 또 뭘 요구할까? 우리가 조금이라도 더 포용한다면, 혼란이 일어날 것처럼 말이다. 우리가 영감을 주는 존재가 되는 것을 멈추고 우리의 접근 가능성을 위한 필요를 충족시켜 달라고 요구하지만 않는다면, 모든 사람들이 장애인들을 좋아한다. 관성이 포용보다 더 다루기 쉽다.

내가 더 어렸을 때는 이러한 논법으로 주장하는 사람들이 장애인 정책을 시행할지에 대해 일리 있는 논리를 펼치고 있다고 생각했다. 그들은 장애인들을 포용하지 않는 것을 비용 문제 혹은 편의 문제 혹은 지역 사회 탓으로 돌렸다. 그리고 때때로 십대였던 내가 가지고 있던 세상에 대한 이해로는 타당해 보이기도 했다. "**도대체** 어디서 우리가 이런 돈을 얻겠습니까?" 나는 조마조마 했지만, 우아한 크리스마스 티타임이나 청소년 여름 캠프에 대해 논할 때는 왜 자금 이야기를 꺼내지 않았을까 하고 생각하지 못했다.

이러한 논법을 주장하는 사람들은 아주 자그마한 변화가 엉성한 계획을 무너뜨릴까 봐 두려워하며 이를 간다. 언어를 바꿔 가며 징징거린다. ("요새는 집단들이 너무 많아서 관리하기가 어려워요.") 사람들이 많이 좋아하는 노래 중에서 장애인 비방어가 쓰인 노래를 바꾸려 하면 짜증을 낸다. ("하지만 우리는 이 찬양을 정말 **좋아해요**! 누군가를 해칠 의도는 없다고요.") "십일조 청지기" 역할을 잘해야 한다는 이유로 경사로, 엘리베이터, 장애인 주차 공간을 거부할 때마다 답답한 대화가 오간다. 내가 듣기에 "청지기"라는 말은 인색함을 성경적으로 들리게 하는 방법이었던 것 같다.

당신이 "다리를 절다"라는 말을 비방어로 사용하지 않겠다고 해서 교회의 예배가 와해된다면 애초에 하나님을 예배하고 있었던 것이 아니다. 만약 경사로나 엘리베이터를 설치하는 것에 돈을 쓸 만한 가치가 없다고 걱정한다면 당신이 생각하는 것보다 장애인들을 반기지 않는다는 것을 입증한다. 만약 무대 조명은 있는데 장애인 화장실이 없다면 교회가 무엇인지에 대한 계획을 오래전에 잃어버린 것일 수 있다.

장애인 시설을 설치하지 않는 것에 대한 이러한 핑계들은 장애를 자선 단체 모델로 흡수하는 일과 관련 있다. 자선 단체 모델에서 우리는 우리 자신만의 은사를 가진 주체에서 동정의 대상으로 전락한다. 동정은 사촌뻘인 연민보다 훨씬 더 사람을 업신여기는 듯한 뉘앙스를 풍기는데, 연민은 사람들을 그들의 고난 중에 만나 그들과 **함께** 그 고난을 감당하는 방법을 추구한다. 이에 반해, 동정은 누군가를 불쌍하게 여기는 것으로, 앞으로의 고난을 막을 수 있는 방법에 대해서는 거의 신경 쓰지 않는다. 동정은 장애인을 고난의 대상으로 비인격화하기 때문에 에이블리즘의 또 다른 형태라고 할 수 있다. 이 모든 것이 지지하고 배려한답시고 목소리를 높이는 가식 속에서 일어난다. 그런 일은 사람들이 머리를 갸우뚱하고 오직 개들과 돌고래만 감지할 수 있는 높은 목소리를 내는 방식으로 나타난다. 그들은 내 몸을 부끄러워하고 내가 휠체어나 지팡이를 사용할 때 눈을 어디에 둬야 할지 몰라 한다. 이동용 기구는 태양이 아니다. 그러니 똑바로 쳐다봐도 된다. 그들은 마치 내가 인간이 아니라 "착한 개"인 것처럼 내 머리를 토닥거린다. 동정은 언제나 우리 간의 권력 구조를 강화한다. 내가 누릴 시설이 당신의 자비에 달려 있기 때문이다. 이는 마치 당신이 주님의 만찬에 초대받은 손님 리스트를 감시하는 것처럼 보인다. 이것은 예수님이 우리에게 하나님의 나라가 어떻게 기능하는지 가르쳐 주실 때 보여 주신 모델이 아니다.

"잔치를 베풀거든 차라리 가난한 자들과 몸 불편한 자들과 저는 자들과 맹인들을 청하라." 예수님이 한 바리새인 지도자의 집에서 떡 잡수실 때 명하신 것이다. "그리하면 그들이 갚을 것이 없으므로 네게 복이 되리니 이는 의인들의 부활 시에 네가 갚음을 받겠음이라"(눅 14:13-14). 이 말을 듣고 그중 한 손님이 대답한다. "무릇 하나님의 나라에서 떡을 먹는 **모든 자**는 복되도다"(15절). 확실이 이 손님은 **그의** 잔치가 복 받기를 원한다. 그는 가난하고 장애 입은 이웃을 적극적으로 초대한 사람들이 복을 받는 것을 보려고 하지 않았다. 그는 다른 고위 지도자들과 와인을 마시고 떡을 먹으면서 그에 대한 대가를 약속해 주는 차용증을 원한다.

예수님께는 그런 말이 먹히지 않는다. 예수님은 반복해서 말씀하시는데 이번에는 비유 형태로 말씀하신다. "빨리 시내의 거리와 골목으로 나가서 가난한 자들과 몸 불편한 자들과 맹인들과 저는 자들을 데려오라 하니라." 거기에 청함을 거부한 "그 사람들은 하나도 내 잔치를 맛보지 못하리라"라고 덧붙이신다(14:21, 24). 여기서 예수님이 전하시는 메시지는 매우 단도직입적이다. 장애인들과 가난한 사람들을 포함시켜라. 충분히 단순해 보인다.

다른 비유들과 마찬가지로 이것은 하나님의 나라가 어떠한지를 보여 주는 은유다. 이 특별한 비유는 보통 최후의 심판과 새 창조에 대한 신학의 한 종류인 종말 신학과 연관되어 해석된다. 이것은 새 창조가 어떤 모습인지에 대한 예수님의 묘사라고 할 수 있다. 장애인들도 포함시켜 "내 집을 채우라" 하신다(14:23). 장애인들은 이 위대한 잔치에서 동정의 대상이나 그들의 몸을 고침 받기 위한 전조로 언급되지 않는다. 그들은 하나님이 잔치에 누구를 초대하시는지를 보여 주기 위해 포함된다.

이것은 은유일 뿐이라고 사람들은 서둘러 나에게 확인시킨다. 예수님이 장애인들을 말씀하신 것이 아니라 **비유적으로** 그 범주에 들어가는 사람들을 말씀하신 거라고 한다. "어찌 보면 우리 **모두가** 어느 정도는 장애를 갖고 있지 않나요?" 어쩐 일인지 내가 하루 동안 내 다리와 당신의 다리를 바꾸자고 하는 이야기에는 아무도 웃음으로 화답하지 않는다. 비꼬는 농담은 제쳐 두고, 이러한 반응이 바로 축복에 목말라 외친 그 손님의 말에서 예수님이 바로잡으신 부분이다. 이 축복, 의인들의 부활 시에 받게 될 이 보상은 모두에게 주어지는 것이 아니다. 가난한 자와 장애인을 환영하는 자들을 위한 것이다.

이 이야기에서 장애를 지워 버리면 예수님이 하나님 나라에 대해 우리에게 하신 말씀을 놓치게 된다. 예수님이 언급하신 네 가지 중에서 세 가지 범주가 분명하게 장애인으로 명시되어 있고 지금과 마찬가지로 그때도 장애인과 자주 함께 언급된 가난한 자가 네 번째 범주에 들어 있다. 예수님의 초청 목록은 우연히 만들어진 것이 아니다. 장애를 입은 우리는 그냥 용인된 것이 아니라 초대받고 청함을 받았으며 하나님 나라에서 축복을 받는다. "몸 불편한 자들과 맹인들과 저는 자들"을 초청하기 위해서는 장애인 시설이 꼭 필요하다. 경사로, 소통 보조 기기, 지팡이, 편안한 의자 등이다. 이 큰 잔치는 접근 가능하다! 사람들이 우리의 접근성 욕구에 당황하지 않도록 따로 "장애인 잔치"라고 쓰인 뒷방은 없다. 그들이 "십일조 청지기" 역할을 잘해야 하기 때문에 경사로 설치를 거부한다는 답답한 대화도 오가지 않는다. 잘못된 무리를 끌어

오는건 아닌지 손을 부들부들 떨 일도 없다. 한 주인이 가난한 자들과 장애인들을 초청하고 그 결과 축복을 받는다는 단순한 이야기다. 다시 한 번 이야기하지만, 장애에는 축복이 따라온다. 예수님은 특권층이 모이는 잔치에 다른 사람들이 들어가지 못하게 막을 경비원을 필요로 하지 않으신다. 예수님은 손님을 원하신다. 누구든지, 그리고 가난하며 장애를 입은 손님들 말이다.

"가난한 자, 몸 불편한 자, 맹인, 저는 자"들은 그들 자신 외에 주인에게 바칠 것이 없다. 그들은 인플루언서나 유명 인사가 아니다. 주인에게 같은 방식으로 보답할 길이 없다. 그들은 그저 초청된 것이다. 그것만으로 충분하다. 게다가, 이들이 모든 자리와 음식을 다 차지하지 않는다. 천국 경제학으로 보면, 모두를 위해 넉넉하게 준비되어 있기 때문이다. 가난한 자들과 장애 입은 손님들이 다 자리에 앉고도, 좋은 주인에게 알린다. 잔치에 "아직도 자리가 있나이다"(눅 14:22).

너무나 빈번하게, 미끄러운 경사길 논증자들은 장애인에게 필요한 시설을 설치하는 문제를 회피하기 위해 비용과 편의성 핑계를 댄다. 이런 모습은 예수님이 묘사하신 하나님 나라에는 존재하지 않는다. 적어도 예수님의 만찬에서는, 비용 때문에 장애인들을 포함하는 것을 제지할 수 없다. 큰 잔치에서 가난한 자들과 장애인들이 먼저 자리를 잡았고 여전히 모두가 참석할 수 있을 만큼 자리가 남아 있다. '남은 백성'처럼 우리가 장애인들을 중심으로 잔치를 베풀면 비장애인들을 위한 넉넉한 공간과 맛있는 음식을 함께 누릴 수 있다. 우리는 이를 경쟁으로 몰아갈 필요가 없다. 하늘 나라 경제학은 부족함이 아니라 풍부함 위에 구축된다. 잔치에 참여한 모든 이들이 먹을 만큼 충분하다.

의인들의 부활 시에 받게 될 보상을 바란다면, 당신이 속해 있는 모든 만찬 자리에 장애인들을 위한 자리를 만들어라. 예수님은 우리가 이를 행하기 위해 편리한 시간을 기다려야 한다거나 부르심을 받아야 한다는 등의 발상을 아예 차단하신다. 주인은 종에게 "빨리 나가서" 장애인들과 가난한 자들을 데려오라고 명한다(14:21). 빨리. 빨리 나가라고 예수님은 명령하신다. 가난한 자들과 장애인들이 소속감을 느끼도록 자리를 마련하는 것은 언제나 시기적절하기 때문에 시급히 이루어진다. 그러나 우리 장애인들을 포함하기 위해서는 의도성과 긴급성이 필요하다.

자신에게 솔직히 물어보라. 장애인들과 가난한 자들을 초대하기 위해 빨리 나가고 있는가? 우리가 다른 사람들과 함께 만찬을 즐길 수 있도록 우리가 접근하는 데 필요한 시설들을 마련했는가? 우리를 환영하는 일에 집중했는가, 아니면 우리를 배제하는 일이 주요리(main dish)로 나오는 접근 불가한 만찬을 지키는 경비원같이 구는가? 당신은 경비원인가, 손님인가?

많은 교회 공간에서, 누구를 참석시키고 누구를 뺄 것인지를 결정하는 주체는 우리라고 생각한다. 우리는 만찬에 더 많은 장애인들이 참석할 수 있는 공간을 만드는 대신, 장애의 근원에 대한 신학적 철학을 논하는 데 많은 시간을 할애하고 있다. 각 세대의 미끄러운 경사길 논증자와 장애 의심론자들이 누가 만찬에서 자리를 얻을 것인지 논쟁하게 두라. 우리는 계속해서 우리의 상을 차리고 있겠다.

※ ※ ※

예수님이 묘사하신 큰 잔치에는 가난한 자들과 장애인들이 출연한다. 이는 예수님의 조상인 다윗이 므비보셋과 함께한 잔치와 흡사하다. 권력의 정점에서 다윗은 사울과 요나단의 식구들 중 남은 자에게 은총을 베풀 방도를 찾았다. 단 하나의 문제는? 홀로 남은 자손은 므비보셋뿐이었는데 그는 두 발을 다 저는 자였고, 장애인들은 성에 들어가지 못했기 때문에 그 역시 가난하고 소외된 자였다(삼하 5:8). 이런 그를 다윗은 내치지 않고 그의 상으로 초대하여, 예언자적 상상력으로 하나님의 나라를 보여 주는 모델이 되었다. 다윗은 자신이 왕의 부름을 받은 것에 대한 므비보셋의 불안을 달래고 그를 안심시킨다. "무서워하지 말라 내가 반드시 네 아버지 요나단으로 말미암아 네게 은총을 베풀리라 내가 네 할아버지 사울의 모든 밭은 다 네게 도로 주겠고 또 너는 항상 내 상에서 떡을 먹을지니라"(삼하 9:7). 항상. 꼭 예수님의 잔치처럼 므비보셋은 **항상** 초대된다.

므비보셋은 낫지 않았다. 그저 그 모습 그대로 환영받고 왕과 나란히 "왕자 중 하나처럼" 떡을 나눈다(9:11). 이렇게 하나님 나라를 맛볼 수 있다. VIP 리스트에 올라가 있는 비장애인들 특권층만을 위한 작은 테이블이 아니라 장애인들과 비장애인들이 나란히 앉아 적대감 없이 떡을 먹을 수 있는 광활한 테이블이다. 이는 아다 마리아 이사시-디아즈(Ada María Isasi-Díaz)가 명명한 상호 관계성과 상호 의존성의 공간인 "킨덤"(kin-dom) 개념의 모델이 된다.[1] 이 잔치는 언제나 접근 가능하다.

이 이야기는 의도적으로 독자들에게 므비보셋이 장애인임을 기억하게 한다. 사실 이어지는 이야기에 별다른 중요성이 없는데도 우리는 그가 다섯 살 때 어떻게 장애를 입게 되었는지 알게 된다. 요나단과 사울의 죽음에 대해 므비보셋의 유모가 듣고 "안고 도망할 때 급히 도망하다가 아이가 떨어져 절게 되었다"고 말한다(삼하 4:4). 장애를 "떨어뜨림"(the fall: '타락'이라는 뜻도 있음 - 옮긴이) 탓으로 돌리던 일에 새로운 의미를 부여한다. 므비보셋의 장애가 죄 때문이라거나 치유가 필요하다는 식으로 해석되지 않는다. 그 대신 그에게 필요한 것은 포용하는 공동체다. 잔치는 그의 저는 다리를 치료해 주지 않지만, 그가 느끼는 소외감과 배척당한 마음을 치유해 주는 방법을 제공한다.

다윗에게 므비보셋은 그의 궁에 들어올 수 없는 이름 없는 유배자가 아니다. 그는 다윗이 사랑하여 언약을 맺은 요나단의 아들이다(삼상 18:1-4). 그 언약을 지키는 방법이 비록 적의 손자이긴 하지만 장애인을 상에 참여시키는 것이다. 게다가 다윗은 므비보셋의 땅과 사회적 지위까지 모두 회복시켜 준다. 사울의 다른 아들들, 아비나답과 말기수아 또한 길보아 산에서 블레셋과

---

[1] Ada María Isasi-Díaz, "Kin-dom of God: A Mujerista Proposal," in *In Our Own Voices: Latino/a Renditions of Theology*, ed. Benjamin Valentin (Maryknoll, NY: Orbis Books, 2010), 171-90.

싸우다 전사하였기에(삼상 31:1-2), 다윗은 요나단과의 언약을 영광스럽게 하기 위해 므비보셋이 사울의 유산을 물려받게 해 주고, 그의 장애로 배제되었어야 했던 친족 관계에 포함시켰다. 다윗은 므비보셋이 예상한 것처럼 그를 "죽은 개"처럼 여기지 않고 재정적, 사회적 지원을 아끼지 않는다(삼하 9:8). 이 이야기에서 우리는 어떻게 장애인과 비장애인이 사랑하는 공동체 안에서 상호작용할 수 있는지 상상할 수 있게 하고 이것은 비장애인이 장애인들을 초청하고 보상하는 것에서 시작된다.

예수님이 묘사하신 잔치와 같이, 이 만찬은 마치 주요리에 앞서 나오는 군침 도는 전채 요리처럼 앞으로 다가올 큰 잔치를 미리 맛보게 한다. 이러한 잔치들은 천국 잔치의 소형 버전이라고 할 수 있다. 하나님은 어떤 결함도 없는 창조물 2.0, 플랜 B, 새롭고 향상된 인간 소프트웨어에게 가시려고 우리를 버리지 않으신다. 하나님은 장애인들을 상에 초대하셔서 구원하시고, 회복시키시며, 현재의 창조 세계를 다시 세우신다. 장애인과 비장애인 모두 이 접근 가능한 종말론적 잔칫상을 차림으로 새 창조를 함께 만들어 나가는 일에 동참할 수 있다. 교회도 이러한 잔치 같아야 하며, 그렇게 할 수 있다.

나의 소망은 언젠가, 미끄러운 경사길 논증자, 기도하는 가해자, 그리고 장애 의심론자가 예수님이 누가복음 14장에서 말씀하신 "가난한 자들, 몸 불편한 자들, 맹인들, 저는 자들"을 중심으로 하는 잔치에서 함께 떡을 먹을 수 있는 날이 오는 것이다. 우리를 위해 차려진, 우리가 쉽게 접근할 수 있는 상에서, 우리가 절뚝거리고, 구르고, 수어로 말하고, 한가로이 오갈 수 있게 되는 날이다. 장애에 관해서 교회는 원인과 치료에만 너무 치중하여 공동체에 대한 고민은 충분히 하지 않는다. 왜 내가 장애인인지, 어떻게 장애인이 **아니게** 만들지 걱정하지 말고, 장애를 입은 여인으로서 내가 가진 은사들로부터 배우는 것에 집중해 보자. 장애가 새 창조에 속할지 아닐지 고민하지 말고 우리가 다 함께 번영할 수 있는 크립 공간을 기획해 보자. 영적인 언어로 우리의 평계를 정화하려 하지 말고, 아무 불만 없이 모두가 접근할 수 있도록 필요하다고 요구하는 시설들이 설치되어 있는 잔치를 준비해 보자. 예배당의 지붕을 뜯어 모든 사람이 예수님께 다가갈 수 있게 하자.

나는 이 잔치를 미리 맛본 경험이 있다. 새 창조에 대한 식욕을 돋우는 전채 요리라고 할까. 매우 희귀하지만 내가 가장 좋아하는 음식처럼 맛이 난다. 일단 맛을 보라!

한 무리의 친구들이 내가 내 숟가락 인생에 대해 자세히 나눌 때 다 이해한다는 뜻으로 침묵하며 앉아 있다. 우리끼리는 "기쁜 저항"이라고 부르는데, 알게 모르게 우리 중 대부분은 주요리에서 배제되는 것이 어떠한지 알고 있기 때문이다. 이 친구들이 진지한 농담과 힘을 돋우는 움짤들을 통해 신실한 증인이 되어 준 덕분에 천국이 어떤 모습일지에 대한 나의 상상력은 더 생동감을 얻는다. '남은 백성'을 생각할 때 나는 이 친구들을 떠올린다. 이는 한 입 베어 물 때마다 백금빛 크림이 흘러나오는 할라피뇨 파퍼(jalapeno popper: 할라피뇨에 크림치즈 같은 재료들로 채워 넣어 튀긴 음식 - 옮긴이) 같은, 잔치를 위한 전채 요리라고 할 수 있다.

내가 경험한 에이블리즘에 대해 나누자, 두 친구가 장애에 대한 자신들의 생각을 바꾸었다. 그들이 배우기로 받아들이는 모습을 보니 내 상처가 정당하고 관심을 가질 가치가 있음을 다시 한 번 느끼게 된다. 이는 바삭바삭한 튀김 옷에 싸인 부드러운 감자 요리를 민트 소스에 푹 찍어 먹는 전채 요리다.

"오늘 모기에 물리게 해서 미안합니다." 한 목사 친구가 "(다리를) 절다"라는 말을 비방어로 사용한 후 황급히 단어를 바꿔 말하며 한탄했다. 깨닫고 사과할 수 있는 그녀의 능력은 내 마음을 누그러뜨렸다. 이는 잔칫상에 올리는, 폭신한 체다베이 비스킷에 버터를 곁들인 전채 요리다.

내 친구는 성경에 나오는 장애에 대해 더 배울 수 있는 독서 모임을 시작했다. 다른 사람들이 더 성장하도록 돕고 다른 이들도 동일하게 행할 수 있도록 준비시키는 과정 중에 느끼는 흥분감은 내게 필요한지 깨닫지도 못했던 선물이었다. 이는 폭신한 바오번에 싼 달콤하고 상큼한 돼지고기 같은 전채 요리다.

내 전동 스쿠터의 이름을 알게 된 후, 한 친구는 원더 우먼의 "W"를 만들어 붙여 주어 다이애나를 더 빛나게 해 줬다. 그 친구의 기쁨은 온전하고 장애 입은 내 자신을 축하하고 내 모습 그대로를 받아 준다. 이는 강한 풍미의 과카몰리를 지금 막 튀겨 낸 토르티야 칩에 얹어 반짝이는 소금을 뿌려 먹는 잔칫집 전채 요리다.

"가까운 주차 공간은 에이미를 위해 비워 두시고 다른 데 주차해 주시길 부탁드립니다." 한 친구가 그의 집으로 가고 있는 우리 일행에게 문자를 보냈다. 이렇게 신경 써 주는 그의 행동에 나는 혼자가 아님을 깨닫는다. 이는 방울 양배추 볶음에 발사믹 식초를 사용하기 시작한 90년대 다음 세대 풍으로 재해석한 것 같은 잔칫상 전채 요리다.

내 조카들은 내 전동 스쿠터와 경주한다. 아이들은 내 장애 관련 장치들이 재밌고 신난다고 생각한다. 특히 거북이에서 토끼로 속도를 올리면 그렇게 신나 한다. 조카들이 내 장애를 받아들이는 것을 보면 어린아이와 같은 믿음을 가진 이들에게 나는 짐이나 신학적 수수께끼가 아님을 자각하게 된다. 이는 호주 미트 파이의 얇게 벗겨지는 껍질 위로 소스가 쏟아지듯 뿌려진 것 같은 전채 요리다.

저녁 식사 배달. 길고 길었던 병원 진료 후 아이스 모카 서프라이즈. 반려견 산책 근무. 패스티 파이와 민트 브라우니. 원더 우먼 짤들. 현숙한 여인이라고 쓰인 책갈피. 시술 받으러 갈 때 타는 카풀 셔틀. 숟가락이 없을 때는 일정을 유연하게 짜기. 이러한 전채 요리는 주요리에 앞서 나를 준비시키고, 앞으로 올 신성한 음식의 한 조각을 이미 경험했음을 기억하게 한다. 이런 것들로만 영원히 살아갈 수는 없겠지만 그럼에도 나는 이 모든 것을 즐긴다. 이러한 빛나는 조각들은 돈이나 자원이 많이 들지는 않지만 모두 나의 온전한 장애 입은 모습을 이해하려는 의도성과 자발성을 필요로 한다. 우리가 이런 것들을 맛보기 위해 종말론적 잔치 때까지 기다려야 하는 것은 아니다. 지금 만찬을 즐길 수 있다! 만약 우리가 기꺼이 함께 맛볼 마음만 있다면 우리의 장애인 이웃들과 함께 잔치를 준비할 수 있다는 말이다. 바로 지금 여기에서 예수님이 묘사하신 천국 잔치에 걸맞은 만찬을 준비할 수 있다.

이 구름같이 허다한 증인들에 포함된 몇몇 친구들 중에는 나에게 무심코 해를 끼치는 사람들도 있다. 가끔 실수할 때도 있다. 우리 모두 그렇다. 우리 중 누군가가 자세히 일러 주지 않는다면 당신도 모르는 사이에 우리를 배제하고 있음을 깨달을 수 없을 것이다. 당신은 우리에게 모기 물린 자국을 남기거나 유통 기한이 지난 자판기 물건에 근거하여 어떤 것을 가정할 수 있다. 누군가가 용기를 내어 당신을 더 포용적인 방식으로 행하도록 초청한다면 은혜로 반응하라. 귀담아듣고, 배우고, 함께 성장하라. 경비원이 되지 말고 잔치의 손님이 되는 일에 집중하라. 어색하고, 깔끔하게 떨어지지는 않겠지만, 분명 그럴 만한 가치가 있을 것이다.

그리고 우리는 함께 만찬을 맛볼 수 있다. 정말 놀라운 맛이다.

묵상과 적용

▶ 묵상해 보라. 이 책을 다 읽고 난 후 당신은 어떻게 달라졌는가? 어떤 실천 사항이나 아이디어를 세상과 나누고 싶은가? 당신과 당신의 공동체를 위한 초청은 무엇인가?

▶ 아무 매체나 스타일로, 이번 장에서 다룬 누가복음 14장의 종말론적 잔치를 나타내는 작품을 만들어 보라. 수치심 없이, 장애인들의 몸-마음을 어떻게 포용할 수 있는가? 이 작품이

당신 공동체의 변화를 위해 어떤 영감을 줄 수 있겠는가? 당신의 작품에 #CripTheChurch, #MyBodyIsNotAPrayerRequest 라고 해시태그를 달아서 소셜 미디어에 올리라.

이해를 돕기 위한 메모: 해시태그에 다는 모든 단어 첫 글자를 대문자로 표기하고 화면 낭독 프로그램을 사용하는 이들도 당신의 포스트에 접근할 수 있도록 이미지에 대한 설명을 제공하라.

▶▶ 변화하기로 헌신하라. 당신이 영향력을 가지고 있는 분야에서, 그 분야가 장애인들을 더 포용할 수 있도록, 당신이 변화시키려고 헌신하고 있는 한 가지 실천 사항은 무엇인가? 이는 언어(방충제가 되어라!), 이동성 문제, 혹은 소속감과 연관되어 있을 수 있다. 당신의 공동체에 어떤 변화가 필요한지 잘 모르겠다면 공동체 안과 주변에 있는 장애인들의 이야기를 귀 담아들어 보라. 그들이 당신에게 다가올 때까지 기다리지 말라. 다른 사람들도 당신과 함께 변화를 위해 헌신하도록 그들을 어떻게 격려할 수 있겠는가?

장애의 꿈
상위 10가지

다음은 교회 공동체가 이렇게 되었으면 좋겠다는 나의 꿈이다.

나는 교회가…
10. 모든 장애인에게 더 포용적이고 접근 가능한 곳이 되는 변화를 반기면 좋겠다.
9. 우리 장애인들이 어떤 장소에 접근하기가 불가능하다고 이야기할 때 우리를 믿어 주면 좋겠다.
8. 장애 입은 몸-마음이 일으키는 거룩한 붕괴를 기꺼이 환영해 주면 좋겠다.
7. 장애 신학을 예배 형식과 소모임에 포함시키면 좋겠다.
6. 장애 입은 경험을 가진 예언자적 증인에게 배우면 좋겠다.
5. 장애인을 인도자로 초청하고 준비시켜 주면 좋겠다.
4. 공간과 공동체 에티켓을 좀 더 포용적인 것으로 만들기 위한 돈, 시간, 자원에 대한 계획을 세우면 좋겠다.
3. 장애인들을 지원하기 위해 공동체 돌봄 네트워크를 구축하면 좋겠다.
2. 공동체 내의 장애인들을 위해 크립 세금을 내 주면 좋겠다.
1. 장애 입으신 하나님을 예배하면 좋겠다.

비장애인을 위한 장애 입은 축복 기도*

나는 이 책을 통해 장애에 대한 당신의 시각이 더 넓어졌기를 기도합니다. 당신이 찔림을 받아 당신의 공동체 안에서 당신이 할 수 있는 변화를 일으키기를 기도합니다. 당신이 핑계들에 의존하거나 두려움 때문에 장애인들을 포용할 수 있는 모든 기회를 놓치는 일이 없기를 소망합니다. 비겁해지는 대신에 용기를 선택하기를 기도합니다.

나는 당신이 관련 서적을 읽기를 바라고 당신이 장애인들에 맞서 성경을 무기로 삼지 않기를 소망합니다. 공동체 안에 있는 장애인들이 당신이 듣고 싶어 하지 않는 이야기를 할지라도 그들의 말을 귀담아들을 준비가 되어 있기를 기도합니다. 천국을 위해 더욱더 예수님을 닮아 가기 위해 기꺼이 변화를 선택하기를 기도합니다. 비록 무심코 한 실수라도 인정하기를 기도합니다. 당신 자신을 너무 심각하게 받아들이지 말고 비판을 감수하는 사람이

---

* 저자가 만든 용어인 benecription을 '장애 입은 축복 기도'로 번역했다. benecription은 benediction(축복)과 crip(장애)를 합성한 단어다. - 옮긴이

되길 기도합니다. 당신이 가진 의도의 순수성보다 당신이 취하는 행동의 파급력에 더 신경 쓰기를 기도합니다. 당신이 경비원이 아니라 잔치의 손님이 되기를 소망합니다.

나는 내 이야기 중 당신이 듣고 마음에 찔렸던 부분들을 도착지가 아니라 출발점으로 사용하고 은혜가 충만할 때 언제나 성장할 여지가 있다는 것을 알기를 소망합니다. 내 이야기를 읽으며 비난받거나 지적받았다고 느꼈을지라도 절대 당신이 사랑받고 있고 소중하다는 것을 의심하지 않기를 기도합니다.

당신 자신이 다른 사람과 같아지는 것에 당신의 가치가 달려 있지 않다는 것을 당신이 가슴 깊이 느끼기를 기도합니다. 모든 비교와 위계질서를 피하기를 기도합니다. 당신의 몸과 마음이 할 수 없는 것 때문에 당신의 몸과 마음을 질책하지 말고 당신의 몸과 마음이 할 수 있는 것 때문에 당신의 몸과 마음을 포용하는 법을 배우기를 원합니다. 당신의 몸-마음이 당신의 대적이 아니라 믿음직한 협력자가 되기를 기도하고 그것이 성령님을 위한 성전임을 깊이 깨닫게 되기를 소망합니다. 창조 세계 안에서 다양성의 다채로움을 통해 배우기를 기도합니다.

나의 이야기를 통해 하나님에 대한 당신의 이해가 넓어졌기를 소망합니다. 당신이 이삭, 야곱, 모세, 레아, 삼손, 에훗, 므비보셋, 삭개오, 바울, 그리고 예수님의 장애를 묵살하거나 경시하지 않기를 기도하고, 이들이 당신의 공동체에게 가르칠 수 있는 은사들로부터 배우기를 기도합니다. 무엇이 치유인지에 대한 당신의 개념을 신체적인 형태를 넘어서는 것으로 넓히기를 소망합니다. 아무리 당신이 당신과 다른 방식으로 행동하고 움직이고 생각하고 소통하는 사람들과 함께하는 것이 익숙하지 않더라도 모든 장애 입은 몸이 비추는 하나님의 광채를 알아보는 법을 배우기를 기도합니다. 위로하는 대신 소속감을 조성하고 장애가 가져오는 거룩한 붕괴를 반겨 주기를 기도합니다.

당신의 공동체가 누가복음 14장에서 예수님이 묘사하신 잔치를 구현하기를 소망합니다. 당신이 성만찬을 대할 때마다 야곱의 장애가 주는 축복에 참여하기를 기도합니다. 하나님께 대한 사랑과 당신의 장애인 이웃을 향한 사랑이 깊어져, 미지의 세계에도 당신의 손을 뻗을 수 있기를 기도합니다. 실수하는 것에 대한 두려움을 떨쳐 버리고, 설사 잘못된 단어를 쓰고 포용할 기회를 놓치고 장애인 친구에 대해 잊어버렸어도 당신은 여전히 사랑받고 있음을 믿을 수 있기를 기도합니다. 당신의 사랑이 그래도 사랑할 수 있을 만큼 충분하기를 기도합니다. 당신이 있는 곳마다 소속감을 조성하고 장애인 공동체의 예언자적 증인 됨이 그럴 만한 가치가 있음을 알기를 소망합니다. 인간이 되는 것이 어떤 의미인지 장애인들에게 배우기를 기도합니다.

장애인을 위한 장애 입은 축복 기도

나는 내가 당신의 경험에 높은 경의를 표했기를 소망합니다. 여기 쓴 이야기에서 당신이 이미 진리로 알고 있는 것을 잠깐이나마 보았기를 기도합니다. 나의 이야기가 에이블리즘, 장애, 혹은 당신의 삶에 대해 다른 이들이 이해할 수 있도록 도울 수 있는 방법을 제시했기를 소망합니다. 내가 당신은 혼자가 아님을 기억하게 했기를 소망합니다. 당신이 있는 곳에서 아무도 당신을 알아주지 않고 당신이 장애인을 옹호하는 유일한 사람이라 할지라도 당신은 혼자가 아닙니다. 나는 당신과 결속하고 있으며, 우리가 한 번도 온전히 경험해 보지 못한 포용적인 교회를 우리가 함께 만들어 갈 수 있다는 희망을 절대 버리지 않을 것입니다.

나는 당신이 바울을 본받아 당신의 장애를 자랑스럽게 여기고 그것이 하나님과 성육신과 육체화됨에 대해 당신에게 주는 통찰을 얻기를 기도합니다. 나는 당신이 (말을 할 수 있든 없든) 하나님이 자신의 입을 주관하여 주실 것과 당신에게 거룩한 편의를 제공해 주실 것을 (하나님이 아론을 통해서 하신 것처럼) 알고 믿었던 모세처럼 행하기를 소망합니다. 나는 당신이 예수님의 용기를 소환하여 당신의 구원의 흉터를 세상에 내보이고 이것이 우리 모두에게, 심지어 장애 의심론자들과 기도하는 가해자들에게도 하나님의 영광을 드러내는 것임을 알기를 소망합니다.

주위 사람들이 의심할 때조차 당신이 당신의 가치를 마음 깊이 느끼기를 기도합니다. 오늘을 위한 충분한 숟가락이 있기를 소망하고 내일 숟가락이 다 떨어지면 어쩌나 하는 걱정을 하지 않기를 기도합니다. 당신은 그 어떤 판단과 보상에 대한 기대 없이 끊임없이 당신에게 음식을 공급해 줄 공동체로 둘러싸여 있기 때문입니다. 당신이 그럴 만한 가치가 있다는 사실을 절대 의심하지 않기를 기도합니다. 당신을 식탁에 참여시키기 위해 필요한 그 어떤 시설도 너무 비싸거나 불편하지 않습니다. 당신을 위해서는 그 대가를 치를 만한 가치가 있습니다.

당신의 이야기와 당신의 장애 입은 몸이 하나님의 형상을 지닌 것이 어떤 의미인지 교회에 가르칠 수 있기를 기도합니다. 다른 장애인들을 가치 있게 여기는 일에 절대 지치지 않기를 기도합니다. 의무감이나 죄책감으로 행하지 않고 가장 무시하기 힘든 두려움조차 쫓아 버리는 사랑으로 행하길 기도합니다. 당신이 여전히 이해할 수 없는 사람들까지도 포함해서, 모든 사람에게 좀 더 포용적이고 급진적으로 관대하며 기쁨이 되는 무엇인가에 대한 소망을 당신 마음 깊은 곳에 갖게 되기를 기도합니다.

다른 사람들이 말하는 당신의 어떠함이 아니라 진짜 당신이 누구인지 알게 되길 기도합니다. 당신의 폐부 가장 깊이 있는 것으로도, 그리고 뇌의 가장 꼭대기에 있는 신경으로도, 당신이 신묘막측하게 지음받았다는 사실을 알기를 기도합니다. 그리고 당신의 진단명이 당신이 세상에 비추는 하나님의 광채를 빼앗아 갈 수 없음을 알기를 소망합니다. 하나님이 당신을 향해 미소 지으시며 당신이 정결하고 구원받았음을 선포하십시오. 당신의 목발, 화학 물질과민증, 이 모든 것을 다 포함하여 당신의 모습 그대로 소중하다는 것을 알기를 기도합니다.

그리고 다른 모든 이들이 행하는 에이블리즘의 무게를 버틸 기력이 다 떨어진 날에는, 장애 입으신 하나님이 당신의 장애 입은 몸이 순결하고 거룩하며 자유롭고 유능하며 천국에 의미 있는 존재임을 상기시켜 주시길 기도합니다. 당신은 기도로 변신하기 전 모습도 아니고 다른 사람들이 회개하도록 죄책감을 유발하는 데 사용되는 죄의 상징도 아닙니다. 내 장애 입은 친구여, 당신은 빛의 창조주, 우리 믿음의 저자이며 완성자, 알파와 오메가이신 분의 형상으로 지음받았습니다. 당신은 하나님의 솜씨를 드러내는 작품입니다. 당신은 별과 같은 성분으로 만들어졌습니다.

당신은 그 존재만으로 충분합니다.

감사의 글

이 책은 한 통의 이메일로 시작되었습니다. 내 소중한 친구 코리 에스페란사가 프리덤 로드(Freedom Road)에서 시작하는 글로벌 라이터스 그룹(Global Writers Group)에 대해 내게 이메일을 보내면서 여기에 가입하라고 적극적으로 추천했습니다. 나는 스스로 작가라 생각해 본 적이 없었고 딱히 할 말이 있을지도 의문이었지만, 코리에 대한 믿음, 코리의 열정, 그리고 내 호기심이 결합하여 이를 찾아보게 되었습니다.

나는 그 모임에서 만나게 된 신성한 공간에 대해 무한한 감사를 드립니다. 매주 토요일 아침 6시부터 시작해서 나는 리사 샤론 하퍼, 샹테 그리핀, 안드레 헨리, 그리고 말레나 그레이브스가 인도하는 공간에서 영감을 주는 뛰어난 작가들과 영상으로 4시간씩 만날 수 있었습니다. 희미하게 밝혀진 각자의 집에서 기술적 결함을 넘어 우리는 우리의 이야기를 나누고 새로운 세상을 과감히 글로 써 보게 되었습니다. 그 신성한 공간에서 나는 작가가 되었습니다. 그 모임에 함께한 여러분, 나 자신도 나를 작가로 인정할 용기가 없었는데, 나를 작가로 믿어 줘서 감사합니다. 여러분의 격려와 창의성이 이 책을 쓰는 내내 내게 영감을 주고 나를 지탱해 주었습니다. 특히, 리더들인 애나, 지지, 사라, 알렉스, 데보라, 애슐리, 펠리샤, 아만다, 스티브, 테리, 그레이스에게, 여러분의 친절함에 감사를 드립니다. 매주 여러분의 말을 듣는 것은 치유 연고를 바르는 것 같았습니다.

리사 샤론 하퍼에게, 예언자적 증인과 지지해 주는 존재가 되어 준 것에 감사합니다. 나와 내 글에 투자해 줘서 감사합니다. 내 마음은 샨테와 애나가 매주 화요일, 목요일 아침마다 나와 함께 글을 쓰며 주고받은 유익한 대화, 그로 인해 얻은 책임감과 우정으로 가득합니다. 애슐리 애버크롬비와 말레나 그레이브스에게, 내 글을 케이틀린 비티에게 권해 준 것에 감사합니다. 언제나 친절하고 빈틈없는 케이틀린에게, 여러모로 함께 일할 때 편하게 대해 주어서 감사합니다. 에릭 살로, 에린 스미스, 그리고 브라조 출판사 전 팀원들은 훌륭했습니다. 이에 감사를 표합니다.

이 모임에 가입하기 전에 메이샤 바티스트는 나에게 내 장애인 공동체를 품으라고 권했고, 에밀리 메이나드는 내가 모든 일을 처리할 수 있도록 도와주었으며, 니시 와이셋은 처음부터 끝까지 끊임없는 피난처와 회복의 원천이 되어 주었습니다. 그들의 현명한 조언에 감사합니다. 너그럽게 원고를 읽고 들어 주며 부드러운 피드백을 제공한 사라, 애나, 코리, 닉, 애슐리, 메이슨, 레이시, 던, 렌, 데비, 브레나, 에린, 루스, 우리 부모님, 데이브, 조르도, 그리고 리즈에게, 내가 이 책을 세상에 내기까지 여러분의 시간과 지지는 소중했습니다. 모든 격려와 비판으로 이 책이 더 나아졌기에 감사의 말을 전합니다. 벨라에게, 내 훌륭한 독서 파트너가 되어 줘서 감사합니다!

이 책은 전세계를 뒤덮은 팬데믹 기간에 썼습니다. 이 기간 동안 삶과 일, 그리고 물리 치료가 내 남편과 허스키 한 마리와 함께, 15평 남짓 되는 영광스러운 공간으로 옮겨졌습니다. 이 책을 쓰는 동안, 우리는 캘리포니아 산불 때문에 집에서 대피해야 했고, 원고 마감일 3주 전에 있었던 상황을 포함하여 다양한 의학적 돌발 상황들을 견뎌야 했습니다. 나는 병원 대기실에 앉아 휴대폰으로 원고를 쓰기도 하고 의사 검진을 받으러 가는 길에 차 안에서 냅킨에 쓰기도 하고 몸이 너무 아픈 날에는 신성한 공간인 내 침대에 누워서 쓰기도 했습니다.

나는 내 몸에 감사하고 내가 현재 살고 있는 땅, 이전에 통바 부족이 살았던 이곳에 감사합니다. 여기서 다 언급할 수 없을 만큼 내 영혼과 삶을 풍성하게 하는 친구들의 공동체와 (선택된) 가족에 둘러싸여 있음에 감사합니다. 나는 이 책을 한 개인의 생각이라기보다는 내가 내 자신의 것이라고 영광스럽게 부를 수 있는 멋지고 놀라운 공동체들의 결과물이라고 생각합니다. 만약 당신이 이 공동체들 중 한 공동체의 일부였다면 이 책에서는 언급하지 않았지만 당신이 맡은 역할에 감사를 드립니다.

산불 때문에 대피하여 함께 머물게 해 준 시부모님께 감사하고, 글 쓰는 데 연료가 되어 준 기도, 파이들, 민트 브라우니, 그리고 풍성한 식사를 제공해 주신 시부모님과 우리 부모님께 감사의 인사를 드립니다. 리사와 함께 보낸 웃음 가득했던 시간들과 격려로 인해 감사드리고 내 자신에 대한 확신이 없을 때에도 나를 믿어 준 가족들에게 감사합니다.

영감 넘치는 예술 작품을 보여 준 폴, 고무적인 읽기 자료를 제공해 준 낸시, 아주 우스운 칭찬을 해 준 메리, 그리고 사랑하는 공동체를 내게 보여 준 하트 파크의 모든 친구들에게 감사합니다. 항상 온전한 자신일 수 있는 공간을 조성해 준 오리지널 레이디 어새신즈(Original Lady Assassins)에 최고의 행운을 빌며 따뜻한 인사를 전합니다. 둘 다 나에게는 보물 같은 존재입니다. 끝없이 캐서롤(한국 음식의 찌개나 찜 비슷한 요리 - 옮긴이)을 제공해 주며 충실한 남은 백성이 되어 준 조이풀 레지스턴스(Joyful Resistance)에 아무리 많은 감사의 말을 해도 부족합니다. 메이슨이 던진 예언적 질문들, 렌의 박학다식한 격려, 데비 박사님의 침착한 용기에 감사드립니다. 내 삶에서 분별력과 사랑으로 인도해 주는 끊임없이 빛나는 등대가 되어 준 던(Dawn), 우리만의 「일평생」(Lifetime) 영화에서 함께 주연을 맡은 소중한 장애인 동지이자 공동양육자 루스. 내 곁에서 기꺼이 함께 배우고 성장해 준 두 사람에게 감사의 말을 전합니다. 내 자신보다 나를 더 믿어 주고 알리십(allyship, 억압받거나 차별당하는 사람이나 모임들의 연합 - 옮긴이)의 힘든 일들을 해내며 튤립과 할라피뇨로 나를 응원해 준 코리에게 감사합니다. 당신을 알게 되면서 나는 조금 더 예수님을 닮아 가게 되었습니다.

내 숟가락 이론 추종자 동료, 레이시. 모든 것을 다 이해하고 내 고통이 실제이고 돌봄받을 만한 가치가 있음을 상기시켜 주어서 감사합니다. 당신 덕분에 나는 혼자가 아닙니다. 우리의 진귀한 몸과 회복력 강한 영혼은 불에도 타지 않습니다.

그리고 이 책에 실린 각각의 아이디어와 어구들로 씨름하는 나를 지켜봐 주고 지혜로운 조언들을 제공하며 아이스 모카와 초록색 포스트잇 메시지들로 동기를 부여해 주고, 나를 안심시켜 준 (그것도 매주 토요일 오전 6시 전부터) 앤드루에게 내 모든 감사를 드립니다. 당신이 없었다면 내 이야기를 나눌 용기를 내지 못했을 것입니다. 나를 비범하다고 믿어 줘서 고맙습니다. 사실 우리는 함께 마법 같은 것을 창조해 냅니다. 기념일이라고 불러도 좋을 것 같습니다.

추천 도서

Eiesland, Nancy. *The Disabled God: Toward a Liberatory Theology of Disability*. Nashville: Abingdon, 1994.

Fox, Bethany McKinney. *Disability and the Way of Jesus: Holistic Healing in the Gospels and the Church*. Downers Grove, IL: IVP Academic, 2019.

Hardwick, Lamar. *Disability and the Church: A Vision for Diversity and Inclusion*. Downers Grove, IL: InterVarsity, 2021.

Hull, John M. *In the Beginning There Was Darkness*. Harrisburg, PA: Trinity Press International, 2002.

Nielsen, Kim. *A Disability History of the United States*. Boston: Beacon, 2013.

Reynolds, Thomas E. *Vulnerable Communion: A Theology of Disability and Hospitality*. Grand Rapids: Brazos, 2008.

Samuels, Ellen. "Six Ways of Looking at Crip Time." *Disability Studies* 37, no. 3 (2017). https://dsq-sds.org/article/view/5824/4684.

Sins Invalid. *Skin, Tooth, and Bone: The Basis of Our Movement Is Our People; A Disability Justice Primer*. 2nd ed. Berkeley: Sins Invalid, 2019.

Swinton, John. *Becoming Friends of Time*. Waco: Baylor University Press, 2018.

Tait, Stephanie. *The View from Rock Bottom*. Eugene, OR: Harvest House, 2019.

Wong, Alice, ed. *Disability Visibility: First-Person Stories from the Twenty-First Century*. New York: Vintage, 2020.

Yong, Amos. *The Bible, Disability, and the Church: A New Vision of the People of God*. Grand Rapids: Eerdmans, 2011.